Movida pela Ambição

Movida pela Ambição

Pelo espírito
Schellida

Psicografia de
Eliana Machado Coelho

LÚMEN
EDITORIAL

Movida pela ambição
pelo espírito Schellida
psicografia de Eliana Machado Coelho
Copyright © 2012 by
Lúmen Editorial Ltda.

1ª edição – julho de 2012

Direção editorial: *Celso Maiellari*
Coordenação editorial: *Fernanda Rizzo Sanchez*
Revisão: *Equipe Lúmen Editorial*
Projeto gráfico e arte da capa: *Ricardo Brito / Estúdio Design do Livro*
Imagens da capa: *Redster / Stock.XCHHG, Basel101658 e Homestudio / Shutterstock*
Impressão e acabamento: *Gráfica Yangraf*

Dados Internacionais de Catalogação na Publicação (CIP)
(Câmara Brasileira do Livro, SP, Brasil)

Schellida (Espírito).
 Movida pela ambição / pelo espírito Schellida ; psicografia de Eliana Machado Coelho. – São Paulo : Lúmen Editorial, 2012.

 ISBN 978-85-7813-070-1

 1. Espiritismo 2. Psicografia 3. Romance espírita I. Coelho, Eliana Machado. II. Título.

12-07166   CDD-133.93

Índice para catálogo sistemático:
1. Romances espíritas psicografados : Espiritismo   133.93

LÚMEN
EDITORIAL

Rua Javari, 668
São Paulo – SP
CEP 03112-100
Tel./Fax (0xx11) 3207-1353

visite nosso site: www.lumeneditorial.com.br
fale com a Lúmen: atendimento@lumeneditorial.com.br
departamento de vendas: comercial@lumeneditorial.com.br
contato editorial: editorial@lumeneditorial.com.br
siga-nos nas redes sociais:
@lumeneditorial
facebook.com/lumen.editorial1

2012
Proibida a reprodução total ou parcial desta
obra sem prévia autorização da editora

Impresso no Brasil – *Printed in Brazil*

Sumário

CAPÍTULO 1
Crianças ingênuas, 7

CAPÍTULO 2
Planos de uma vida melhor, 29

CAPÍTULO 3
Um belo poema, 45

CAPÍTULO 4
Revoltada com a vida, 71

CAPÍTULO 5
Casamento forçado, 89

CAPÍTULO 6
O nascimento de Antero Neto, 109

CAPÍTULO 7
Amor é questão de treino, 127

CAPÍTULO 8
REVENDO A FAMÍLIA, 149

CAPÍTULO 9
NUNCA DESISTA DE UM SONHO, 169

CAPÍTULO 10
SUPERAÇÃO, 191

CAPÍTULO 11
AUTOR DA PRÓPRIA HISTÓRIA, 211

CAPÍTULO 12
A VOLTA DE ALDO, 235

CAPÍTULO 13
CONFIDÊNCIAS DE UM VICIADO, 255

CAPÍTULO 14
MACONHA, COCAÍNA, CRACK, OUTRAS DROGAS E SEUS EFEITOS, 277

CAPÍTULO 15
PRECE DE UMA MÃE, 305

CAPÍTULO 16
REVENDO O PASSADO, 323

CAPÍTULO 17
A VERDADEIRA FORÇA DO AMOR, 341

CAPÍTULO 18
A PASSAGEM, 359

CAPÍTULO 19
A VIDA É MUITO MAIS, 379

CAPÍTULO 1

Crianças ingênuas

O rodamoinho de vento levantava a poeira fina salpicada de relva e um pedaço de papel velho, amarrotado e rasgado.

Vitória, seu irmão Aldo e o amigo Vinícius corriam descalços atrás do papel, lançado por eles, querendo ver quem seria capaz de pegá-lo.

Sem preocupações, risonhos e felizes, se empurravam e se divertiam.

A brincadeira acabou quando o vento cessou e o papel foi ao chão.

— Peguei!!! — gritou o pequeno Aldo, sentindo-se vitorioso.

A irmã, ainda brincando, tentou tirar-lhe o papel da mão, mas não conseguiu. O menino foi mais esperto.

Vitória deu uma risada alta e jogou-se ao chão, puxando o vestido comprido para cobrir as pernas finas e manchadas por pequenas cicatrizes, marcas roxas e feridas, coisas de criança pela precariedade em que vivia, e prendeu o pano embaixo dos joelhos.

Usava um vestido rodado de chita leve, salpicada de florzinhas.

Era uma roupa bem simples, muito surrada e com furinhos, alguns costurados à mão.

Alegre, ela parecia não se importar com tanta humildade em sua aparência.

Brincava sempre e sentia-se feliz. Era uma menina de dez anos de idade, embora nem os pais soubessem exatamente quantos anos tinha, pois demoraram muito tempo para lhe fazer um registro de nascimento e a data não foi registrada corretamente.

Bonita, tinha a pele dourada de sol, cabelos castanhos, com ondas largas e compridos, também queimados de sol, o que a deixava com a aparência nada bonita e bem desleixada. As pontas compridas e espigadas exibiam a necessidade de um bom corte.

Rostinho fino e corpo bem magro tinha braços e pernas longos. Sua aparência mostrava falta de boa alimentação e cuidados.

Seu irmão Aldo, parecido com ela, era aproximadamente um ano mais novo, trazia sempre nos lábios um leve sorriso, mesmo quando estava sério.

Muito esperto, tinha nos olhos expressão de vivacidade. Bem menor do que a irmã, ele também era magrelo.

Suas vestes eram simples.

Usava um short curto com a bainha desfeita para alongar um pouco mais o comprimento e uma camisa xadrez que, abotoada, via-se faltar dois botões.

Apesar de descalço, o amigo Vinícius, de doze anos, usava roupas um pouco melhores e tinha um corpo normal para sua idade.

Cabelos aloirados, curtos, e as bochechas bem rosadas, ele mostrava-se sempre asseado, dando a ideia de ter uma vida mais privilegiada.

Animados, estavam no alto de um morro com vistas para terras vizinhas e bem longe de casa, onde havia pastagem e, ao longe, animais vagando.

Vinícius sentou-se ao lado da amiguinha, procurou olhar para onde ela olhava e perguntou:

— No que você está pensando?

— Que eu queria ser dona desse sítio. É tão rico. Onde moro a terra não é boa.

— Aqui também não é tão boa. O gado está magro.

— Mas tem gado, lá em casa não dá nada. A terra não é boa.

— Como sabe que a terra não é boa?

— Meu pai falou. — Olhando para o irmão, a menina reparou admirada: — Olha seu joelho! Tá todo ralado! Mainha vai ralhar com você!

— O joelho é meu... — respondeu Aldo, sacudindo os ombros em sinal de desdém.

— Na hora do banho vai arder — lembrou Vinícius.

— Tomo banho só no sábado. Até lá já sarou.

— Seu porco! — retrucou Vinícius. — Hoje ainda é quarta-feira.

— Quinta! — exclamou Vitória.

— Quarta! A professora falou hoje cedo! — tornou o amigo.

— Hoje é quinta! — insistiu ela.

— Como você sabe? Você não vai na escola — disse o irmão.

— Nem você, tá!

Discutiram por algum tempo até verem que o sol já começava a se esconder e Aldo propôs:

— Vamos ter que ir logo. Estamos muito longe de casa. Vamos apostar corrida?

— Quem chegar por último é mulher do padre!!! — gritou Vinícius, que se levantou depressa e correu ao ver o outro sair em disparada.

Vitória demorou a se levantar. Não estava tão interessada em correr. Havia machucado o pé em uma pedra e estava doendo. Apressou-se um pouco, mas depois foi devagar.

No caminho, vez ou outra girava em torno de si mesma fazendo o vestido abrir como uma roda e fechar rapidamente como se a abraçasse.

O caminho foi longo.

Aldo e o amigo chegaram até uma porteira e subiram na cerca de madeira, ficando à espera da menina por longo tempo.

Ao vê-la se aproximando, começaram a vaiar, gritando em seguida:

— Mulher do padre!!! Mulher do padre!!! Mulher do padre!!!

— E vocês dois são dois bobos alegres, tá! Ninguém vai dizer do que eu devo brincar. Ninguém nunca vai dizer o que eu posso fazer, tá! — respondeu Vitória, mostrando a opinião firme que já havia dentro de si, apesar da pouca idade.

Não demorou e ouviram:

— Vitóooooria!!! Aldooooo!!! — gritou a voz de uma mulher que estava longe.

— A mãe tá chamando. Vamos — tornou a menina passando pela porteira antes de fechá-la atrás de si.

— Amanhã de tarde, depois da escola vamos nadar no rio? — convidou Vinícius.

— Se a minha mãe deixar, eu vou — respondeu ela sem olhar para trás, girando o corpo de um lado para o outro ao andar.

Aldo deu um adeus ao amigo e seguiu a irmã.

Ambos caminharam em direção à uma casa extremamente simples e muito velha.

Do lado de fora, viam-se duas janelas e uma porta. Uma parede com tijolos grandes, feitos de forma bruta e assentados com barro, e a outra de pau a pique.

No telhado, as telhas tinham um aspecto escuro de limbo e sujeira formados pelo tempo e uma chaminé quebrada por onde saía uma fumaça lenta e esbranquiçada.

Frente à porta, havia um puxadinho de telhas que era segurado por vigas de eucalipto já bem velho, impregnado de cupim. Um banco quebrado encostado em uma parede e um amontoado de gravetos ao lado para serem usados como lenha no fogão. Dentro, o chão era de terra batida e precisavam ser jogados gotejos de água com a mão antes de ser varrido, a fim de não levantar muita poeira.

A cozinha tinha uma mesa de madeira bruta, pesada, ladeada de dois bancos toscos. O fogão à lenha não tinha acabamento, os tijolos ficavam à mostra e as poucas panelas mal se apoiavam sobre uma velha grade de ferro, que servia para deixá-las longe do fogo.

Em uma feia prateleira de tábua ficavam algumas canecas para beber café e duas latas que serviam para guardar mantimentos, apesar de vazias.

Não havia pia. Tudo era lavado em uma bacia em frente à porta da casa. A água era de uma velha e mal preservada cisterna ou de um poço barrento, que ficava longe, e era trazida em latas sobre a cabeça.

Também não havia banheiro nem qualquer saneamento.

No teto da casa não havia qualquer forração. As telhas ficavam à mostra exibindo as teias de aranha, os pucumãs e as crostas pretas deixadas pela fumaça do fogão.

Em um outro cômodo, que servia de quarto, um guarda-roupa bem antigo, feio e quebrado servia para as poucas peças de roupas que tinham e como divisória.

Movida pela Ambição

De um lado, uma cama de casal velha e quebrada, com um colchão ondulado e sujo, que tinha um odor bem forte e desagradável, ficava sobreposto a tábuas em vez de estrados e praticamente no chão. Do outro, dois colchões de solteiro que, pelas aberturas e rasgos mostravam ser de molas e palha, ficavam no chão servindo de cama para as crianças.

— Vamos! Vamos, menina! Ande logo! Seu pai tá pra chegar — disse a voz da mulher que, com um filho pequeno e nu, sentado de pernas abertas na lateral de sua cintura, entrava na casa.

Tratava-se de uma mulher cansada e maltratada pelo trabalho duro no campo, pela falta de melhores condições de vida, pelas preocupações com os filhos e o marido.

Aos vinte e sete anos, Rosa parecia ter bem mais idade.

O sol dourou-lhe a pele ressecada, enrugada prematuramente, e danificou-lhe os cabelos, que viviam presos. A falta de condições, orientação e higiene lhe fizera perder alguns dentes, deixando outros quebrados ou amarelados.

As preocupações e tanto trabalho duro não a deixavam pensar em si.

As roupas usadas por ela, pelo marido e pelos filhos sempre foram doadas por conhecidos ou pelo centro social da igreja da cidade mais próxima.

Rosa não se lembrava de quando teve um vestido novo.

Ao ver Aldo aproximando-se da porta, pediu:

— Pegue uns paus aí fora pra botar no fogão, menino.

— O que tem hoje pra comer? — perguntou entrando com algumas lenhas nas mãos.

— Um caldinho de macaxeira — respondeu, referindo-se a algumas raízes de mandioca cozidas com muita água e quase sem sal.

— De novo, mãe? — perguntou Vitória como se reclamasse.

— É filha. De novo. E num reclama, não. Vem me ajudar a cuidar de seus irmãos.

Rosa tinha quatro filhos.

Vitória, a mais velha com dez anos, Aldo com nove, Elizeu com quatro e o pequeno Isaías com um ano.

Entre o nascimento de Aldo e Elizeu, ela havia tido um aborto espontâneo e também um filhinho que nasceu, mas viveu por poucos dias, vítima da falta de condições e da precariedade.

Ao olhar e ver a filha insatisfeita, Rosa mandou:

— Pegue o Isaías aqui e vá banhar ele lá fora.

A menina obedeceu contrariada. Pegou-lhe o menino do colo, levou-o para fora em uma lateral da casa, onde haviam tábuas no chão, um balde com água fria, nitidamente turva de barro, e uma caneca.

Colocou a criancinha já nua sobre a tábua, segurou-a por um braço, pegou a caneca com água e jogou-lhe no corpinho. Apanhou um pedaço de sabão e a esfregou, enxaguando-a em seguida, sem se importar com seu choro, secando-a muito mal.

Chamando por Aldo, Vitória deu-lhe o irmão nos braços e pediu:

— Entrega ele pra mãe.

Em seguida, jogou água em seus joelhos e pés, ensaboou-os e os enxaguou. Lavou também o rosto e as mãos e secou-se no mesmo pano, semelhante ao de saco de farinha, muito encardido e feio.

Embora tivesse se lavado, voltou descalça para dentro de casa.

Logo a mãe ordenou que Aldo pegasse o irmão e fosse se lavar junto com ele, e o filho obedeceu.

Enquanto Rosa atiçava o fogo, Vitória colocou um pano que servia como fralda no pequenino, deixando-o em um canto da cozinha.

Nesse momento José chegou, cansado e muito suado pelos esforços e pelo trabalho duro na roça.

Deixando a enxada perto de outras ferramentas, em frente à porta da casa, foi à procura do balde de metal, que a mulher sempre deixava com água à sua espera. Lavou-se e só depois entrou na cozinha, sentando-se no banco tosco ao lado da mesa.

Ele deu um suspiro longo e olhou em direção de Rosa, perto do fogão. Nesse instante, sua atenção voltou-se para os filhos que, intimidados e respeitosos, lhe pediram a bênção.

José os abençoou e, sem qualquer cumprimento à esposa, pediu-lhe de modo seco:

— Me ajuda a tirar logo essas botinas.

Rosa largou o que fazia e foi auxiliar o marido.

Em seguida, ela pediu para Vitória:

— Acende o lampião aí, menina. Não vê que daqui um pouquinho num se enxerga mais nada?

— Acende a lamparina também, mainha?

— Não. Deixa pra mais tarde. Num quero acaba com o óio, não.

A filha obedeceu e, em seguida, foi até a prateleira para pegar os pratos de metal esmaltados de branco com algumas manchas escuras pelo desgaste da tinta.

O barulho dos pratos batendo na mesa de madeira bruta atraiu a atenção dos pequenos que brincavam em um canto. Até o menorzinho pareceu reconhecer o som que dava a entender ter chegado a hora da refeição.

Rosa pegou cada um dos pratos, levou até o fogão, onde um caldeirão fumegava, afundou uma concha e colocou o caldo fraco e ralo em cada um deles.

Em seguida, pegou o filho pequeno no colo, sentou-se e começou a alimentá-lo.

Ninguém conversava. Só se ouvia o barulho das colheres tamborilando no prato de metal.

O silêncio foi quebrado pela voz cansada e rouca de José, que perguntou:

— Não tem mais nada não, muié?

— Tem não.

Alguns poucos minutos, as crianças acabaram de comer e começaram a se entreolhar.

A mãe sabia que queriam mais comida, porém não sabia se o pouco que sobrou oferecia ao marido necessitado de forças para trabalhar ou aos filhos, que não entendiam tamanha pobreza.

Percebendo o que se passava, José pediu:

— Divide o resto pra eles, muié. Quero mais, não.

Sem pensar duas vezes, obedeceu. O marido não percebeu que ela havia comido somente um pouco do resto do filho menor.

— Amanhã vai sê milho, Zé. A madrinha de Vitória vem pra cá. Ela sempre traz coisa boa pra gente.

— Num sei mais o que fazê. Se num chovê vamo perde a lavoura de milho e feijão. Tá tudo seco de dá dó.

— Já é tão pouco... Se a gente perde mais isso... — comentou Rosa desconsolada.

— Por que o sítio do seu Batista dá as coisas? — perguntou Vitória.

— Porque o home tem dinheiro, tem empregados, água... — respondeu o pai.

— E por que a gente num tem dinheiro? — quis saber Aldo.

— Porque num tem, ora. Seu avô só deixou essa terra maldita e mais nada — tornou o homem parecendo desgostoso.

— E o que é preciso fazer pra gente ter dinheiro igual ao seu Batista? — quis saber novamente o garoto curioso.

— Ora, menino! Vá caça o que fazê! Isso num é assunto de criança. Já comeu, sai da mesa — esbravejou o pai.

Amedrontadas, as crianças se levantaram.

Rosa entregou o pequeno para a filha e virou-se para o marido tentando encontrar uma solução:

— E se ocê vendê essa terra pro seu Batista como ele já pediu?

— E vamo mora onde?

— Nóis podemo inté trabaiá pra ele. Ele mesmo disse isso.

— Esse home num vai quere nóis lá com quatro boca.

— Acho que vamo te mais um...

José a olhou de modo triste. A princípio não se manifestou nem disse nada. Ficou ainda mais angustiado. Seria mais um a passar privações e a sofrer necessidades. Apiedado ao olhar novamente para a esposa, disse em tom desalentado:

— Intão... é aí que o home num vai quere nóis trabaiando pra ele, não. Daqui a poco ocê vai te que para pra te a criança. Depois, com a criança pequena...

— A gente pode conversa com ele e pedi garantia dele num mandá a gente imbora.

— E acreditá no Batista? De jeito nenhum.

~

Os anos foram passando.

Enfrentando a miséria e as dificuldades, Rosa e José agora tinham nove filhos. A filha mais velha estava com dezesseis anos.

Somente Vitória não ajudava os pais na lavoura. Ela havia arrumado um emprego quando estava com quatorze anos.

Começou a trabalhar como ajudante de cozinha na casa de um fazendeiro muito influente daquela região de Minas Gerais.

Esperta, a menina soube cativar a todos da família com sua educação, simpatia e presteza.

Após os primeiros meses de serviço, Maria de Lourdes, filha do fazendeiro, deu à luz um menino e foi passar as primeiras semanas após o parto na fazenda, a fim de receber mais cuidados. Vitória, com prática para cuidar de crianças, começou a ajudar a mulher, que a queria sempre presente.

Assim que Maria de Lourdes voltou para sua casa na cidade próxima, quis que Vitória a acompanhasse para que trabalhasse para ela. A jovem aceitou e os pais de Maria de Lourdes concordaram.

Só que, para isso, Vitória não poderia voltar para casa de seus pais todos os fins de semana, como fazia. Seria longe demais, praticamente uma viagem. Então ficou combinado que ela só voltaria para o sítio de seus pais, em média, uma vez por mês.

~

Desde que passou a trabalhar e morar na casa de Maria de Lourdes, Vitória aprendeu novos hábitos de higiene, passou a se cuidar mais e a se vestir melhor por conta das roupas que a nova patroa lhe dava.

Além disso, alimentava-se bem e ganhou um corpo mais avolumado e bonito, nada que lembrasse aquela menina esquelética de antes.

Começou a cuidar dos cabelos, que passaram a ter outro aspecto, e ficavam muito bonitos quando presos parcialmente com um laço. Isso deu um ar mais jovial ao seu belo rosto de olhos expressivos.

Aprendeu a falar e a se comportar melhor.

Por orientação de Maria de Lourdes, Vitória começou a frequentar uma escola e a se alfabetizar.

Esse era o único período em que não estava junto da patroa ou do pequeno Joaquim, a quem queria tão bem.

Antes de Vitória começar a trabalhar para Maria de Lourdes, ela e sua mãe foram até a casa de seus pais para tratarem do assunto, pelo fato de a menina ter de ficar semanas seguidas no emprego. Foi quando conheceram as condições miseráveis em que todos viviam.

A partir de então, Maria de Lourdes e sua mãe começaram a ajudar a família com doações de roupas e mantimentos sempre que podiam.

Ao ver mudança tão significativa em sua vida e de sua família, Vitória viu-se como a pessoa mais feliz do mundo e, por isso, nunca reclamou de qualquer tarefa que precisasse fazer, nem das noites maldormidas para cuidar de Joaquim.

$\sim$

Todos os dias, após o lanche da manhã, ela levava Joaquim para passear na praça.

Muitas vezes, quanto o tirava do carrinho e o deixava brincar na areia, ficava observando o movimento, as pessoas, os carros, algo bem raro naquela época e de muito luxo.

Certa manhã, perto dela, parou um rapazinho esguio e sorridente, que se admirou:

— Vitória?!

— Vinícius!

— Como você está diferente! Quase não a reconheci! Andou tão sumida!

— Quem sumiu foi você. Há muito tempo não nos vemos.

— Fui estudar na capital. Agora estou morando na casa de minha tia, irmã de minha mãe. Mas... E você? O que tem feito? Está bonita, diferente! — comentou enquanto a contemplava de cima a baixo.

— Estou trabalhando como babá na casa de dona Maria de Lourdes, filha do senhor Antero Magalhães. Agora moro aqui na cidade, na casa dela.

— Não vai mais para o sítio de seus pais?

— Só uma vez por mês. Às vezes nem isso.

— Meus pais ainda trabalham lá no sítio para o senhor Batista. Mas eu não quero essa vida para mim. Vou estudar, fazer carreira e vou tirá-los daquela vida no campo.

— Estou estudando, também. Minha patroa me incentivou. Ela disse que é importante.

— E é mesmo. Percebi que está falando diferente — sorriu. — E seus irmãos? E o Aldo?

— Continuam na roça. O Aldo não gosta muito de lá, você sabe como ele é. Mas o pai não deixa que ele estude. Diz que para pegar na enxada não é preciso diploma.

— Breve pausa e perguntou: — O que você vai estudar? Vai virar doutor? — sorriu.

— Quero ser advogado. Vou fazer Direito, igual ao marido de minha tia — respondeu com satisfação. Vou me esforçar muito. Você vai ver.

— Vai ficar muitos dias por aqui?

— Mais uma semana, eu acho. Depois volto para Belo Horizonte e só retorno nas férias de fim de ano.

Vitória sorriu e ficou sem jeito. Olhando para o pequeno Joaquim, verificou que estava na hora de ir ou se atrasaria para dar o almoço da criança.

— Vamos, Quinzinho? — referiu-se ao menino. — Tá na hora.

— Posso ver você amanhã? — perguntou o rapaz com certo brilho no olhar.

A jovem sentiu o rosto queimar. Sorriu envergonhada e respondeu ao abaixar a cabeça com a face rubra:

— Venho aqui todo dia no mesmo horário.

— Estarei aqui, então. Até amanhã.

— Até — sussurrou constrangida.

Ele se foi.

Ela pegou o pequeno no colo, colocou-o no carrinho de passeio e olhou na direção de Vinícius, que já estava a alguns metros dali.

A caminho da casa onde trabalhava, lembrou-se do tempo de infância. Vinícius sempre foi seu melhor amigo. Gostava muito dele. Algumas vezes, brincando, dizia que quando crescesse iria se casar com Vitória. Ao recordar disso ela riu sem perceber e ostentou um suave sorriso caminho afora. Lembrou-se de quando tinha treze anos e estava em uma quermesse da igreja e ele, oferecendo-lhe uma pipoca, roubou-lhe um beijo. Nunca se esqueceram desse selinho. Certa vez, Vinícius lhe disse que iria ficar rico e comprar um sítio produtivo para ela. Seriam terras boas, pasto verde que engordasse o gado e tudo o que plantasse, deveria dar. Ao contrário das terras de seu pai, que eram bem rochosas e de difícil cultivo. Essas e muitas outras lembranças invadiram sua mente com um toque de nostalgia e terna felicidade.

Naquela tarde, Vitória chegou a sonhar acordada.

Será que Vinícius se lembrava daqueles planos?

Provavelmente sim, ela acreditava.

Após um suspiro, chegou a pensar que seus pais deveriam ter vendido suas terras para o senhor Batista e serem empregados dele. Isso seria melhor do que continuarem levando aquela vida dura e miserável naquelas terras improdutivas. Mas não foi esse o rumo do destino.

∼

Aconteceu que, naquele fim de tarde, chegou à casa de Maria de Lourdes, Odilon, seu irmão mais novo, a fim de visitá-la e rever o sobrinho que não via há muito tempo.

Tratava-se de um rapaz com seus vinte e quatro anos de idade, que estudou Direito no Rio de Janeiro. Era um moço vaidoso, alto, magro, trajando terno bege-claro, estilo da época, cabelos castanhos impecavelmente alinhados com risca que os dividiam ao meio e jogados para trás, com aspecto sempre de molhados devido ao produto que utilizava para penteá-los, muito comum para os homens daquele tempo. O preto de seus sapatos bico fino era incrivelmente lustrado. No bolso do colete, que combinava com o terno, era depositado o relógio, cuja corrente dourada ficava presa em um botão, algo que o rapaz gostava de exibir. A camisa, de colarinho alto, era alva e engomada, com os punhos exibindo as abotoaduras douradas cravadas com pedras preciosas.

Aquele que olhasse para Odilon sempre tinha a impressão de vê-lo como se estivesse posando para um retrato, com sua postura orgulhosa.

Ao ouvir alguém, o rapaz tinha a mania de colocar uma mão no bolso da calça e, com a outra, alisar vagarosamente o bigode fino no rosto alvo que se erguia vaidoso.

Alegre, após cumprimentar a irmã, soube que o cunhado não estava em casa, estava trabalhando, mas não demoraria.

— Onde está meu sobrinho?!

— Vitória deve estar trocando-o agora. Sente-se, eles já vêm — disse a irmã satisfeita em vê-lo. — Conte-me, Odilon, o que tem feito na cidade maravilhosa?

— Maravilhosa mesmo. Adoro o Rio de Janeiro! Bem... Nos últimos meses estou dando duro na empresa daquele amigo do papai, o doutor Bonifácio.

— Ah, sim... Mamãe me contou.

— Então... O homem gosta muito de mim e do meu trabalho. Tem-me como um filho.

— E o filho dele? Não se recupera, não?

— Não. O João Alberto tem uma doença rara. Vive de transfusões de sangue. — Tratava-se de hemofilia, mas Odilon não sabia explicar. — É um moço muito doente, calado, fica mais tempo no hospital do que em casa. Eu soube que o doutor Bonifácio teve quatro filhos homens, contando com o João Alberto, e que todos os outros três morreram por conta dessa mesma doença. Parece que é algo de família e que ataca só os homens.

— Coitado — lamentou Maria de Lourdes piedosa.

— O doutor Bonifácio deve ser um homem muito infeliz. Tão rico e sem ninguém para deixar sua fortuna.

— Ele tem um sobrinho, pouco mais velho do que eu. O indivíduo é um carrapato, um sanguessuga, interesseiro, que vive grudado no tio. Com certeza está de olho na herança do homem. A mãe desse sobrinho era irmã do doutor Bonifácio e morreu quando esse filho nasceu. Mimado, foi criado pela avó, que lhe fez todos os gostos. Por isso, Isidoro pensa que tudo e todos estão aos seus pés. Quer ser servido. O sujeito não tem competência, vive a me copiar em tudo.

— Deixa isso pra lá. Conte-me! E namorada? Vai dizer-me que ainda não encontrou a moça certa?

Odilon sorriu largamente e jogou-se para trás no sofá ao responder:

— Não tenho pretendentes no momento. Tenho planos.

— Planos não dão netos. Papai quer netos. Afinal, você será o herdeiro da fazenda e de tudo o que ele tem.

— E viver neste fim de mundo?! Ora, minha irmã! — riu. — Quem começa a conhecer o mundo não vai querer ficar socado aqui. O dia em que herdar tudo o que tenho por direito, transformo em valores e vou morar no Rio de Janeiro.

Maria de Lourdes sorriu e a chegada da babá, trazendo pela mãozinha o pequeno Joaquim, mudou o rumo do assunto.

Odilon manifestou-se alegre, pegou o garotinho no colo e brincou com ele. O menino o estranhou, franziu um biquinho e quis chorar.

Vitória se prontificou a pegá-lo e a criancinha lhe deu os braços automaticamente.

— O Quinzinho e a babá são um grude só. Às vezes tenho até ciúme — disse Maria de Lourdes rindo ao ver a cena.

— Também... Não o vejo há muito tempo — disse o rapaz se justificando. Observando melhor a moça que embalava o menino no colo, Odilon reparou: — Nossa! Como a Vitória está diferente da época em que trabalhava para a mamãe! Quase não a reconheci.

A jovem nada disse e sentiu o rosto corar, enquanto Maria de Lourdes concordou:

— Verdade. Ela mudou muito. — Voltando-se para a moça, pediu: — Vá à cozinha e dê um pouquinho de água para ele.

— Com licença — pediu obedecendo imediatamente.

Ao vê-la sair, virou-se para o irmão e exclamou baixinho, como se o repreendesse:

— Odilon, Odilon!... Eu vi seu olhar para a Vitória. Lembre-se de que ela é minha empregada.

— Ora, minha irmã!... O que é isso?!

— Eu o conheço muito bem, viu?

O irmão gargalhou e depois ambos começaram a falar de outro assunto.

CAPÍTULO 2

Planos de uma vida melhor

Na manhã seguinte, Vitória estava bem animada para levar o pequeno Joaquim para passear.

Arrumou o garotinho muito bem e vestiu-se melhor ainda. Tinha esperanças de encontrar Vinícius e queria que ele tivesse uma ótima impressão.

Ela usava um bonito vestido abaixo do joelho e bem acinturado, com motivos e corte campestres em tons rosa e azul com abotoamento nas costas. A gola arredondada era ornamentada por discretos folhos rendados. Puxando os fios do rosto para trás, prendeu metade do cabelo com um laço azul bem clarinho, que combinava com o vestido.

Sem que sua patroa visse, foi até a penteadeira e usou um pouco de carmim nos lábios e nas maçãs do rosto, que destacou sua beleza, e ainda aplicou um pouco do perfume de Maria de Lourdes atrás das orelhas e nos pulsos, exatamente como a via fazer. Na verdade, ela estava bem-disposta a impressionar Vinícius. Tinha em mente lavar o rosto assim que retornasse do passeio para que a patroa não a visse pintada e acreditou que a mulher não sentiria o aroma do perfume, afinal, Maria de Lourdes o usava em abundância e provavelmente não o sentiria.

O coração da jovem estava aos saltos, batendo na boca, como se dizia na época, tamanha era sua ansiedade para encontrar Vinícius.

Ao andar vagarosamente em direção à praça, empurrando o carrinho com o pequeno Joaquim, de longe ela viu o amigo sentado em um banco de madeira, sorrindo ao esperá-la.

Ao vê-la perto, levantou-se para cumprimentá-la e, envergonhado, estendeu-lhe a mão, que a jovem retribuiu educadamente.

Agora era bem diferente de quando crianças, tempo em que tinham mais liberdade, não se preocupavam com normas ou padrões de etiqueta nem educação. Eram simplesmente amigos fiéis.

— Como vai, Vitória? Passou bem de ontem para hoje?

— Passei. E você?

— Muito bem! — Reparando-a, comentou mesmo tímido: — Nossa! Você está muito bonita.

— Obrigada — tornou constrangida.

— E cheirosa, também.

Envergonhada, ela escondeu o rosto e nada disse.

O rapaz a convidou para que se sentasse e ela aceitou, mas antes, tirou Joaquim do carrinho, deixando-o andar de um lado para o outro. Atenta, não tirou os olhos do menino.

Ficaram um ao lado do outro sem dizerem nada por algum tempo, até que ela perguntou:

— Como vai sua mãe?

— Bem. Está bem. Ontem eu disse que a encontrei aqui na cidade e ela ficou curiosa. Disse que há tempos não a vê.

— É verdade.

— Lembra de quando éramos pequenos e eu roubava sal lá de casa para irmos chupar limão com sal direto do pé?

— Lembro! — riu ao afirmar. — Teve uma vez que você ficou com as mãos todas manchadas por causa do suco do limão, depois que você pegou sol. — Sem esperar que o rapaz respondesse, riu ao comentar: — Ficou tão feio!

— É mesmo! Demorou tanto para sair. Minha mãe ficou muito brava — riu junto. Logo recordou: — E aquela vez que o Aldo caiu do alto do pé de manga e desmaiou. Lembra?

— Ô se lembro! A gente arrastou ele até o rio para jogar água e esperar ele acordar. Eu senti um frio na barriga!... Pensei que meu irmão tivesse morrido. Nem contei pra minha mãe.

— Era tão bom nadar no rio!

— Era mesmo — disse esboçando suave sorriso parecendo sonhar.

— Vamos?!

— Onde?

— Nadar no rio de novo!

— Ora, Vinícius. Não temos mais idade pra isso. Olha nosso tamanho.

O rapaz sorriu sem jeito, por um instante esqueceu-se haverem crescido. Mesmo assim, insistiu:

— Bem... Não precisamos nadar. Podemos fazer um piquenique. O que acha?

— Nós dois? Sozinhos? Não temos mais idade para ficar sozinhos.

— Chama o Aldo. Ele pode ir junto.

— Não sei... — titubeou. — Minha mãe não vai gostar.

— Será que ela precisa saber?

— Eu não minto.

— Quando é que você vai lá pro sítio do seu pai?

— Sábado é minha folga... É depois de amanhã! — lembrou-se. — Vou cedo e no domingo à tarde tenho que voltar. A dona Maria de Lourdes vai me levar e buscar.

— Pode deixar que eu levo algumas coisas pra gente comer e você leva o Aldo. Tá? — Antes de ela responder, falou confirmando: — Então, sábado à tarde a gente se encontra lá no rio, no lugar de sempre.

— Eu não sei... — Nesse instante Vitória precisou se levantar rápido e ir em direção do pequeno Joaquim que ameaçava sair dos limites da praça e ir para a rua.

Quando o pegou, o menino teimava em ir à outra direção e começou a chorar.

— Olha, Quinzinho, vem aqui comigo que vou lhe dar uma coisa.

Nesse instante, ouviu-se uma buzina fina e aguda.

Ao olhar, Vitória reconheceu Odilon ao volante de um carro conversível com a capota arriada.

O rapaz, sorridente ao vê-la pacientemente cuidando do garotinho marrento, chamou-a para junto do veículo e perguntou:

— Vai embora agora?

— Está quase na hora... Eu...

— Então entra aqui. Eu a deixo na casa de minha irmã.

— Preciso pegar o carrinho do Quinzinho.

Odilon desceu do carro e pediu:

— Dê-me ele e pegue o carrinho.

Vitória entregou-lhe o menino e apressou-se até o carrinho ao lado de Vinícius, dizendo baixinho:

— É o irmão da minha patroa. Tenho de ir.

— Sábado nos encontramos no rio — afirmou Vinícius.

— Vamos ver. Vou pensar.

— Amanhã a gente se vê aqui.

— Está certo. Até logo — disse ligeira para dispensá-lo com rapidez.

— Até amanhã.

Ao aproximar-se de Odilon, a jovem pegou Joaquim novamente no colo, enquanto ele dobrava o carrinho e o colocava na parte de trás do veículo. Em seguida, abriu a porta e a acomodou no banco da frente ao seu lado.

Vitória sentiu-se satisfeita. Não era sempre que andava de carro e nunca havia entrado em um automóvel conversível. A sensação era muito boa e até Joaquim estava gostando.

— Nunca andou em um carro assim? — perguntou Odilon ao vê-la sorrir sem perceber.

— Andei não.

— Não andei — falou ao sorrir, tentando impostar leveza no ato de corrigi-la. — Você é uma moça muito bonita para falar errado. Falar certo ou errado é questão de aprendizagem e costume. Sei que está estudando e deveria usar o que aprende.

— Tem razão. Deveria, sim, usar o que aprendo — respondeu um pouco impetuosa.

— Viu?! Você sabe falar — sorriu.

Não demorou e a jovem percebeu que o rapaz não fazia o caminho da casa de Maria de Lourdes.

— Não deveria ter ido por ali? — perguntou ela com simplicidade.

— Deveria. Mas não vou. Quero dar uma volta antes. Vejo que você e o Joaquim estão gostando — tornou sorridente.

Odilon pegou a estrada e deu um passeio.

Muito depois, parou o carro e comentou ao observar a linda vista:

— Está vendo lá embaixo? — Olhou para Vitória, viu-a fazer um aceno afirmativo com a cabeça e prosseguiu: — Ali, a partir daquela cerca é o começo da fazenda de meu pai.

— Eu sei — respondeu timidamente.

— Vamos! Desça do carro, Vitória! — pediu ao saltar do veículo.

O pequeno Joaquim parecia sonolento e recostava a cabecinha no ombro da babá, procurando aconchegar-se para dormir quando ela respondeu sem descer do carro:

— O Quinzinho está com sono. Seria bom a gente ir embora. Vai ficar muito tarde pra ele almoçar. Eu nem sei que horas são.

— É que eu gosto de vir aqui e olhar lá para baixo. Sinto-me no topo do mundo. Além disso, feliz por saber que toda aquela imensidão de terra, que vai até onde os olhos não alcançam, é minha.

— Não podemos ir embora, seu Odilon?

Ele tirou os olhos da bela paisagem e voltou-se para ela, pedindo:

— Não me chame de seu nem de senhor. Não quero me sentir um velho, certo? Gostaria que a chamasse de senhora?

— Não, mas... Sou empregada de sua irmã.

— E empregada não é gente? Não merece respeito?

— A moça não respondeu. Odilon acomodou-se novamente no banco do motorista e, bem perto da jovem, reparou: — Você é muito bonita, Vitória. Está bem diferente daquela menina que trabalhava na cozinha de minha mãe.

— Obrigada — murmurou verdadeiramente constrangida. Em seguida, pediu: — Vamos, seu Odilon. Já está bem tarde. O sol tá a pino e o Quinzinho dormiu.

Ele deu um suspiro e falou:

— Está bem, está bem. Da próxima vez não vamos trazer esse menino, certo?

Vitória ficou intrigada com o comentário sobre saírem uma próxima vez e sem o menino, mas não disse nada.

Durante o trajeto de volta, o rapaz não parou de falar e sempre a olhava com o canto dos olhos e uma expressão de conquista na face, que exibia um sorriso malicioso.

Ao chegarem em frente à casa de Maria de Lourdes, a mulher estava em pé diante do portão e parecia bem nervosa.

Mal esperou o irmão estacionar o carro e já foi falando:

— Onde você estava, Vitória?! Quer me deixar louca?! Já fui até à praça! Já andei por toda a cidade e ninguém sabia de você e do meu filho!

— É que o seu Odilon nos...

— Não tem desculpas!

— Espere aí! Espere aí! — interrompeu o irmão que desceu rapidamente e contornou o carro. — Se alguém precisa levar bronca, esse alguém sou eu. Chamei a Vitória e disse que a traria para casa, mas resolvi dar um passeio e fui até o início das terras de papai. Gosto daquela vista. Ela até me chamou para voltarmos, mas...

— Você é um irresponsável, Odilon! Ela também! Veja o calor! O sol! Já passa do meio-dia e meu filho está sem almoço!

No meio do falatório, Odilon ajudou Vitória a descer do carro e também pegou o carrinho do sobrinho que estava no banco de trás.

Sempre segurando bem o garotinho que dormia, como se quisesse protegê-lo, Vitória não disse nada e entrou apressada na residência.

Vendo-se a sós com a irmã, Odilon falou mais sério ao segurá-la pelo braço:

— Maria de Lourdes, tenha calma. Eu peguei a babá na praça e disse que a traria para cá. No caminho vi que o Joaquim estava gostando de andar de carro e decidi dar um passeio. Ela me falou que estava tarde e precisava dar almoço para ele, mas eu não me importei. A culpa não é dela.

— Você é um irresponsável mesmo. O vento que meu filho tomou nessa porcaria de carro aberto pode lhe dar dor de ouvido. Sem contar que o sol está quente demais.

— A culpa foi minha. Não brigue com ela.

Maria de Lourdes olhou-o de cima a baixo com ar de zangada e foi entrando seguida pelo irmão.

Ao chegar à copa, a mulher deparou com a babá tentando alimentar o pequeno Joaquim que parecia estar mais com sono do que com fome.

— Está vendo? — reclamou enérgica. — Agora ele não quer comer.

— Ele já comeu um pouquinho — praticamente murmurou a moça.

O garotinho fechava os olhos lentamente e queria se encostar para dormir, mesmo com a babá falando e sacudindo um brinquedo para lhe chamar a atenção. Por maior que fosse o esforço de Vitória para mantê-lo acordado, não era páreo para o sono do menino.

— Deixe disso, babá! — disse a mãe enérgica. — Limpe o rostinho dele, troque as fraldas e o ponha para dormir!

— Sim senhora — sussurrou.

A jovem pegou o pequeno no colo e obedeceu.

Voltando para a sala, Maria de Lourdes não encontrou o irmão e decidiu procurá-lo na biblioteca.

— Ah... Você está aí!

— Vou pegar este livro emprestado, está bem? — perguntou com o volume nas mãos.

— Vê se devolve.

— Antes de voltar para o Rio, devolvo sim. — Alguns segundos e perguntou com sorriso cínico: — Está mais calma, maninha?

— Não vá se engraçar com a minha babá, entendeu Odilon? Eu o conheço muito bem! — disse firme.

— Como ela mudou, não é? — falou propositadamente para irritá-la, porém, com certo fundo de verdade em suas observações. — Está tão diferente daquela menina magrela de cabelos desgrenhados... Está muito bonita.

— Odiloooooon!...

— Não se preocupe comigo, maninha. Estou indo embora. — Aproximando-se, beijou-a no rosto e saiu da biblioteca dizendo baixinho para irritar a irmã: — Diga a Vitória que não me despedi por estar com pressa, mas deixei um beijo para ela.

— Não sei o que faço com você! — saiu falando atrás do irmão.

~

Depois de Odilon ir embora, Maria de Lourdes procurou pela babá e a encontrou no quarto de Joaquim com um cesto pegando as roupas sujas. Ela esperou que a moça saísse e a acompanhou, chamando-a:

— Vitória, venha cá.

Calada e de cabeça baixa, a jovem a seguiu até a sala, longe das outras empregadas.

Após olhá-la de cima a baixo, Maria de Lourdes observou:

— Eu não quis fazer comentários perto de meu irmão, mas... Reparei que hoje, especialmente, você se arrumou muito bem só para levar o Joaquim até a praça. Colocou um de seus melhores vestidos e usou carmim. Como se não bastasse, senti em você o cheiro do meu perfume. — Rapidamente o rosto da moça corou e ela abaixou o olhar. Sem trégua, a patroa perguntou: — Como me explica isso? — Total silêncio e a mulher insistiu: — Você se arrumou assim e usou o meu perfume porque sabia que encontraria meu irmão, não foi?

— Não! Não senhora — respondeu imediatamente.

— Vitória, eu não nasci ontem. Sou mais velha do que meu irmão e o conheço muito bem. O Odilon, assim como todo jovem da idade dele, quer aproveitar a vida,

Schellida ~ Eliana Machado Coelho

ser um homem experiente. Homem, meu bem, cai ali, levanta lá e segue em frente. Eles se aproveitam de moças ingênuas como você e depois desaparecem deixando essas moças sem sua maior virtude que é a pureza. Você me entende?!

— Eu usei o seu carmim e o seu perfume, sim, dona Maria de Lourdes — admitiu quase chorando. — Quero que me perdoe por isso, eu... Eu acho a senhora tão bonita e cheirosa... Queria ficar igual.

— E qual foi o motivo?... Que razão a levou a querer ficar bonita?

Tímida e trêmula, Vitória sentia-se mal. Suas pernas queriam dobrar e suas mãos suavam. Mesmo assim decidiu dizer a verdade:

— Ontem eu encontrei um colega de muito tempo e... — perdeu a voz.

— Como de muito tempo, menina? Você só tem dezesseis anos!

— Vou fazer dezessete em breve. — A patroa nada disse e ela prosseguiu: — Desde criança conheço o Vinícius. Os pais dele trabalham no sítio do seu Batista, vizinho do sítio do meu pai. Nossos pais se conhecem bem. A dona Adalgisa, mãe dele, ajudou muito a gente e... Fazia uns três ou quatro anos que não via o Vinícius. Ele foi estudar na capital e ontem eu estava lá na praça e ele apareceu. Conversamos um pouquinho. Ele disse que queria me ver de novo, então falei que hoje estaria lá no mesmo horário. Foi por isso que me arrumei assim. Não foi por causa de seu irmão, não. Eu e o Vinícius estamos até combinando de fazer um piquenique no meu dia de folga, pois na outra semana ele volta para Belo Horizonte. Mas não será só eu e ele, meu irmão vai junto.

— Eu deixo você ir para a praça para olhar o meu filho que precisa de distração e não para ficar de namorico! — esbravejou.

— Não tô de namorico, dona Maria de Lourdes.

— Não me responda! Estou nervosa! Preste atenção, menina: a responsabilidade de você estar morando aqui é minha. Você só tem dezesseis anos! É boba! Ingênua! Vai cair na lábia de qualquer um! Onde já se viu!

— Não sou boba nem ingênua.

— Ah! Não?! — breve pausa. — Vitória, entenda de uma vez por todas: esses homens de hoje, sejam lá quem forem, querem meninas puras como você só para se divertirem, se aproveitarem e depois jogar fora. Está me entendendo? Pode ter sido seu amiguinho lá na infância, mas hoje é um homem e pensa diferente de antes. Ele não gosta de você como amiguinha, não! Ele quer se aproveitar, só isso! Não seja tola! Não perca sua pureza! Sua maior virtude! Tem é que se guardar para alguém decente até o casamento.

Vitória decidiu não dizer mais nada.

Pensou que levaria bronca por ter usado o perfume e a maquiagem, mas sua patroa estava interessada em sua vida particular.

Ficou calada e ouvindo tudo até a mulher terminar o sermão e deixá-la ir cuidar dos afazeres.

Já no tanque de lavar roupa, enquanto ensaboava as fraldas de Joaquim, a jovem se corroía por dentro. Suas ideias estavam carregadas de revolta.

"Quem é a dona Maria de Lourdes para achar que pode interferir em minha vida e me dar sermões?", pensava. "Ela é minha patroa, mas não é minha mãe. Não tem direito algum sobre mim. Tenho dezesseis anos e sei muito bem me cuidar. O que ela quer? Que eu trabalhe de babá ou como sua empregada pelo resto da minha vida? A época da escravidão já acabou! Se nessa idade eu não arrumar um bom rapaz e me casar, viverei como empregada de casa de família pelo resto de minha vida. Preciso arrumar um moço bom, trabalhador, que goste de mim e me dê proteção e segurança. Não quero um homem que nem meu pai, que me faça viver como minha mãe, na miséria e só parindo um filho atrás do outro. Não! Definitivamente não é isso o que eu quero. Ela vai ver. Se pensa que vai estragar minha vida, está muito enganada. Sei que ela me ajuda, ajuda minha família, mas não posso servir a ela eternamente. Ah! Isso não!"

Triste e revoltada continuou a remoer pensamentos.

Depois de viver ali, entendeu que nem todos viviam na miséria, na extrema pobreza como ela foi criada. Não queria, de forma alguma, ter vida semelhante a de antes. Gostava das roupas novas e limpas que passou a usar. Adorava andar de calçados, cheirosa, com os cabelos penteados e bonitos. Apreciava comer com talheres e em louças de porcelana. E, principalmente, queria ter o que comer e dormir sozinha em uma cama limpa.

A verdade é que passou a detestar ter de ir visitar a família e dormir junto com suas irmãs naquele colchão de palha que ainda cheirava mal.

Após pensar muito, determinou-se, naquele momento de fúria, a não perder uma única oportunidade para ter uma vida cada vez melhor.

Era a primeira vez que se sentia oprimida por Maria de Lourdes. Mas isso não iria lhe fazer sentir medo.

Decidiu se encontrar com Vinícius no rio e, quem sabe, namorar e casar-se com ele. Afinal, gostava muito dele. Não sabia explicar o porquê de seu coração palpitar quando se lembrava do amigo. Vê-lo, então, depois de tanto tempo, foi uma experiência única.

Começou a sonhar acordada, tecendo planos de namorar Vinícius, firmar compromisso enquanto ele estudasse. Depois que o rapaz se formasse e arrumasse um bom emprego, poderiam noivar e se casar.

Ele era um bom moço e, provavelmente, lhe daria uma vida melhor do que a de sua mãe e a de empregada dos outros. Ela não se importaria de cuidar de uma casa, desde que fosse sua.

A cobiça passou a fazer parte dos planos da jovem Vitória e ela não pararia mais de tecer planos para ter uma vida melhor.

CAPÍTULO 3

Um belo poema

No dia seguinte, após muito pensar, Vitória viu seus planos de encontrar Vinícius jogados por terra quando a patroa a procurou para dizer:

— Hoje você não vai passear com o Quinzinho. Preciso que fique aqui. Vamos arrumar este quarto e ver quais roupas dele não servem mais. — A jovem sentiu-se gelar. Havia combinado se encontrar com Vinícius na praça. Sem trégua, a mulher ainda disse: — E... neste fim de semana eu gostaria que me acompanhasse até a casa de meus pais, na fazenda. É aniversário de meu irmão e minha mãe planeja um almoço antes de ele retornar para o Rio de Janeiro. Poderá tirar seu dia de folga na próxima semana.

— Mas é que...

Antes que a babá terminasse, a mulher argumentou:

— Vou precisar de você, Vitória. Já imaginou o Joaquim correndo pra lá e pra cá, mexendo em tudo e eu tentando almoçar em paz? No próximo fim de semana você tira sua folga. — Um instante e falou propositadamente, como se quisesse adular, por interesse próprio: — Ah!... Será bom a sua folga ser na próxima semana, pois pegarei algumas roupas e outras coisas na fazenda para levar pra sua família.

A jovem revoltou-se em silêncio. Percebeu que Maria de Lourdes teceu a ideia de levá-la para o almoço e trocar seu dia de folga propositadamente. Havia muitas empregadas na fazenda que poderiam tomar conta do menino. Ela queria mesmo estragar seu piquenique com Vinícius.

Aquilo não poderia acontecer.

Não teria como avisar Vinícius. Além disso, ele retornaria para Belo Horizonte e ficariam sem se ver por muito tempo.

Mas ela não se deixaria vencer. Pensaria em uma forma de reverter a situação.

~

No sábado, após o almoço, que foi bem cedo como de costume, Vitória estava na fazenda do senhor Antero Magalhães, pai de Maria de Lourdes, pensando em uma maneira de ir até o rio, onde Vinícius provavelmente a esperava.

Inquieta, caminhava de um lado para o outro sob a sombra de uma frondosa mangueira em flor.

Ao vê-la a passos lentos olhando para o chão, Odilon se aproximou perguntando:

— Pensativa?

— Um pouco.

— Onde está o Joaquim?

— Dormindo.

— Em que você esta pensando? Parece preocupada.

Repentinamente uma ideia lhe surgiu e ela mentiu num impulso:

— É que... Não vejo minha madrinha já faz tempo e hoje ela vai lá na casa dos meus pais. Gosto muito dela e... — sorriu: — Estou um pouco triste por isso. Sabe lá Deus quando é que ela poderá vir pra essas bandas de novo. Queria tanto ver como ela está... Sabia que tenho o mesmo nome dela?

— Mas por que não pediu para minha irmã liberá-la para ir vê-la?

— Hoje era meu dia de folga, mas dona Maria de Lourdes precisava de mim aqui. Eu queria tanto ver minha madrinha, mas não podia deixar de ajudar minha patroa. Ela é tão boa pra mim e...

— Não é justo que fique aqui. Minha irmã é quem tem que se virar com os próprios compromissos. Vou falar com ela.

— Não! Por favor. Espere.

Odilon não deu importância e saiu à procura da irmã, encontrando-a do outro lado da casa, na varanda, conversando com a mãe e algumas tias.

Chamando-a para um canto, o rapaz explicou a situação e desfechou:

— Não é justo que a prive de ver a madrinha. Essa menina vive servindo você e seus caprichos como uma escrava.

— Mas ela não me disse nada quando pedi que me acompanhasse e deixasse a folga para a próxima semana.

— Você lhe deu uma chance para isso? Ora, Maria de Lourdes! Eu a conheço.

— Em todo caso... Agora é tarde. Já passou.

— Não passou, não. Posso levá-la até lá com meu carro. — Consultando o relógio, disse: — Agora é meio-dia e... Acho que em uma hora chegamos. Talvez dê tempo de ela ver a madrinha.

— Você vai fazer isso?! — admirou-se.

— Por que não?! — Breve instante e decidiu num impulso: — Quer saber?! Cuide do Joaquim que vou levá-la lá é agora.

— É longe!

Odilon virou-lhe as costas e saiu à procura de Vitória. Encontrando-a, pediu:

— Pegue suas coisas, pois vou levá-la para o sítio de seus pais. Encontre-me no meu carro.

— Mas...

— Vamos, Vitória! Falei com minha irmã. Ela vai olhar o Joaquim. Vou deixá-la lá agora e amanhã vamos buscá-la. Se eu não for, a Maria de Lourdes vai com o meu cunhado. Depressa, pegue suas coisas. Estou no carro.

A jovem nem pensou. Apressou-se em pegar uma bolsa onde havia uma muda de roupa e foi para o carro de Odilon.

~

Durante o caminho ele era quem mais falava. Gostava de contar sobre tudo o que existia na cidade maravilhosa.

O assunto enchia os ouvidos de Vitória como música suave e sua imaginação começou a vivenciar o sonho de conhecer o tão moderno e lindo Rio de Janeiro.

Pensar em conhecer o mar, ver as praias, coisa que nunca tinha feito, deveria ser algo deslumbrante. Só tinha ideia de como era uma praia por ter visto um retrato pintado na casa de sua patroa, nada mais.

Quando Odilon falava dos arranha-céus, ela não conseguia acompanhar sua narração. Não conhecia prédios grandes com mais de dois andares, não sabia o que era.

— Será que vai dar tempo de encontrar com sua madrinha? — perguntou ele tirando-a do sonho.

Por um instante, ela quase perguntou que madrinha, porém se lembrou da mentira e respondeu:

— Talvez. Não sei.

— Você tem planos para o seu futuro, Vitória? Pretende fazer algo em sua vida?

— Sei o que eu não quero e acho que já é alguma coisa.

— E o que você não quer? — olhou-a por alguns segundos ao perguntar.

— Voltar a morar no sítio de meu pai, trabalhar na lavoura, viver aquela vida triste... Mulher não tem muito o que fazer quando o assunto é lavoura. Ou ela é patroa e manda nos outros ou é escrava e só trabalha debaixo do sol e parindo filho. Acho que não vai dar pra eu ser patroa e não quero trabalhar na terra. Quero continuar estudando e... — calou-se.

— Aqui mulher não tem o que fazer. Lá no Rio de Janeiro elas estudam, vão para a faculdade. Tive duas amigas em minha turma de Direito.

— Mulher estudando Direito?! — admirou-se.

— E outros cursos superiores também. Até na Faculdade de Medicina.

— E depois? Elas trabalham?

— Sim, elas atuam na área em que se formaram. Nem todas as mulheres, lá, são donas de casa, não. O mundo está mudando. Já tem muitas que trabalham em empresas, fábricas... Outras tem seus próprios negócios como... Ateliês de roupas ou...

— O que é Atê... atê... o quê?

— Ateliê é uma oficina de criação. — Percebendo que a jovem pareceu ainda em dúvida, explicou melhor: — Bem... uma modista que é ótima no que faz e tem muitas freguesas monta um lugar grande onde ela pode atender as clientes, tirando medidas e desenhando os modelos das roupas. Esse lugar por aqui é na casa da costureira; lá no Rio, não sendo nos fundos ou no canto da sala de uma casa, é chamado de ateliê. Algumas dessas modistas chegam a ter duas ou três costureiras que aprontam as roupas para elas. Só que são elas as responsáveis e que levam a fama pela bela vestimenta.

— Nossa! Uma modista chega a ter tantas freguesas a ponto de precisar de ajudante?

— No Rio, sim.

Os olhos da moça brilharam quando murmurou:

— Se eu aprendesse costurar em máquina...

— Você sabe bordar. Minha mãe e minha irmã me mostraram alguns de seus bordados nos lençóis do Joaquim e outras peças. Esse trabalho vale muito dinheiro lá no Rio.

Naquele instante, Vitória pensou:

"Lá vale muito dinheiro e aqui trabalho de graça. Foi por causa dos meus bons bordados que ela", referiu-se à patroa, "comprou aquele monte de cortes para toalhas, guarnições e... E além de eu ter de olhar criança, lavar e passar, ainda fiquei de noite bordando."

— Vitória?

— O quê?

— Eu estava falando... Você é esperta, inteligente, tem aparência... Não perca tempo. Estude, procure um jeito de...

— De ir para o Rio de Janeiro? Mas como? Se eu tivesse uma chance!...

Odilon gargalhou ao volante e a jovem perguntou:

— Do que está rindo?

— Tive uma ideia, só que minha irmã me mataria.

— Que ideia?

— Eu estou morando na casa de um amigo de meu pai, muito amigo. Não só moro na casa como também trabalho em sua empresa. Esse homem, o doutor Bonifácio, tem um filho da minha idade que é bem doente. O rapaz é enjoado, vive no hospital e precisa de muitos cuidados quando está em casa. — Breve pausa e prosseguiu: — Eu poderia sugerir que você fosse trabalhar para eles cuidando especificamente do João Alberto. Assim você iria para o Rio empregada e poderia continuar estudando.

— E a dona Maria de Lourdes? E o Quinzinho?!

— Por isso eu disse que ela me mataria! — gargalhou.

Continuaram conversando caminho afora.

Vitória, sonhadora e audaciosa, até esqueceu seus planos com Vinícius.

Naquele instante, passou a desejar muito mais do que uma vida boa, simples e pacata.

~

Ao chegarem ao sítio de seus pais, próximo à velha porteira quase caindo, esperta, para que o rapaz não descobrisse que sua madrinha não estava ali, ela disse:

— Eu posso ficar aqui. Num carece de me levar até a casa não.

Parando o carro, ele concordou:

— Está bem. Bom descanso e aproveite bem a folga.

— Obrigada.

Desceu do carro e parou junto à cerca esperando Odilon manobrar o veículo e ir embora com a poeira correndo atrás.

Vitória olhou para um lado, depois para o outro e ficou satisfeita por nem mesmo o cachorro tê-la visto ali.

Indo atrás de um moirão, deixou sua bolsa no chão escondida numa moita e correu em direção ao rio, do outro lado de um morro, entre pedras gigantescas e algumas árvores.

Cansada pela corrida, olhou à procura do amigo e nada. Foi então que decidiu chamá-lo:

— Vinícius!!!

Repetiu o nome algumas vezes até que ouviu um grito:

— Aqui!!!

Olhando para a outra margem, o viu sorridente e acenando.

Sem demora, o rapaz tirou o calçado, enrolou a barra da calça e procurou a parte mais rasa do rio para atravessá-lo sobre as pedras. Enquanto ela, empolgada, com o coração aos saltos, aguardava ansiosa por ele.

— Pensei que não viesse mais! — exclamou muito satisfeito.

— Ora... Se prometi...

— Você não prometeu. Aliás, ontem nem foi lá na praça. — A jovem nada disse e Vinícius quis saber: — Você está bem?

— Se estou... Estou ótima. É que... — Riu e contou: — Não imagina o que tive de inventar para vir pra cá.

Caminharam até uma frondosa árvore, sentaram-se sob sua sombra, próximo a algumas pedras gigantescas, e a jovem contou o ocorrido.

— Você continua maluquinha! — riu com gosto.

— Foi por isso que nem deu pra chamar o Aldo para vir junto.

— Então ninguém sabe que está aqui?

— Não, ninguém.

— Foi bom ter vindo. Depois de amanhã volto para Belo Horizonte.

— Vou ficar com saudade — disse tímida, abaixando a cabeça e o olhar, enquanto torcia as mãos de forma nervosa.

— É... — disse simplesmente.

Ficaram sem jeito e não se falaram por minutos ao perceberem que queriam ficar mais próximos.

Após longo silêncio, ela perguntou:

— Onde está o que você ia trazer para o tal piquenique?

— Eu comi — respondeu de um jeito engraçado.

— Comeu?! E não deixou nadinha pra mim?

— Achei que você não viria, oras!

— Guloso!

— Eu é que não ia levar as coisas de volta. O cesto que trouxe está lá do outro lado. Aliás, mais um pouco e nem ia ouvir você me chamar.

Continuaram conversando até que o rapaz, com jeito tímido, disse:

— Eu trouxe uma coisa pra você.

— O quê? — alegrou-se.

Vinícius tirou do bolso de trás da calça um pequeno embrulho e o entregou a Vitória, dizendo:

— Não é de ouro, não, mas é de coração.

Ela puxou o lacinho de barbante que amarrava o pequeno pacote, desembrulhou-o e, ao abrir a caixinha, viu um anel de metal simples com uma pedrinha vermelha sem qualquer valor, embora gracioso.

— Que bonito!

— Eu tava passando e vi em uma feira. Lembrei de você e então comprei. Desculpa por não ser uma joia... por não ser de ouro.

Os olhos da jovem brilharam de alegria e seu coração bateu forte como nunca.

Ela colocou o anel no dedo da mão esquerda, estendeu-a para vê-lo melhor e sorriu largamente.

Em seguida, aproximando-se de Vinícius, colocou-lhe a mão espalmada em seu peito e beijou-lhe a face alva e corada.

Aproveitando por ela estar próxima, ele a abraçou pela cintura e com suavidade murmurou:

— Eu gosto muito de você, Vitória.

Seus olhos se encontraram apaixonados e vagarosamente o rapaz aproximou seus lábios dos dela e carinhosamente a beijou.

Após o longo beijo, ela, num impulso, se afastou e disse:

— Oh, meu Deus do céu! O que é que eu tô fazendo?

— afastou-se e virou-lhe as costas.

— Não se preocupe, Vitória — disse indo em sua direção e segurando com ternura em seu braço. Em tom carinhoso, falou: — Eu gosto muito de você e...

— E o quê, Vinícius? Olha o que a gente fez.

— Quero namorar você. — A jovem acreditou que seu coração fosse saltar pela boca e nada disse. Mesmo assim, ele insistiu: — Você aceita namorar comigo?

— A gente é novo demais. Não acha? — Uma coisa era tecer planos de ficar com ele, como havia feito. A outra era levá-los adiante e encarar a realidade. Aquilo era tudo o que queria, mas não estava tão segura disso agora. Por um instante, lembrou-se que desejou intensamente ir para uma cidade grande, como o Rio de Janeiro, e fazer algo mais especial de sua vida que não somente cuidar de uma casa e filhos.

Com voz tranquila, ele a tirou daquelas reflexões:

— Não acho que somos tão novos, não. Estamos na idade. Eu sei que tenho de estudar. Quero ser alguém. Mas não quero ficar sem você. — Um instante e prosseguiu, constrangido ainda: — Posso até falar com seu pai. Ou melhor e mais certo: posso pedir pro meu pai ir lá falar com o seu pra gente firmar compromisso.

— Mas quando? Você disse que vai embora depois de amanhã. Quando é que seu pai irá falar com o meu? Amanhã? Não tem cabimento seu pai pedir minha mão pra você e depois a gente só se ver nas suas próximas férias.

— Então a gente espera e logo que eu voltar pra passar as férias aqui de novo, meu pai vai falar com o seu.

Ela sorriu lindamente e perguntou:

— Promete mesmo?

— Prometo, ó! Tenho palavra. — A moça continuou sorrindo e o rapaz falou com jeitinho: — Olha no fundo da caixinha. Tem outra coisa pra você.

Vitória olhou no fundo da caixinha do anel e viu um papel bem dobrado. Precisou cutucá-lo com a ponta da unha para tirá-lo de lá.

Desdobrando-o, leu:

MEUS OITO ANOS

Oh! que saudades que tenho
Da aurora da minha vida,
Da minha infância querida
Que os anos não trazem mais!
Que amor, que sonhos, que flores,
Naquelas tardes fagueiras
À sombra das bananeiras,
Debaixo dos laranjais!

Como são belos os dias
Do despontar da existência!
— Respira a alma a inocência
Como perfumes a flor,
O mar — é lago sereno
O céu — um manto azulado,
O mundo — um sonho dourado,
A vida — um hino d'amor!

Que aurora, que sol, que vida
Que noites de melodia
Naquela doce alegria,
Naquele ingênuo folgar!
O céu bordado d'estrelas,
A terra de aromas cheia,
As ondas beijando a areia
E a lua beijando o mar!

Oh! dias da minha infância!
Oh! meu céu de primavera!
Que doce a vida não era
Nessa risonha manhã
Em vez de mágoas de agora,
Eu tinha nessas delícias
De minha mãe as carícias
E beijos de minha irmã!

Livre filho das montanhas
Eu ia bem satisfeito,
De camisa aberta ao peito,
— Pés descalços, braços nus —
Correndo pelas campinas
A roda das cachoeiras,
Atrás das asas ligeiras
Das borboletas azuis!

Naqueles tempos ditosos
Ia colher pitangas

Movida pela Ambição

Trepava a tirar mangas,
Brincava à beira do mar;
Rezava as Ave-Marias,
Achava o céu sempre lindo.
Adormecia sorrindo
E despertava a cantar!

Oh! que saudades que tenho
Da aurora da minha vida,
Da minha infância querida
Que os anos não trazem mais!
— Que amor, que sonhos, que flores,
Naquelas tardes fagueiras
À sombra das bananeiras,
Debaixo dos laranjais.

Tratava-se de um poema de Casimiro de Abreu.

Após lê-lo, ela comentou:

— Que lindo! Até lembrei da gente quando era criança.

— Foi exatamente do que me lembrei. Eu estava estudando literatura, língua portuguesa quando deparei com esse poema. É tão bonito. Fiquei lendo e lendo... Quando estou longe, dá uma saudade daqui, saudade da nossa infância...

— Eu não tenho saudade da minha infância. Passei muita dificuldade e... — calou-se.

— Mas quando a gente passa dificuldade e não conhece o que é bom, a gente não sente falta.

— Eu sentia fome, frio... nunca tinha remédio para qualquer dor que eu sentisse... Era feia, suja... Nem quero lembrar disso, muito menos ter saudade. — Olhando-o nos olhos, foi verdadeira: — Sabe, Vinícius, eu não quero nunca mais viver de novo como eu vivia. Não quero nunca mais viver na miséria, ser pobre, nem ficar sozinha.

— E não vai, não. Eu vou proteger você.

Aproximando-se, ele a abraçou com carinho e a embalou nos braços.

Vitória sentiu-se feliz pela promessa, mas não estava à vontade e constrangeu-se do abraço. Após segundos se afastou.

Um vento cortante veio lentamente pelo ar.

Ela sorriu, esfregou o braço com uma mão, pois a outra segurava a caixinha e olhou para o horizonte de onde vinha feixes de luz alaranjados que banhavam as pedras e copas das árvores dando-lhes um tom incrivelmente dourado de fim de tarde.

— Já já vai escurecer. Precisamos ir.

Aproximando-se, com olhar carinhoso encarou-a. Com a mão vacilante, quase trêmula, tocou sua face com leveza, pedindo baixinho:

— Então me dá um beijo de despedida.

Vitória se entregou ao carinho e o beijou com amor.

Afastando-se, falou com jeito tímido, baixando o olhar:

— Agora preciso ir.

— Posso ver você amanhã?

— Não sei... — titubeou.

— Se a gente não se encontrar amanhã... só no fim do ano. Não tenho tanto dinheiro assim para a passagem de ônibus. Viajar fica caro.

— Só se a gente se ver de manhã.

— Combinado! — respondeu satisfeito.

— Até amanhã.

— Até amanhã, Vitória.

Ela caminhou alguns metros e olhou para trás. Ao vê-lo sorridente, parado e observando-a, acenou e o rapaz correspondeu. Logo à frente, virou-se de novo e lá estava ele contemplando-a sorrindo. Acenaram-se. Depois disso, a moça correu para não ser pega pela escuridão do início da noite.

Jamais esqueceriam aquele último olhar.

~

Passando pela porteira, Vitória foi para perto do moirão, abaixou-se e pegou sua bolsa, seguindo em direção à casa de seus pais.

Recebida pelos irmãos, bem surpresos por vê-la ali, a jovem explicou:

— O seu Odilon me trouxe até aqui. Hoje era minha folga, só que a dona Maria de Lourdes precisou de mim e... — contou tudo do jeito que lhe era conveniente.

A mãe não gostou, mas nada disse.

~

O amanhecer iniciou-se com um sol radiante. Vitória era admirada pelos irmãos, como sempre. Estava bonita, bem tratada e vistosa. Suas roupas eram bonitas e de qualidade. Sua postura, seus modos e jeito de falar eram bem mais elegantes. E isso tudo aprendeu convivendo com pessoas de um nível melhor, bem diferentes de seus pais e irmãos.

Desde que passou a trabalhar e morar na casa de Maria de Lourdes, a patroa e a mãe dela, começaram a ajudar sua família com tudo o que lhes sobrava, principalmente mantimentos e roupas.

Mesmo assim, Vitória parecia não se sentir parte da família; ela não se encaixava mais junto a eles.

Em alguns momentos, sentia vergonha da mãe, tão acabada e de aparência imensamente sofrida.

Rosa havia perdido praticamente todos os dentes e sempre que sorria, envergonhada, levava a mão à boca. Seu rosto era de tal forma encarquilhado de rugas que estava extremamente quadriculado e queimado de sol. Seu modo de falar e de se comportar eram constrangedores para Vitória, que agora sabia o que era educação.

Cada vez que ia visitá-los, todos a ficavam olhando com extrema atenção, como se nunca a tivessem visto, reparando em cada detalhe de seu comportamento.

No desjejum ela não se sentiu bem ao tomar café em uma caneca de alumínio amassada e desbotada. Sentiu certo nojo. Tudo naquela casa parecia sujo, descuidado.

Tomou café puro e recusou o pão oferecido.

Marta, sua irmã de seis anos, a seguia de um lado para o outro fazendo perguntas e admirando suas roupas e, muitas vezes, isso a incomodava.

Vitória não dava muita importância aos irmãos que a rodeavam e queriam agradá-la de alguma forma. Estava inquieta, pensando em como iria se livrar deles, afinal, queria encontrar-se com Vinícius.

Mas não esperava o que estava por acontecer.

Não demorou e o carro de Odilon parou em frente à casa de seus pais. Sem demora, o rapaz desceu e, sorridente, ficou em meio às crianças que se juntaram curiosas.

— O senhor aqui? — surpreendeu-se a jovem ao ser atraída pelo ronco do motor.

— Olá, Vitória! Bom dia! — cumprimentou.

— Bom dia.

— Desculpe-me vir tão cedo é que... Minha irmã e meu cunhado precisaram voltar para a cidade, pois o Joaquim teve febre alta a noite inteira. Ela pediu para eu vir buscá-la.

— É que... — ia reclamar, mas calou-se.

— Sei que deveria vir mais tarde, porém depois do almoço não seria conveniente para mim — tornou o moço.

Logo, Odilon olhou para o lado ao ver um vulto que lhe chamou a atenção.

Era Rosa.

A mulher ofereceu um tímido bom-dia e foi para junto da filha.

Vitória constrangeu-se. Não sabia o que fazer. Nem mesmo apresentou a mãe. Não sabia se Odilon a conhecia.

Apresentar aquela mulher feia e mal-arrumada como sua mãe e aquela penca de criança como irmãos a deixou envergonhada. Preferiu não dizer nada e terminar logo com aquilo.

Virando-se, entrou na casa e, sem demora, retornou com sua bolsa.

A distância, despediu-se rapidamente de sua mãe e mais depressa ainda de seus irmãos, indo para junto do carro de Odilon, que tirou o chapéu e fez um aceno de cabeça, fez um cumprimento geral e se acomodou no banco do motorista, inclinando-se para abrir a porta do outro lado para a jovem entrar.

No carro, se foram.

Vitória ainda viu seus irmãos menores correndo atrás do carro e envergonhou-se mais ainda.

Sentiu raiva. Desejava sumir.

Só então se lembrou de Vinícius.

Certamente ele esperaria por ela a manhã toda até cansar.

Lamentava, mas não teria o que fazer.

Chegou até a pensar que deveria pedir para Odilon parar o carro na estrada, perto do rio e correr até o lugar marcado para encontrar Vinícius e avisá-lo. Mas não teria o que dizer, o que explicar.

∼

O início da viagem de volta foi feito em silêncio por ela. Odilon tentava puxar algum assunto que não ia em frente. Até que ele parou o carro, colocou o braço sobre o encosto do banco onde ela estava sentada e, sorridente, olhou-a por algum tempo.

Muito surpresa, Vitória olhou para o lado enquanto segurava, apertada ao peito, a bolsa que levava e, quase assustada, perguntou:

— Por que parou, seu Odilon?

— Para saber porque você está tão quieta.

— Eu?... Ora... — gaguejou.

O rapaz respirou fundo, sorriu e voltou-se para ela aproximando-se ao dizer:

— Gostei muito de você, Vitória. Acho que é a primeira moça que não se mostra atraída por mim. É uma jovem bonita, interessante e...

— Oh... seu Odilon, não venha com essa conversa mole pra cima de mim, não. A irmã do senhor já me explicou o que o senhor quer. Então, me leva embora, por favor.

Ele gargalhou ao vê-la assustada, falando daquele jeito.

Voltando a prestar atenção nos bonitos traços da jovem, ele acariciou suavemente algumas mechas de seus cabelos, escorregando-as entre os dedos e, ao vê-la se afastar, recostando na porta do carro, segurando firmemente a bolsa ao peito, falou com voz tranquila:

— Calma, Vitória. Não vou lhe fazer nenhum mal.

Num impulso, ela abriu a porta do carro e correu.

— Vitória! Volte aqui! — gritou ao vê-la correr.

Sem alternativa, Odilon desceu do carro e correu atrás da jovem e só a alcançou quando ela caiu entre algumas rochas.

Apiedado ao vê-la com os joelhos sangrando, abaixou-se e a segurou, lamentando:

— Veja o que você fez. Não precisava nada disso. Venha. Deixe-me ajudá-la. — Pegando-a por um braço e pela cintura, ajudou-a a se levantar. Ao olhá-la, viu-a com olhos assustados, quase chorando. Para tranquilizá-la, sorriu e brincou: — Menina boba. Não vou lhe fazer mal algum.

— O senhor me assustou — murmurou ainda temerosa.

— Achou que eu fosse lhe fazer algum mal? — por não ouvir qualquer resposta, riu alto.

Ajudando-a a chegar até o carro, abriu a porta e a fez se sentar no banco do passageiro com os pés para fora do veículo. Observando-a melhor reparou o inchaço em um dos tornozelos.

— Como é que vamos resolver isso, hein? Joelhos sangrando, tornozelo inchado... Deixe-me ver sua mão.

A palma da mão direita da jovem também estava machucada.

Ele ficou preocupado em como explicar para sua irmã sobre aqueles machucados. De certo Vitória contaria que caiu por ter corrido dele. E agora?

— Tem um rio lá embaixo — murmurou ela. — O senhor pode parar o carro lá perto. Eu tenho uma toalha aqui na minha bolsa que posso molhar e limpar meus joelhos.

— Ótima ideia. Sente-se direito.

Ajudando-a a acomodar-se no banco, ele fechou a porta, deu volta e pegou a direção do rio, levando o veículo a alguns quilômetros dali onde ela indicou.

Chegando lá, Odilon parou o carro o mais próximo que pôde da margem.

Vitória desceu.

Mancando, andou até uma pedra enquanto ele se propôs em molhar uma toalha para passar nos machucados.

— Veja seu vestido. Está rasgado e sujo. O que vamos dizer para minha irmã?

Ela viu-se tentada a dizer que tinha outro vestido na bolsa, mas não quis. Como iria se trocar?

Além do mais, estava com raiva, queria vê-lo muito preocupado e sofrendo para justificar aquela situação com a irmã. Afinal, era o jeito de se vingar pelo susto que passou.

Após limpar os ferimentos da jovem, Odilon retornou ao rio e foi novamente ajoelhar-se próximo a uma pedra a fim de molhar a toalha novamente e passar em seu rosto suado.

Ao olhá-lo abaixado, Vitória riu com maldade, desejando vê-lo cair na água e molhar-se todo.

Ele retornou para perto dela e, bem sério, perguntou:

— Você está bem?

— Estou. Só meu tornozelo está inchado e doendo muito.

Ele abaixou, pegou em seu pé, tentou movê-lo e parou quando ela sentiu dor.

Olhando-a firme, indagou:

— O que vamos dizer para minha irmã?

Ela o encarou e pareceu desafiá-lo ao responder:

— Vamos dizer a verdade, uai.

— Ficou louca? Você foi muito precipitada quando saiu correndo. Eu não fiz nada! O que vão pensar de mim? São bem capazes de querer que me case com você.

Por um instante, sem que ele visse, Vitória sorriu. Aquela ideia lhe pareceu boa. Embora não sentisse nada por ele, Odilon parecia um bom rapaz. Tinha dinheiro, estudo, desejava progredir e não queria viver naquele campo empoeirado, perto de lavouras e animais. Era um moço bonito, um bom partido. Talvez não fosse difícil gostar dele.

Fechou o sorriso e perguntou séria:

— Como é que o senhor quer que eu explique meu pé virado, joelhos ralados, a mão machucada e o sapato perdido?

— Você perdeu o sapato?!

— Perdi e nem sei onde.

— Oh! Deus! — falou olhando para cima, procurando solução.

— Vamos, seu Odilon. Vamos logo embora daqui.

— Não sem antes termos uma boa história.

— Uma boa mentira, o senhor quer dizer!

O moço olhou-a sério por alguns instantes, respirou fundo e pôs-se a caminhar a passos lentos e sem rumo, quase em círculos.

Ao vê-lo verdadeiramente inquieto e preocupado, Vitória o chamou:

— Seu Odilon!

Paciente, ele se aproximou, sorriu e pediu:

— Pode me chamar só de Odilon.

— Está bem — sorriu. — Odilon, eu posso dizer que caí lá em casa, antes de o senhor chegar pra me buscar. A dona Maria de Lourdes não vai perguntar pra ninguém. Até porque ela só vai ver minha mãe daqui a um mês. Até lá, ela já esqueceu.

— Faria isso por mim, Vitória? — perguntou algo incrédulo.

— Faço, sim. E se você for até ali longe, eu posso trocar esse vestido e jogar fora, porque tenho outro na minha bolsa. Ela nem vai saber.

— Espera aí! Você tem outro vestido nessa bolsa?

— Tenho sim.

Ele sorriu e disse, parecendo brincar:

— Já estou indo até ali longe...

— Espere! Desabotoa esses primeiros botões daqui de trás pra mim. Eu não vou conseguir sozinha.

Ele voltou, desabotoou os minúsculos botõezinhos e foi para longe a fim de Vitória trocar-se.

Ao terminar, ela o chamou pedindo:

— Abotoa esses outros aqui.

Ele fechou o vestido e disse:

— Pronto. Podemos ir — sorriu. Olhando-a, reparou:

— E os sapatos? Você tem outro par aí nessa bolsa?

— Não. Mas não se preocupe. Eu digo que minhas irmãs foram brincar com eles e quando você chegou não sabiam onde estavam. Digo que estava com pressa e por isso vim descalça.

— Vitóooooria! — segurando-lhe o rosto, beijou-lhe a testa e afirmou: — Você é um gênio! Deveria ser advogada! Daríamos uma ótima dupla. — Abrindo a porta do carro, pediu ajudando-a: — Venha. Sente-se. Já é quase hora do almoço. A Maria de Lourdes deve estar preocupada.

Dando a volta, sentou-se ao volante e tentou ligar o carro, mas não conseguiu dar a partida.

— Não... Não pode ser... Isso não está acontecendo.

— O que foi?

— O carro não quer pegar.

— Será que quebrou?

— Não pode ser! Não diga isso — respondeu insistindo em dar partida, só que em vão.

CAPÍTULO 4

Revoltada com a vida

Definitivamente o carro de Odilon não dava partida.

Ele não entendia nada de mecânica ou de parte elétrica de carros, mesmo assim, abriu o capô e mexeu em alguns fios e peças pensando algum ter se desligado sozinho.

O sol estava bem quente e, devido ao calor, Vitória saiu do veículo e foi para debaixo de uma árvore, onde estava mais fresco.

Muito tempo havia se passado.

Odilon já havia tirado o paletó, a camisa e estava usando uma camiseta branca sem mangas.

Tinha tirado também os sapatos e as meias, bem como enrolado as barras da calça.

Algumas vezes, foi até o rio, bebeu água e lavou o rosto suado.

Não sabia o que fazer. Estavam longe de tudo e de todos.

Vitória não poderia caminhar, seu pé estava bastante inchado.

Ele não queria deixá-la ali. Era um lugar distante e sabia haver animais que poderiam atacá-la, onças pequenas eram sempre vistas na região.

Sem saber o que fazer, o rapaz foi para junto dela, sentou-se ao seu lado, passou as costas do braço na testa, suspirou e disse:

— Vamos ficar de olho lá na estrada. Se virmos a poeira subir, eu corro e vou ali em cima pedir ajuda.

— Tô ficando muito preocupada.

— Por quê? — olhou à espera da resposta.

— Olha pro céu. Vai chover e ninguém mais vai passar hoje por essa estrada.

— Não diga uma coisa dessas.

— Pois acredite. Vai chover feio!

— Estou com fome. Tomei café bem cedo — ele comentou.

— E eu que mal tomei um leite...

— Será que não tem nenhuma mangueira carregada por aqui?

— Não é época de manga. Estamos na temporada de flor. Com muita sorte encontrará um embuseiro.

— E a dor no seu pé? Melhorou?

— Ainda tá inchado.

— Dói?

— Um pouco. Quando piso é pior.

Odilon se levantou, pegou a toalha que havia na bolsa da jovem, cortou duas tiras e amarrou em seu pé para dar firmeza.

Olhando para o céu, que escurecia, achou melhor acreditar na previsão de Vitória.

Foi até o carro e, com dificuldade, levantou a capota, fechando-o.

Nesse momento, um vento cortante começou a levantar poeira.

Ajudando-a, ele a levou para o carro que, apesar de fechado, deixava o vento passar pelas gretas, provocando assovios assombrosos.

Não demorou e o céu escureceu de verdade. Parecia noite.

A chuva chegou violenta. Raios de potentes clarões cortavam o céu e os trovões rosnavam furiosos.

Vitória encolheu-se no banco, sentando de lado sobre as pernas. Recostando-se no encosto, abraçou os próprios braços e fechou os olhos bem apertados.

— Meu Deus! O que é isso?! — perguntou o rapaz incrédulo ao observar a tempestade.

Ela nada disse e continuou na mesma posição.

O moço havia vestido a camisa e, embora estivesse com um pouco de frio, pegou o paletó e cobriu Vitória quase que totalmente.

Foi nesse momento que ela abriu os olhos e ofereceu leve sorriso.

Odilon não havia levado seu relógio e, passado algum tempo, não sabia se era dia ou noite.

A chuva ofereceu breve trégua, apesar disso, o céu estava bastante escuro.

Olhando, ele percebeu que havia entrado muita água no carro e o assoalho estava cheio até a borda das portas, não havia onde pôr os pés no chão em lugar seco.

Algum tempo e murmurou:

— Vitória? — Ao vê-la olhar, disse: — Pensei que estivesse dormindo.

— Não.

— Olha... O chão está cheio de água e eu não tenho onde pôr os pés. Vamos passar para o banco de trás e assim eu dobro os bancos da frente e apoio meus pés sobre eles. Esfriou muito de repente e... Podemos ficar mais juntos e nos aquecer. Pelo visto passaremos a noite aqui.

Ela concordou.

Passaram para o banco de trás. Ele colocou os pés onde queria e a puxou para si.

Abraçando-a e cobrindo-a com o paletó, ficaram mais aquecidos.

À noite, a tempestade castigou ainda mais a região.

Odilon temia que a capota do carro fosse arrancada pelo vento e eles não tivessem mais proteção.

A posição era incômoda e não dormiram.

Somente silenciaram abraçados para se aquecerem. Em raros momentos, cochilaram.

O cantar dos pássaros iniciou-se junto à primeira claridade da manhã.

O rapaz remexeu-se com Vitória em seus braços. Por um instante, não se lembrou o porquê de estar ali. Mal-acomodado, tinha o corpo todo dolorido.

Observando-a, a viu tão serena que parecia nem respirar.

Ele sorriu. Vitória era bonita. Encantou-se pela menina pobre e empregada de sua irmã. Nada que havia planejado ou sonhado para si. Era estranho. Apreciava moças mais maduras e independentes, algo raro naquela época.

Vitória era esperta, inteligente. Pena não ter tido oportunidade de estudar mais e conhecer melhor a vida. Se bem que era muito jovem, teria muito tempo pela frente. Só lhe faltava oportunidade.

O rapaz, ainda com leve sorriso no rosto, afagou o rosto da moça com carinho, tirando-lhe alguns fios de cabelos da face tranquila. Ela não se mexeu e ele a apertou contra o peito, beijando-lhe o alto da cabeça.

Vitória despertou parecendo voltar de um sono profundo e sem se lembrar imediatamente de nada.

Ao se ver nos braços de Odilon, afastou-se e sentou-se direito.

— Ai... As minhas costas... — ele reclamou em voz baixa.

— Acho que é porque dormi em cima de você — comentou ela.

— Finalmente a chuva passou. Precisamos dar um jeito de pedir ajuda.

— Se chovesse pouco ia ter muita lama na estrada. Mas não. A chuva forte leva a lama embora. Ainda bem.

Daqui a pouco os primeiros carros com leite vão passar e a gente pede ajuda.

— E o seu pé? Será que dá para você caminhar?

— Acho que sim.

Odilon saiu do carro, espreguiçou-se e olhou em volta.

Atrás de uma montanha o sol lançava suas luzes no céu alaranjado, mas ainda não se mostrava totalmente no céu quase escuro.

Vitória desceu e olhou para o rio, dizendo:

— Eu tava com muito medo da água subir e levar o carro pro rio. Olha até onde ela chegou.

O rapaz observou que as rodas de seu carro estavam afundadas em uma espécie de areia trazida pelas águas do rio que haviam subido.

— E só agora você me fala que a água sobe até aqui e que podia levar o carro com a gente dentro?! — esbravejou.

— Se eu falasse antes você ia querer ficar no tempo.

— Poderíamos ter morrido, menina!

Ela riu sem dar importância àquela possibilidade.

À medida que olhava em volta e via a vegetação deitada pela força da água, Odilon tinha mais ideia do risco que correram e se assustava ainda mais.

— Acho bom a gente subir e ficar lá na estrada até vir alguém. Ainda não consigo apoiar direito o pé no chão. Poderia me ajudar?

— Sim, claro. Porém... deixe-me ir até o rio. Quero lavar o rosto para ver se acordo.

O rapaz foi até as pedras do rio, sumindo por alguns instantes.

Muito depois, Odilon retornou, enlaçou um braço de Vitória em seu ombro e foram morro acima até a estrada. Procuraram um lugar próximo a uma árvore e lá se sentaram à espera de socorro.

As horas foram passando e nada.

— Estou morrendo de fome — reclamou ele.

— Eu também. — Alguns segundos e comentou: — É estranho não passar ninguém até agora. Já era para os carros de bois estarem rangendo por aqui.

— Só se a ponte caiu — opinou preocupado.

Odilon andou de um lado para outro na estrada, mas não viu ninguém. Arriscou-se entrar na mata em busca de algum fruto e retornou com algumas goiabas e amoras silvestres.

— Só encontrei isso — disse oferecendo os frutos a moça. — Acho que estão verdes. Mesmo assim, dá pra comer.

— Os frutos maduros devem ter caído com a tempestade. — Vitória pegou a goiaba e começou a comer. Algum tempo e contou: — Eu tive um sonho estranho. Parece que eu via a gente no carro. Estava meio dormindo e meio acordada, não sei... Só que, de repente, vi meu irmão Aldo me pedindo ajuda. Ele estava assustado. Era algo como se fosse uma força muito grande, igual ao vento que puxava o Aldo. Quis ajudar, mas nada podia fazer. Ainda era madrugada quando sonhei e fiquei assustada,

com medo. Deu um nó na garganta, uma dor no peito...
Até agora estou esquisita. Quase não dormi e o pouquinho que fechei os olhos, sonhei isso.

Nesse momento, ela teve vontade de chorar, mas não deixou que as lágrimas rolassem.

Odilon não sabia quem era Aldo e pouco deu atenção ao relato. Estava preocupado em saírem dali e em como tirar seu carro de perto do rio.

Com o passar das horas, o desespero tomava conta de ambos, mas eles não diziam nada.

Ninguém passava por ali e não tinha como saírem do lugar.

Odilon novamente entrou na mata à procura de algo para comerem e de novo trouxe goiabas e nada mais.

No fim da tarde, ao cair da noite, voltaram para o carro. Era o único lugar onde poderiam se proteger, embora mal-acomodados.

Naquela noite choveu mais uma vez, mas não de forma tão intensa quanto na anterior.

Vitória não se sentia bem, algo a incomodava. Deixando-se abraçar por Odilon, sentia-se melhor, mais aquecida e protegida.

Na manhã seguinte, voltaram para a estrada.

Já era quase meio-dia quando o rapaz decidiu que a deixaria ali para sair e pedir ajuda.

Mas não precisou.

Quando as esperanças por socorro haviam se acabado, um homem montado a cavalo chegou lentamente até ali, parando ao ver Odilon, muito ansioso, no meio do caminho acenando com ambos os braços.

Ao vê-lo apear do cavalo, disse:

— Graças a Deus!

Sem demora, apresentou-se, narrou o ocorrido e pediu ajuda.

O homem contou que a tempestade foi tão violenta que levou a ponte e somente poucas horas antes haviam arrumado parte dela, possibilitando a passagem de pessoas a pé e a cavalo.

Sabendo que não poderia levar ambos em seu cavalo e que não seria bom um deles ficar ali sozinho, o homem prometeu mandar ajuda assim que chegasse ao vilarejo.

Observando-os e lembrando que estavam ali desde a manhã anterior, o senhor tirou um pedaço de carne seca de seu bornal, pegou uma faca longa e afiada e entregou a Odilon, dizendo:

— Só tenho esse jabá pra dar pro'cês e... fique com essa peixeira. Aqui dá muito bicho que ataca. Tem onça, porco-do-mato... É bom o moço se proteger. Vô indo pra ajuda chegar mais rapidinho.

O rapaz e a jovem agradeceram e o homem se foi.

Horas depois, chegou até ali uma carroça que os socorreu até a fazenda do pai do rapaz.

Após um banho e depois de se alimentar, Vitória adormeceu no quarto que providenciaram para ela.

Estava exausta, com o corpo dolorido e o pé tão inchado que não conseguia apoiar sem sentir forte dor.

Algum tempo depois, despertou confusa e assustada.

Novamente havia sonhado com Aldo.

Sentia muito frio e puxou as cobertas, se encolhendo para tentar se aquecer melhor.

Foi quando dona Veridiana entrou no quarto e, piedosa, sentou-se na beirada da cama da jovem.

— Você está bem, minha filha?

Abrindo os olhos lentamente, murmurou com voz rouca:

— Tô sim.

— Ainda é bem cedo. Daqui a pouco a Dita — referiu-se à empregada — vai trazer pro'cê um leitinho quente e uns biscoitinhos.

Remexendo-se no leito, perguntou por não entender:

— Como assim, ainda é cedo?

— Você dormiu a noite inteira, nem se mexeu. Estava cansada por demais. Já é de manhã. Foi ontem que chegaram aqui. Mas não carece de levantar, não. Aquieta mais um pouco.

— E a dona Maria de Lourdes sabe que estou aqui?

— Sabe, sim. Seus pais, também. Quando vocês não chegaram, minha filha mandou um empregado vir aqui saber de vocês. Ficamos preocupados e meu marido mandou um peão até o sítio de seu pai e disseram que tinham saído de lá no dia anterior. O Antero — referiu-se ao marido — mandou procurarem vocês por todo canto. Até que o peão da outra fazenda encontrou vocês, que tinham se desviado muito do caminho.

— O carro do seu Odilon quebrou.

— Isso nós sabemos. Queremos é entender porque saíram da estrada que vai do sítio de seu pai pra cidade.

— Vitória nada disse e abaixou o olhar. Temia inventar alguma história diferente da contada por Odilon. — Vitória — tornou a senhora —, por que foram lá pra'quele lugar no rio? Por que tomaram aquele rumo?

Nesse momento uma empregada bateu à porta pedindo:

— Com licença, dona Veridiana — ao vê-la olhar, disse —, seu Antero tá chamando a senhora lá na sala.

A mulher se levantou, foi em direção à porta e pediu:

— Dita, traz um leitinho quente e uns biscoitos pra Vitória. Vou ver o que o Antero quer.

Isso foi um alívio para a jovem. Não teria de responder aquelas perguntas, pelo menos naquele instante. Isso a faria ganhar tempo e pensar no que dizer. Precisava conversar com Odilon o quanto antes.

∼

Já na sala, Odilon se explicava:

— Eu já disse ao papai. Saí da estrada porque estava com sede! — dizia irritado. — O sol estava escaldante! Fui até o rio, bebi água e quando voltei para o carro ele não pegou. Foi isso!

— Você falou com a menina?! — perguntou o senhor Antero à esposa.

Schellida ∼ Eliana Machado Coelho

— Ela acabou de acordar. Estava falando com ela quando me chamou.

— Então vamos lá saber por ela se foi exatamente isso o que aconteceu — propôs Odilon nervoso.

— Filho... primeiro vocês saem da estrada, vão pro rio e depois dormem duas noites no carro, longe de todo mundo e... Quer que a gente pense o quê? Essa menina pode ficar grávida e acabar com a sua vida — argumentou a mãe.

— Ora, mamãe! Como é que ela pode ficar grávida se não aconteceu nada?! — falava nervoso.

— Seja esperto, Odilon! A menina pode engravidar de outro e dizer que o filho é seu.

— De jeito nenhum! — protestou. — Vamos lá agorinha mesmo e ela vai dizer, na minha frente, que não aconteceu nada. Vamos!

Virando-se para a esposa, o senhor Antero Magalhães perguntou:

— Você contou pra menina sobre o irmão?

— Não, homem. Não deu tempo.

— Que irmão? O que aconteceu? — interessou-se Odilon.

— O irmão dela morreu. Foi enterrado ontem — explicou o pai a grosso modo.

— Como assim? — tornou o filho.

— Depois que vocês saíram de lá do sítio do pai dela o irmão saiu com um amigo. Eles foram para o rio e o menino foi levado pela correnteza e se afogou — contou a mãe.

Odilon sentiu-se mal com a história e lembrou-se de Vitória ter falado sobre um sonho com o irmão que pedia ajuda. Mas não se lembrava nem do nome do menino.

— Vamos fazer assim — determinou o senhor Antero —, vamos lá ouvir dessa moça o que aconteceu. Não quero que ela saia daqui inventando coisa e acabe com sua vida. Só depois você conta sobre o irmão — olhou para a esposa fazendo-a entender que era ela quem deveria dar a desagradável notícia.

— Mas... Antero...

— Vamos fazer isso, mulher, ou ela vai começar a chorar e ganhar tempo. Sou homem experiente e sei do que essa gente pobre é capaz.

Odilon e seus pais foram até o quarto onde Vitória estava.

O rapaz a cumprimentou e o senhor, muito sisudo e austero, não se deu ao trabalho.

Bem direto, Odilon foi esperto e perguntou:

— Vitória, preciso que confirme aos meus pais que eu estava com muita sede e foi por isso que me desviei e fui até o rio. Depois o carro quebrou e não ligou mais. Não foi isso?

— Sim, senhor. Foi sim.

— Quero também que diga agora se aconteceu alguma coisa entre você e meu filho — impôs o homem firme.

— Quero saber se ele a respeitou.

— Não aconteceu nada, não. O seu Odilon é muito respeitador.

— Não quero que saia daqui inventando história, só porque passou duas noites em companhia do meu filho, menina! Nossa família tem um nome a zelar e tem muita gente esperta que quer se aproveitar da situação.

Vitória nunca se sentiu tão humilhada como naquele momento.

Era por ser pobre que estava ouvindo tudo aquilo. Se tivesse uma família com posses, provavelmente aquele homem gostaria de unir os patrimônios, mas não.

— Pronto! Estão satisfeitos? — perguntou Odilon contrariado com o jeito do pai.

O senhor olhou-o de cima a baixo, depois observou a jovem como se a medisse. Em seguida, virou as costas e saiu do quarto em silêncio.

— Vitória, quero que entenda que estamos preocupados pelo seu bem. Não queremos que fique falada. Você entende? — indagou a senhora tentando ser mais branda.

— Sim, dona Veridiana. Eu entendo. Pode ficar tranquila, seu filho me respeitou.

— E como foi que você se machucou assim? Joelhos, mãos, torção no pé...

Os olhos de Odilon se arregalaram, porém Vitória foi rápida e explicou:

— Uma das vezes que fui até o rio, pisei em uma pedra sabão e escorreguei. Machuquei os joelhos, torci o pé e bati com as mãos. O seu Odilon precisou me ajudar a sair das pedras, não foi?

— Sim, foi isso — confirmou ele.

Após alguns segundos em que trocou olhar com o filho, a mulher contou:

— Vocês ficaram sumidos por dois dias e duas noites e... Aconteceu algo muito triste, Vitória. — A jovem não se manifestou e a senhora prosseguiu: — No dia em que meu filho a pegou para levá-la até a casa da Maria de Lourdes... Assim que saíram do sítio de seu pai, chegou lá um amigo do seu irmão Aldo e o moço o convidou para ir nadar no rio. Contaram que eles costumavam nadar lá embaixo, depois da represa e... Começou a chover forte na cabeceira do rio. As águas violentas chegaram onde eles estavam antes da chuva e o Aldo foi arrastado. O colega não pôde fazer nada. Principalmente depois que a tempestade veio com força.

A moça sentiu-se gelar.

Conhecia bem o lugar e sabia do que a mulher estava falando.

Realmente era comum chover na cabeceira do rio e as águas chegarem com grande força e impulso, carregando barrancos e árvores arrancadas, galhos e animais desprevenidos. Não seria a primeira vez que aquele rio carregava alguém.

Mesmo tomada de um súbito terror, perguntou amedrontada pela resposta:

— E o meu irmão?

— Ele... Sinto muito, filha — lamentou a senhora que se sentou na cama ao seu lado.

— Meu irmão... meu irmão morreu?

— O corpo dele foi encontrado na cidade vizinha. Fizeram um velório curto e ontem à tarde ele foi enterrado. Acho que foi no mesmo instante em que chegaram aqui. Eu não poderia lhe contar.

Vitória encolheu-se e apoiou-se no travesseiro, cobrindo o rosto com as mãos para abafar o choro.

Levantando-se, a senhora decidiu:

— Vou apanhar um copo com água pra ela.

Apiedado, Odilon disse:

— Sinto muito, Vitória.

— Eu não acredito... Não o Aldo... — chorou.

Aquele foi um dia extremamente triste.

A jovem não quis se alimentar e praticamente passou o dia deitada e chorando vez por outra ao se lembrar do irmão, a quem era muito apegada.

~

No dia imediato, dona Veridiana decidiu que Vitória deveria ir para a casa de seus pais e pediu que um empregado a levasse para lá.

Mesmo a contragosto, Vitória ficou uma semana na casa de seus pais recuperando-se e ajudando a cuidar de sua mãe, que não se conformava com a morte do filho.

Sentiu-se aliviada ao receber o recado de que Maria de Lourdes mandaria buscá-la naquela semana.

E assim aconteceu.

Primeiro, ela voltou à fazenda do senhor Antero Magalhães e depois, para a casa de sua filha, na cidade.

Ainda sentia uma grande tristeza apertar seu peito ao lembrar-se de Aldo. Porém, tinha os pensamentos revoltados por aquela vida pobre e de trabalhos duros.

Passou a odiar a miséria, a pobreza e estava decidida a investir em uma vida melhor.

Ao retomar suas funções como babá de Joaquim e outras tarefas na casa de Maria de Lourdes, perceberam-na mais séria, menos submissa.

Ninguém disse nada. Pensaram que a tristeza pela morte do irmão a havia abalado muito.

CAPÍTULO 5

Casamento forçado

Era quase fim de ano e Maria de Lourdes estava eufórica ao planejar uma viagem de férias para o Rio de Janeiro.

Pretendia passar um mês e meio na cidade maravilhosa e, com a ajuda do irmão, estava alugando uma casa de temporada.

Lógico que Vitória precisaria acompanhá-la para cuidar de Joaquim, principalmente porque a patroa estava grávida de três meses e o marido não queria vê-la fazer esforço ou carregar peso.

Tobias, marido de Maria de Lourdes, não poderia acompanhá-la por toda a temporada no Rio, precisava cuidar dos negócios que tinha em Minas Gerais. Por isso, ficaria lá por uma semana, depois retornaria e só voltaria no fim das férias para levá-la para casa.

Vitória não ficou satisfeita. Tinha planos de se encontrar com Vinícius naquelas férias. Nunca mais se viram desde aquele dia antes da morte de seu irmão.

Por outro lado, estava empolgada pela oportunidade de conhecer o Rio de Janeiro e suas belezas.

~

Após longa e cansativa viagem, chegaram à casa na qual passariam a temporada de férias.

Exigente, Maria de Lourdes reclamava ao irmão:

— Pensei que fosse uma casa maior.

— Acha esta casa pequena?! É só por uma temporada, minha irmã. É para as férias e não para morar.

Vitória, com Joaquim nos braços, criticava em pensamento:

"Pequena! Pequena nada. Mulher esnobe e orgulhosa de besta. Chama de pequena uma casa que tem quatro quartos, sala, copa, cozinha... Queria ver ela morar onde nasci e dividir aquilo com pai, mãe e nove irmãos".

— E a empregada que pedi para me ajudar aqui nesta temporada? A Vitória tem de olhar o Quinzinho e não vai dar conta de tudo — tornou a outra.

— Ela vem amanhã — disse Odilon.

— Ai! Quero ir logo para a praia. Faz muito tempo que não vejo o mar — disse Maria de Lourdes. — Você não conhece o mar, não é babá?

Ela sabia que não. Só perguntou aquilo e daquela forma para humilhar a jovem, que respondeu murmurando:

— Não senhora.

Vitória virou-se e, embalando Joaquim, foi para outro cômodo. Não queria mais ser constrangida.

Chegando à sala, a jovem parou e ficou olhando um aparelho bonito de cor cinza-opaco com alguns botões e forma arredondada.

Poucos minutos e a voz de Odilon explicou:

— Isso é um moderno rádio.

— E o que é um rádio? — perguntou baixinho.

O rapaz foi até o chão, pegou o fio que saía do aparelho e ligou. Após alguns minutos, o som surgiu.

Vitória, surpresa, afastou-se um pouco e abraçou Joaquim firme nas costinhas como se quisesse protegê-lo daquela coisa estranha.

Odilon riu alto e explicou:

— Isso é um rádio moderno.

— E como essas pessoas falam aí dentro? — quis saber ainda surpresa.

— Não são as pessoas que estão lá dentro. São as vozes delas. É assim... — logo explicou.

Para Vitória aquilo era algo mágico, formidável. Ficou longo tempo olhando para o aparelho, deslumbrada.

~

Com o passar dos dias, Tobias retornou para Minas Gerais deixando todos no Rio.

Vitória ficou maravilhada com o mar, não conseguia deixar de sorrir diante de tamanha beleza.

Naquele dia, a patroa não se sentia bem. Estava enjoada e com muita dor de cabeça. Por isso ficou deitada a manhã toda.

Odilon apareceu com a intenção de levá-las ao Jardim Botânico, mas a irmã não se sentia em condições. Por essa razão, ele levou Vitória e o sobrinho.

Passaram um dia gostoso. Brincaram e correram com o garotinho, que terminou a tarde dormindo de tanto cansaço.

Ao fazer o caminho de volta, Vitória começou a olhar para Odilon e ter ideias.

Ele era um rapaz bem-sucedido, rico, com futuro garantido, e ela alguém que merecia ser mais feliz, ter mais condições. Não gostaria de ficar o resto da vida servindo aos outros como empregada e ver sua vida sendo prejudicada pelas necessidades dos patrões.

Afinal, Maria de Lourdes não reconhecia sua dedicação nem seu trabalho. Pagava-lhe uma miséria. Só tinha folga uma vez por mês e quando a patroa dava-lhe permissão.

Imaginou-se após a chegada do próximo bebê e não gostou do que previu. Certamente a mulher não iria contratar uma outra empregada e ela viraria escrava para dar conta de duas crianças, das roupas sujas e comida para os pequenos.

Quem sabe Odilon não fosse seu bilhete da sorte?

Essa ideia era agradável, agora. Precisava, então, arrumar um jeito de fazê-lo olhar para ela.

Procurando ser gentil, sorriu ao falar propositadamente:

— Bem que o senhor me disse que o Rio era lindo.

— Não me chame de senhor, eu já disse.

Sorriu novamente com doçura ao responder:

— Está bem: você. Havia me esquecido.

— Eu disse que a cidade era mesmo maravilhosa, não disse?

— Conhece tudo por aqui?

— Tudo! E tudo é lindo — enfatizou.

— Se eu pudesse iria de novo ao Pão de Açúcar.

— Por que não?! Posso levá-la novamente com o maior prazer.

Vitória silenciou. Fez um olhar tristonho e ele reparou enquanto dirigia.

— O que foi? Algo errado?

— É que... — calou-se propositadamente para causar curiosidade.

— O que foi, Vitória? Pode falar.

— Não quero reclamar de nada. Essa viagem está sendo muito boa. Se não fosse a dona Maria de Lourdes eu nunca teria condições de vir a esta cidade. Mas é que...

— Mas, o quê? Pode dizer.

— Todas as vezes que saímos, seja para ir à praia, ao Pão de Açúcar, ao Jardim Botânico e outros lugares, eu não consigo aproveitar direito. Sempre tenho de ficar cuidando do Quinzinho.

O rapaz pensou e reconheceu que era verdade, mas não teria como levar Vitória sozinha para um passeio. O que diria para sua irmã?

— Eu a entendo. Mas não sei como posso ajudar.

— Eu sei. — Breve instante e confessou: — Sabe, Odilon, nunca deixei de pensar naquilo que me falou, sobre eu estudar, ser alguém...

— Seria uma grande traição à minha irmã se eu a levasse trabalhar para a família do senhor Bonifácio. Principalmente agora que a Maria de Lourdes está grávida novamente.

— É, mas... Se eu não fizer tudo certo, como ela quer, estarei na rua no dia seguinte. Ela não vai ter dó de mim, não. Se eu tivesse contado a verdade, naquele dia em que o carro parou e eu corri... estaria na rua.

— Não esqueceu daquilo, não foi?

— Nem você — respondeu de imediato.

Odilon sorriu. Era seu costume sair com alguma empregada e depois agir como se nada tivesse acontecido. Quando sua mãe descobria, demitia a funcionária com naturalidade.

Não havia direitos trabalhistas naquela época, nem leis sobre assédio no ambiente de trabalho.

Ele estava interessado em Vitória a fim de, mais uma vez, testar seu poder de conquista, usá-la e depois descartá-la como fez com as outras. Enquanto ela estava interessada nele a fim de deixar aquela vida pequenina, crescer e se estabilizar. Estava decidida e cheia de coragem.

Enquanto dirigia, repentinamente o rapaz sorriu e falou:

— Tive uma ideia!

— Que ideia?

— Prepare tudo para sairmos amanhã com o Joaquim. Vamos aproveitar que minha irmã não está bem — riu com gosto e completou —, ela nunca está bem nos últimos dias!... Então, sairemos só nós três. Depois... Ficaremos só nós dois e vou fazê-la se divertir como nunca.

— Como assim? Não entendi. E o Quinzinho?

— Confie em mim. Você vai entender. Ah! Se vai — riu.

~

No dia imediato, e nos outros que se seguiram, valendo-se da boa vontade de uma empregada que trabalhava e morava nos fundos da casa do doutor Bonifácio para tomar conta do pequeno Joaquim, Odilon teve a chance de passar o dia inteiro com Vitória, levando-a para os mais belos lugares que conhecia e conquistando-a como queria. Enquanto ela se entregava à sedução sem qualquer preocupação.

Por conta do mal-estar que sentia, Maria de Lourdes nunca podia acompanhá-los e dava graças a Deus de não ter o pequeno filho por perto, pois o garotinho estava em uma idade que não parava quieto e soltava gritinhos por onde passava correndo.

Os dias se adiantaram, deixando a patroa com saudades de casa, e o marido voltou, como previsto, para levá-los embora, o que não deixou Vitória nada feliz.

Odilon os acompanhou na viagem de regresso.

Vitória, antes morena pálida, agora enrubescida de sol, com a pele lindamente dourada como quando criança, parecia outra pessoa: mais bonita e saudável. Ela não era mais aquela moça fechada, tímida, cuidadora de criança, recatada e submissa bordadeira. Não! Definitivamente aquela viagem e suas novas experiências a transformaram. Sentia-se mulher.

Assim que chegaram, enjoada não pelos sintomas da gravidez e sim para ver atendidos seus caprichos e chamamento de atenção, Maria de Lourdes decidiu ficar alguns dias na fazenda de seus pais e pediu para que Vitória fosse para a casa dos seus. Afinal, quando voltasse para sua residência na cidade, ia querer a babá definitivamente servindo-a.

Chegando ao sítio de seu pai, levada por um empregado da fazenda, Vitória desceu do veículo como se chegasse de um mundo evoluído a outro bem primitivo.

A pobreza ainda imperava naquele sítio.

As crianças pareciam brotar nuas e seminuas da casa miserável, todas descalças, malcheirosas, magras e feias. Nem pareciam seus irmãos.

Rosa surgiu e, sorrindo sem os dentes, levava a mão à boca ao vê-la. Seu rosto sofrido estava mais velho e maltratado, feio. Ao olhá-la bem, Vitória percebeu que a mãe estava grávida mais uma vez.

Parada em frente à casa, nem viu o empregado se despedir e ir embora. Se tivesse visto, talvez voltasse com ele.

Suas malas no chão, seu vestido bonito e florido feito de organdi, leve e esvoaçante, com um laço amarrado atrás, o aroma do perfume gostoso que ganhou de Odilon, sua nova aparência, seu jeito, sua fala, seus modos mais educados... Tudo isso não combinava com aquele lugar nem com sua família. Nem parecia ter nascido ali.

Foi nesse momento que percebeu que seu orgulho não a deixava sorrir.

Seus irmãos se aproximaram gritando alegres. Alguns pegaram suas duas malas e uma bolsa e arrastaram para dentro de casa enquanto outros, os menores, alisavam seus braços e a saia de seu vestido, como quem acarinhava um animal gracioso.

De repente, uma palavra e uma frase agressiva:

— Não! Parem! Tirem as mãos da minha roupa ou vão me sujar toda.

Estava irritada como nunca. Não queria estar ali. Aquilo era uma ofensa.

Sem entusiasmo, nervosa, precisou entrar.

~

O retorno para a casa onde trabalhava na cidade foi um alívio.

Com o passar do tempo a confirmação do que mais desejava.

Procurando pela patroa, fez-se humilde e com ar inseguro e ingênuo, contou:

— Dona Maria de Lourdes. — Ao vê-la olhá-la, prosseguiu: — Estou grávida de seu irmão, seu Odilon.

A mulher reagiu odiosa e agressiva.

Gritou, ofendeu, xingou, empurrou Vitória e quando foi estapeá-la, a jovem segurou seu braço erguido com força e falou em tom brando, claro e firme:

— Quem você pensa que é para me tratar assim? Também casou embuchada. Pensa que todo mundo acreditou que o Quinzinho nasceu de sete meses sendo grande, gordo e com olho aberto? Sou tão vagabunda quanto você, cunhada. Sou menor de idade e o Odilon vai ter que reparar o erro. Nunca mais tente me agredir com tapas ou palavras, sua safada, sem-vergonha. Seu orgulho, suas exigências mostram sua incapacidade. Não é nem capaz de cuidar do próprio filho, pois além de duas empregadas que tem em casa, precisa de mim para dar carinho pro menino. Sua sorte é eu gostar de verdade dele.

Maria de Lourdes ficou incrédula. Jamais imaginou que aquela menina tímida e humilde pudesse ter tal reação.

Para completar, Vitória desfechou:

— Não pense que vou tirar essa criança como as outras empregadas de sua mãe fizeram. Vou ter esse nenê e o pai vai ter de casar comigo. Além de um escândalo, sou capaz de acabar com a vida dele. Se ele não me assumir e assumir o filho, nunca vou deixar vocês em paz.

Movida pela Ambição

~

Odilon, mesmo a contragosto, viu-se obrigado a se casar com Vitória. Temia um escândalo, principalmente quando a jovem ameaçou ir até o Rio de Janeiro e contar ao doutor Bonifácio que ele a abandonou grávida de um filho dele. O homem, por ser muito correto, certamente não iria querer uma pessoa irresponsável trabalhando em sua empresa e tão próximo de sua família.

O rapaz aceitou a imposição do casamento e enquanto aguardava o correr dos proclamas, ela voltou para o sítio de seus pais, local onde não tinha nenhum luxo ou regalia.

Ali ficou meio amuada, pois o pai não olhava em seu rosto e a mãe mal conversava.

Somente os irmãos pareciam não se importar.

Sempre que podia, para fugir da casa miserável e da companhia da família, Vitória ia para as pedras perto do rio, sentava-se sob a copa frondosa de uma árvore e, ouvindo o infinito murmurinho das águas, era capaz de ficar ali o dia inteiro.

Lembrava-se muito de seu irmão Aldo e, às vezes, chorava um pouquinho quando a saudade lhe apertava o peito.

Queria ter Aldo ali, sempre foram amigos. Aliás, ela só reconhecia a ele como irmão, os outros nunca lhe importaram muito.

Poucas vezes chegava a refletir se o que fazia era certo ou não.

Achou-se esperta pelas artimanhas e astúcias que usou para fazer Odilon prender-se a ela e não parecia envergonhada ou arrependida. Tudo estava acontecendo exatamente como desejava.

~

Com os ombros retos e altivos, cabeça erguida ao sustentar suave e delicado véu, Vitória entrou na igreja usando um simples vestido branco, longo e sem volume, cuja calda seguia seus pés.

De braços dados com o pai, que de longe se via não estar à vontade na roupa fina que lhe arranjaram, pois nem mesmo de sapatos estava acostumado a andar, a jovem parecia sozinha naquele ato heróico em busca de estabilidade e de uma vida melhor.

Ao ver Odilon esperando-a no altar, Vitória lançou-lhe luminoso sorriso e sentiu-se feliz como jamais esteve em sua vida.

Uma festa considerada simples, na fazenda de Antero Magalhães, brindou o jovem casal, que no dia seguinte viajou para o Rio de Janeiro.

~

Uma casa alugada e mobiliada às pressas seria o novo lar de Vitória e Odilon.

As paredes ainda cheiravam a tinta. Não havia cortinas nem tapetes e os móveis novos eram tão poucos que o simples caminhar e falar provocavam ecos no ambiente. Mesmo assim, era uma casa grande e muito, muito melhor do que aquela em que viveu com os pais.

O jardim era amplo e em algumas roseiras floriam vários botões.

Não estavam tão perto da praia, mas quando a brisa soprava naquela direção, podia-se sentir o cheiro do mar.

Ao chegarem, o marido colocou as malas no meio da sala e suspirou fundo com um profundo pesar pela vida nova que era obrigado a abraçar.

Por sua vez, ela sorriu admirada e encantada com tudo novo e por saber que aquilo era seu.

Sem esperar por Odilon, ela foi em cada cômodo, abriu as janelas e apreciou a vista através dos muros baixos que a deixavam ver a rua larga e outros quintais.

Chegando à cozinha, abriu a última porta, olhou rapidamente os fundos do terreno e voltou exclamando surpresa:

— Uma geladeira! Eu terei uma geladeira em minha casa! Ai! Não acredito!

Retornando ao quarto do casal, viu o marido remexendo as malas e tirando uma roupa que alisava com a mão, como se pudesse tirar as rugas do tecido.

— O que está fazendo? — ela indagou com expressão curiosa. Odilon não respondeu e ao vê-lo separar uma camisa de linho, Vitória disse: — Dá isso aqui que eu passo pra você. Onde tem um ferro de passar?

— Lá fora.

Ela o seguiu quando o marido foi para a cozinha, atravessou o quintal e chegou até uma área em que havia uma cobertura, na qual ficavam o tanque de lavar roupa e um pequeno quarto. Ali estavam guardados uma tábua de passar e um ferro, ambos ainda embalados em caixas de papelão.

Ele abriu a caixa, montou a tábua enquanto ela desembrulhava o ferro pesado e olhava-o com curiosidade.

— Liga aqui — disse o marido pegando o ferro de passar de suas mãos e conectando-o à rede elétrica.

Enquanto a esposa passava as roupas que ele separou, Odilon tomou banho.

Ao chegar ao quarto do casal e vê-lo arrumado e perfumado para sair, ela perguntou:

— Onde você vai?

— Não lhe interessa — respondeu bruto, sem encará-la.

— Mas... E eu? Tem as malas para desfazer, coisas para colocar no lugar... Olhei o fogão e... nem o gás está ligado. Não sei o que fazer e...

— Problema seu!!! — berrou assustando-a. — Queria se casar, não queria?! Queria boa vida?! Deu o golpe da barriga e conseguiu enganar o trouxa aqui, não foi?!! Agora se vire sozinha! Você é menor, fui obrigado a me casar por medo de um escândalo, medo de que prejudicasse minha carreira... Mas não sou obrigado a me submeter a você e aos seus caprichos. Vou continuar curtindo minha vida! Viver minha juventude! Mulher e filho não vão me prender a cabresto algum! — Olhando-a firme e ao vê-la extremamente surpresa, desfechou: — Você é uma miserável e infeliz que pensou em acabar com minha vida, mas não conseguiu, não!

Virando as costas, Odilon saiu do quarto sem olhar para trás.

Na garagem, pegou o carro e saiu.

Vitória, trêmula e assustada, sentiu-se mal.

Suas pernas estremeceram. Deixando-se cair sentada sobre o leito, abraçou a coluna de madeira envernizada da cama e encostou o rosto. Abraçou com tanta força e ficou ali por tanto tempo que só se deu conta quando sentiu a mão e o braço dormentes pela falta de circulação.

Ela nunca se esqueceria desse dia.

Sonhou em começar uma vida nova, uma vida repleta de alegria, tranquilidade e amor. Mas não. Viu-se tão rebaixada e vil quanto uma mulher qualquer de vida fácil, repleta de vergonha por suas práticas libidinosas.

Percebeu que não significava nada para seu marido e que dele só poderia esperar o desprezo e a humilhação.

Mas ela não era uma criatura passiva.

Apesar de tamanha decepção, apesar da angústia que apertava-lhe o peito, respirou fundo, secou o rosto com as mãos pálidas e frias, ergueu-se e foi ver o que poderia fazer para começar a nova vida enquanto pensava em uma maneira de conquistar seu marido de volta.

Foi em cada cômodo e decidiu ver qual seria a prioridade.

Haviam feito a refeição do meio do dia na última parada de carro antes de chegarem ao Rio de Janeiro. Precisava preparar algo para comer, mas a despensa não tinha nada, estava vazia.

Nos armários, só havia algumas panelas novas ainda com selo e o mesmo acontecia com os outros utensílios.

Lembrou-se de ter visto seu sogro, Antero Magalhães, entregar para Odilon um considerável maço de dinheiro como presente de casamento e viu o marido guardá-lo em uma bolsa que colocou dentro de alguma mala.

Por não vê-lo mexer nessa bolsa quando chegaram, provavelmente o dinheiro ainda estaria ali. Sendo presente de casamento, o dinheiro também era dela e deveria usá-lo para suas necessidades.

Revirando as malas, no fundo falso de uma delas encontrou o montante.

Queria guardá-lo, escondê-lo de Odilon.

Andou por vários lugares da casa pensando onde esconder. Até que, olhando uma das poltronas da sala, teve uma ideia. Com dificuldade, virou o sofá e, olhando embaixo, tirou cuidadosamente o tecido que servia de forro e escondeu a maior parte do dinheiro, prendendo-o nas molas. Fechou novamente o forro e voltou o móvel do mesmo jeito que estava.

Ao contemplá-lo, sorriu satisfeita.

Pegou as notas que havia separado e as guardou em uma carteira de documentos que o marido havia lhe comprado em uma das paradas.

E agora? O que fazer?

Primeiro decidiu se trocar. Estava cansada da viagem.

Após separar um vestido que repassou foi para o banheiro e sorriu ao ver um chuveiro. Odiava tomar banho de bacia ou de canequinha. A água sempre esfriava rápido e não se sentia tão limpa. Nem na casa de Maria de Lourdes havia chuveiro elétrico. Sabia como usar, pois conheceu o aparelho quando viajou com a patroa para o Rio.

Após tomar um banho trocou-se, penteou-se e se sentiu bem melhor.

Pegou a carteira, foi até o portão e olhou para os lados.

Alguns meninos descalços passaram correndo e gritando enquanto rolavam pneus apostando corrida.

Ela estranhou, nunca tinha visto tal brincadeira.

Chamou a um deles, mas o garoto não olhou. A brincadeira era mais importante.

Um senhor passou e desejou-lhe boa tarde e ela respondeu timidamente. Pensou em perguntar-lhe onde ficava a venda ou armazém mais próximo, mas não o fez, teve vergonha.

Até que uma voz feminina fez-se ouvir suave:

— Boa tarde!

— Boa tarde — retribuiu sorrindo.

— Você é a nova moradora daqui? — perguntou a vizinha por cima do muro baixo.

— Sim, sou. Cheguei hoje.

— Que bom ter gente nessa casa. Ela ficou bom tempo sem alugar. — A mulher saiu do muro, deu a volta pelo portão e chegou em frente à casa da jovem. — Meu nome é Dalila — disse estendendo-lhe a mão.

A outra fez o mesmo e se apresentou:

— O meu é Vitória.

O forte sotaque fez a vizinha perguntar:

— Você é de Minas Gerais?

— Sim. Sou do norte de Minas.

— Logo vi pelo seu jeito de falar. — Observando a carteira em sua mão, indagou: — Está de saída?

— Bem... Nós chegamos hoje e... — Pensou rápido. Envergonhou-se da verdade e mentiu: — Meu marido precisou ir até a empresa onde trabalha e não pôde me ajudar... não conheço nada por aqui. Preciso comprar alguns mantimentos e não sei onde fica a venda.

— Ah!... Isso é fácil. Tem o empório do seu Manoel, um português ranzinza e mão de vaca que nem te conto. Ele é bem unha de fome. Só que lá tem de tudo. Fica ali embaixo, no fim da rua. Quer que eu vá lá com você?

— Faria isso por mim?! — alegrou-se.

— Lógico! — Olhou-a e reparou: — Não vai levar nenhuma sacola?

— É que... Não tenho.

— Espera aí. Vou pegar uma pra emprestar pra você.

Dalila voltou rápido e ambas foram ao empório.

Ao retornar, a mulher entrou na casa de Vitória e reparou que era tudo novo.

— Eu vi seu marido trazendo gente aqui para arrumar a casa, pintar e depois trazer os móveis. Mas nunca conversei com ele.

— Meu marido arrumou um bom emprego. Ficou algum tempo aqui no Rio e depois voltou para me pegar.

— E tu morava sozinha lá em Minas, mulhé?

— Não. Quando ele veio para o Rio, fiquei na fazenda de meu pai. Quase todo mês o Odilon ia me visitar. E agora que o emprego deu certo e estamos esperando nosso primeiro filho, ele não quis me deixar lá — sorriu.

— Não quis ficar longe de mim. Sabe como é.

— Ai, que bom! Tu tá esperando nenê, é? De quanto tempo?

Enquanto conversavam e se conheciam, Vitória colocava o que comprou sobre a mesa da cozinha e se atrapalhava para organizar as coisas e Dalila tentava ajudar.

A nova amiga, mais experiente, ligou a geladeira na tomada e, ao ver que o fogão ainda não estava conectado ao gás, providenciou a instalação.

Não demorou muito e Dalila deixou tudo funcionando.

— Acho que vou fazer uma sopa para o jantar — decidiu Vitória.

A outra ajudou a descascar os legumes e depois a lavar os utensílios nunca usados.

Conversaram muito.

Dalila foi quem mais falou, pois a outra não tinha muita coisa para contar.

Antes de escurecer, a vizinha se foi e Vitória voltou a remoer a angústia quando se lembrou do jeito que o marido a tratou ao chegarem.

CAPÍTULO 6

O nascimento de Antero Neto

Após preparar o jantar, Vitória arrastou as malas para o quarto do casal e começou a arrumar as roupas nos armários.

Enquanto isso, seus pensamentos eram rasgados pela sombra do medo e da fraqueza.

Temia não suportar viver ali e ter de voltar à vida miserável e cruel que conheceu tão bem.

Ao lembrar da pobreza, da fome, das más condições, erguia-se nela uma força tenaz, capaz de fazê-la reagir e preparar-se para enfrentar até o desconhecido daquela nova vida e os possíveis maus-tratos que viriam da parte do marido, contrariado pelo rumo de sua vida.

Ao terminar de organizar as roupas principais, verificou que teria muitas peças para passar, porém decidiu deixá-las arrumadas em um canto para fazer isso em outro momento. Depois estendeu a cama com o único jogo de lençol que havia ganhado de Maria de Lourdes. E, após colocar as fronhas, ajeitou os travesseiros, dispondo-os de modo caprichoso no leito.

Tirou um cobertor novo de dentro de uma caixa e, apesar de saber que ali não fazia frio, dobrou-o graciosamente sobre a cama, enfeitando-a. Ela só queria que ficasse bonito.

Caprichosa, olhou, sorriu e respirou fundo, com satisfação de ter cumprido bem seu trabalho até ali. Afinal, agora arrumava a própria casa.

Indo até a cozinha, pegou a toalha de linho que tinha trazido e estendeu sobre mesa, colocando os pratos e os talheres bem ajeitados ao lado.

Lembrando-se de ter visto flores no jardim, foi até lá e colheu três rosas. Colocou-as em um copo com água e as arrumou sobre a mesa da cozinha onde deveriam jantar.

O tempo foi passando.

Não possuíam relógio ainda. Mas calculou ser bem tarde, pois havia muito estava escuro.

Sentia fome e não sabia o que fazer para enganar o estômago.

Nem havia um rádio para ouvir. Tinha gostado daquele aparelho quando conheceu um.

O cansaço da viagem agora a abatia.

Deveria ser bem tarde e Odilon não chegava.

Decidiu jantar, e foi o que fez.

Estava deitada no sofá da sala cochilando quando o marido chegou.

Embriagado, falava grogue e andava trôpego. Suas roupas estavam desalinhadas, diferente de quando saiu. O paletó aberto, a camisa fora da calça e o chapéu mal equilibrado na fronte.

Ao tentar ajudá-lo, ele a empurrou, disse alguns desaforos, todos referentes ao casamento forçado que ela planejou com a gravidez, magoando-a ainda mais.

Depois, bamboleou até o quarto e, esmorecido, deixou-se cair sobre a cama com sapato e tudo.

Ela tirou-lhe os sapatos, o paletó e os suspensórios alçados nos ombros. Procurou ajeitá-lo da melhor maneira que conseguiu e o cobriu.

De madrugada, o marido passou muito mal pelo excesso de bebida alcoólica. E ela, sem saber direito o que fazer, coou um café forte e amargo e deu para ele beber.

Vitória nada dizia. Não havia o que falar.

E quantas vezes depois a mesma cena se repetiu, as mesmas ofensas ouviria e o mesmo trabalho teria.

Com o passar dos dias, parou em frente à casa um caminhão de entregas com algumas caixas contendo considerável quantidade de mantimentos que Odilon havia comprado.

Vitória sorriu alegre. Nunca tinha visto tanta fartura.

Assim que os entregadores se foram, ela organizou os armários da cozinha, que ficaram lotados. Não precisaria mais sair para comprar quantidades pequenas e carregar em sacolas, o que era muito pesado.

Dalila apareceu para visitá-la e levar um pedaço de bolo quente.

Vitória preparou um café gostoso, adoçado com açúcar refinado e serviu a bebida fumegante, que escorreu brilhosa do bule para as xícaras.

— Que café gostoso tu preparou, menina!

— Acho que é por conta do açúcar branco e fininho. Na fazenda de meu pai... — pensou e mentiu — a gente usava rapadura porque meu pai gostava. Já na casa do meu sogro, na outra fazenda, eles usavam açúcar cristalizado.

— Eu uso o cristal mesmo. É mais barato. Se comprar o açúcar fino, meu menino vai acabar com tudo. Você não sabe como é moleque...

— Você é nascida no Rio de Janeiro, Dalila?

— Não, muié! — riu gostoso. — Sou da Paraíba! Tu não percebeu, não?

— Não — sorriu.

Conversaram mais um pouco até acabarem de tomar o café e comerem o bolo.

A amiga se foi e Vitória voltou a cuidar de seus afazeres.

Ela estava empenhada em uma pequena horta no fundo do quintal e preparava a terra com o adubo que algumas crianças da vizinhança, junto com Valdeci, filho de Dalila, trouxeram.

Também havia feito amizade com outros vizinhos que Odilon, calado e orgulhoso, não fez nem questão de conhecer, conversar ou cumprimentar.

Aliás, ele não conversava nem com a esposa. Fazia pouco da organização da casa, não reparava nos dotes caprichosos de Vitória e quando precisava falar com ela, era rude e sempre procurava humilhá-la.

Nem por isso ela desanimava. Cuidava muito bem da casa, de todos os afazeres domésticos com primor e disfarçava a tristeza pelos maus-tratos com um generoso sorriso.

Entretanto, muitas vezes, quando sozinha, chorou sem deixar as marcas da angústia em seu rosto, só no coração.

Com os dias, Odilon a procurou e, irritadiço, perguntou ao encontrá-la no quintal, perto da horta:

— Onde está aquele dinheiro que meu pai me deu antes de virmos para o Rio?! Onde você colocou tudo aquilo?! Estava no fundo de uma das malas!!! Onde está?!

— Eu gastei um pouco e o resto guardei. — Apesar de aparentar serenidade na face corada e de linhas retas, estava temerosa por vê-lo furioso.

— Como assim, gastou um pouco e guardou o resto?! Ficou louca?! Sabe o quanto tinha ali?! Você é burra o suficiente para não ter ideia de quanto vale tudo aquilo! O que fez com aquele dinheiro?!! — berrou.

— Eu sei lidar com dinheiro, sim. Com que você acha que comprei mantimentos para fazer a comida assim que chegamos? Só dias depois que chegamos é que você fez uma boa compra. Acha que ganhamos aquela comida dos vizinhos?

Ele se aproximou, segurou-a pelos braços finos e a sacudiu, repreendendo-a ao falar entre os dentes:

— Não me responda! Você me deve satisfação!

— Me solta! — exigiu num impulso com misto de medo e raiva, agitando o corpo para se ver livre. Soltando-se, apressou-se para se afastar, mas Odilon correu atrás da esposa e a segurou pelo vestido que descosturou nas costas.

Vitória foi rápida e apanhou uma enxada.

Usando o cabo como porrete, virou-se e bateu com toda força que tinha na cabeça do marido. Como se não bastasse, desferiu mais dois golpes com a mesma intensidade, fazendo-o cair de joelhos.

Rubra, ofegante, muito assustada e temerosa, falou firme:

— Teve sorte de eu usar só o cabo. Da próxima vez que for me bater vou descer é a parte de ferro na sua cabeça e abrir ela com quantas vezes eu bater. Entendeu?

O marido estava tonto e com a mão sobre o inchaço que começava a crescer.

Sentia muita dor e mal ouvia o que ela dizia. Não esperava aquela reação da esposa. Sempre que falava e a espezinhava nunca houve um revide.

Vitória, nervosa, deu-lhe as costas e entrou sob efeito de tremores, surpresa com a própria reação.

Na cozinha, mexia nas coisas sem saber direito o que fazer. Só sabia que não admitiria ser agredida fisicamente por homem nenhum.

Odilon entrou. Seu rosto alvo estava vermelho como nunca.

Enraivecido, porém temeroso, perguntou mais brando:

— Onde está aquele dinheiro?

— Já disse. Está guardado. Aquilo foi presente do seu pai para nós dois. Não é só seu. Por isso, se eu não souber para o que você quer, tenho o direito de guardar.

— Sua...

Tentou dizer em tom ameaçador, mas foi interrompido:

— Cale a boca! — gritou, erguendo uma concha de feijão como se o enfrentasse. — Não fale mais assim comigo! Se eu engravidei você também é culpado. A única diferença de nós dois é que eu fui mais esperta. Não tirei a criança como as outras coitadas que você enganou e engravidou e sua mãe deu um jeito. Pensa que eu não sei?! Agora é o seguinte: você vai me tratar como gente. Vai ser educado ou eu vou lá no seu trabalho e conto pro doutor Bonifácio quem realmente você é! Conto tudo! E se fizer mais alguma coisa contra mim, não se esqueça que dorme do meu lado enquanto estou acordada. E o que quer que eu faça contra você, vou dizer que fui me defender. Viu?! Eu tenho o sono leve e durmo com uma faca debaixo do travesseiro. Não me tente.

— Você me paga, Vitória! Vai me pagar caro por isso! — falou enfurecido. Esfregando a fronte que ainda doía, foi para outro cômodo.

Com o passar dos meses Vitória deu à luz um menino. O parto foi normal e muito sofrido.

Ela ficou alguns dias internada, o que na época era comum e, ao receber alta, foi para casa na companhia do marido.

Odilon se encantou pelo filho, embora não desse a devida atenção para a esposa.

O quanto antes o registrou com o nome de Antero Magalhães Neto, o que deixou o avô orgulhoso ao saber da notícia, e Vitória contrariada, pois desejava outro nome para o filho.

Dalila foi quem se prontificou a ajudar a amiga que considerava muito e isso fez com que Odilon fosse mais simpático com ela.

A mulher, mais experiente, cuidou de Vitória, do umbigo do nenê, da roupa e até do preparo da alimentação. Isso nos primeiros dias até que Odilon providenciasse uma empregada. Ele sabia que o doutor Bonifácio e a esposa planejavam visitar a nova mãe e o bebê. Havia feito de tudo para adiar aquele encontro, porém seu chefe estava decidido.

Por dias o marido ficou orientando Vitória para se comportar direito, falar corretamente, comportar-se de modo adequado e conversar o mínimo possível, mas não foi isso o que a esposa fez.

Chamando a empregada antes do findar da tarde, Vitória a orientou exatamente como queria e como deveria agir. Aprendeu como receber quando viu Maria de Lourdes ter visitas importantes. Até o prefeito da cidade, amigo chegado, frequentava a casa da patroa e ela lembrava-se muito bem de como a mulher orientava as empregadas e preparava tudo.

Já havia pedido a amiga Dalila que gentilmente preparasse um bolo bem gostoso como só ela sabia fazer. A vizinha tinha a mão boa e haveria de caprichar. Animada, ela fez um grande bolo de laranja no qual deitou baba de moça e algumas frutas secas miúdas por cima para decorar. Além disso, preparou alguns biscoitos de amido de milho. Mas Vitória não achou que fosse suficiente e pediu à empregada para preparar uma torta muito boa, que ela orientou o preparo bem de perto.

Doutor Bonifácio chegou acompanhado da esposa Dulce e, para a surpresa de Odilon, Isidoro, sobrinho do casal, estava junto.

Foi com extrema simpatia e educação que todos foram recebidos pela jovem dona de casa, o que gerou preocupação no esposo que a queria calada.

Com jeito carismático, Vitória cativou Dulce, que fez questão de conhecer toda a residência e viu o capricho da anfitriã nos pequenos detalhes dentro e fora da casa e principalmente com o pequeno Antero.

A senhora se encantou com o menino quando o viu sendo amamentado e adormecendo em seguida. Admirou-se por ele não dar trabalho.

Quando se reuniram na sala de jantar, ela observou:

— Não nos contou que, além de bonita, sua esposa é muito agradável, simpática e prendada. Até uma horta ela fez no quintal. Também fiquei admirada com o jardim. Quanto capricho!

Odilon corou. Não sabia o que responder, principalmente quando o doutor Bonifácio comentou:

— Quando eu soube que íam se casar, sugeri a seu marido que continuasse morando em minha propriedade que, além de grande, tem adequação boa para alguns funcionários. É certo que a edícula não é tão grande quanto essa casa, porém vocês estariam junto a conhecidos e Vitória teria mais assistência. Sabe que considero Odilon como um filho.

Isidoro, o sobrinho enciumado, olhou de modo insatisfeito enquanto bebericava o saboroso café feito pela dona da casa.

Dulce insistiu muito que a anfitriã fosse visitá-la assim que terminasse a dieta. Fez até questão de que a jovem telefonasse ou pedisse para o marido avisar o dia da visita, pois iria mandar o motorista da família pegá-la. Vitória garantiu que iria, o que deixou a senhora bem feliz.

Após todos irem, Odilon quis chamar a atenção da esposa por ela ter feito exatamente o contrário do que ele lhe pediu. No entanto, no fundo, ele ficou satisfeito com a boa impressão que a mulher causou.

Foi assim que Vitória cativou Dulce, que a queria com frequência em sua casa.

A senhora mimava o pequeno Antero como se fosse seu neto e tratava Vitória como filha.

Vitória conheceu João Alberto, filho único do casal. Tratava-se de um rapaz magro, bem esquelético, sério e quase sisudo.

Seu rosto parecia não ter vida, não ter expressão. Um deprimido nato. Vivia trancafiado no quarto cujas paredes eram forradas de livros.

Os pais justificavam seu comportamento pela doença incurável e de difícil tratamento.

Meses se passaram e Vitória tornou-se verdadeira amiga da família, parecia mais querida que o próprio Odilon.

Como padrinhos do pequeno Antero, claro que Dulce e o marido passaram a ter extrema consideração, carinho e estima pelo garotinho, como se fosse neto.

Estando sempre na casa da comadre, Vitória tentou se aproximar de João Alberto, o que era difícil pela hostilidade que o rapaz demonstrava. Contudo, conseguiu transpor a barreira da aversão, fazendo-se valer dos momentos em que ele se inclinava aos gracejos do pequeno Antero.

Certo dia, no amplo jardim da grande residência dos Bonifácio, Vitória, sentada no gramado, tomava os primeiros raios de sol em companhia do filho.

Dando seu último olhar à criancinha, que estava sentada sobre uma manta distraída com um pequeno brinquedo, ela fechou os olhos e estendeu o rosto para cima. Alguns instantes e captou a forma magra de um homem enrijecido que interrompeu a luz em sua face.

Sobressaltando-se, tentou não demonstrar surpresa.

Ao vê-lo com olhar fixo em sua figura, procurou ser simpática e sorriu, embora estivesse com uma ponta de estranha preocupação.

— Posso me sentar em sua companhia? — perguntou a voz seca e marcante que quase nunca se ouvia.

— Sim. Claro que sim, João Alberto.

Acomodando-se quase ao seu lado, ali ele ficou longos minutos em silêncio sob os brandos raios de sol.

Vitória procurou ser amável e impostando doçura na voz, tentou puxar assunto:

— O dia está tão lindo. Não está?

— A quem você pensa que engana?

— O que disse?

— Você e seu marido são dois embusteiros, enganadores que mostram amizade para disfarçar a ambição. Estão é de olho no dinheiro do meu pai.

— Não pode nos acusar de...

Interrompendo-a, enfrentou-a com um olhar feroz e completou:

— Não posso acusá-los de mentirosos? Falsos? Trambiqueiros? Isso é pouco para o que vocês são. E incluo a esses títulos o meu primo Isidoro. Só porque meus pais não têm herdeiros, não têm filhos além de mim para deixar todos os bens, vocês os cercam como urubus, esperando

Movida pela Ambição

o meu fim. Mas não pensem que vão conseguir tudo muito fácil, não. Ninguém vai tirar a minha fortuna! Ninguém!

Por instantes, um súbito medo tomou conta de Vitória. Ela percebeu João Alberto muito alterado, nervoso, apresentando tremor nas mãos e na voz.

Pegando o filho no colo, apertou-o ao peito e lentamente levantou-se.

Percebendo que ela iria se retirar, o rapaz ainda disse:

— Não se esqueça: tudo o que é do meu pai, é meu e não vou dividir com ninguém nem depois de morto.

Acreditando que ele encontrava-se em grande desequilíbrio emocional, ela nada disse e se afastou a passos rápidos ainda ouvindo-o gritar:

— Gananciosa! Não vou deixar nada do que é meu para você!

~

Ao chegar em sua casa naquele dia, Vitória só ouvia as palavras de João Alberto ecoando em sua mente. Com um nó na garganta, ficou fechada em si mesma até que o marido chegou.

Por sorte, Odilon não havia bebido e ela não teria com ele o mesmo trabalho de sempre.

Bem mais tarde, após terminarem o jantar decidiu contar o acontecido.

— O João Alberto disse isso? — surpreendeu-se o marido.

— Disse. Ele estava muito estranho. Tremia, cuspia ao falar. Foi tão assustador!

— O doutor Bonifácio vem dizendo, nos últimos dias, que ele não está muito bom. Até achou que alguns remédios estão lhe fazendo mal pra cabeça.

— Vai ver ele andou dizendo essas coisas também para o pai.

— Não interessa o que ele diga. O importante é o doutor Bonifácio não perder a confiança em mim, em nós. Entendeu?

— Então você quer mesmo ser o herdeiro dele?

— E você, não?! — questionou o marido em tom quase agressivo. Levantando-se, andou poucos passos e parou atrás da esposa e massageou-lhe levemente os ombros ao falar, estampando suave sorriso: — Você é muito esperta e é isso o que me agrada. Tão gananciosa quanto eu, é capaz de tudo para ter a fortuna do doutor Bonifácio. — Afastando-se, contou: — Quando me vi obrigado a me casar com você, juro que fiquei revoltado, contrariado mesmo. Só que as coisas foram mudando quando observei sua capacidade de persuasão, de conquistar a dona Dulce e o marido com seu jeito simples, cativante, gentil. Por sua causa e após o nascimento de Antero Neto, as coisas vêm mudando para mim lá na empresa. Sei o quanto é ambiciosa, Vitória. Sei o quanto odeia a pobreza e repudia a ideia de voltar a ter aquela vida miserável que tinha. Juntos conquistaremos nossos objetivos.

Movida pela Ambição

— E quais são esses objetivos?

— Riqueza! Viver bem! Ter dinheiro e a melhor condição de vida que alguém pode ter.

Odilon a abraçou pelas costas, beijou-lhe o rosto. Afastando-se sorrindo, foi para o outro cômodo.

Só que Odilon não sabia que, acima e além de seus planos, imperava o planejamento reencarnatório.

E Vitória ignorava, conscientemente, que "O homem atrai os espíritos em razão de suas tendências, quer esteja só ou constitua um todo coletivo, como uma sociedade, uma cidade ou um povo". Essa é a resposta à questão 518 de *O Livro dos Espíritos*.

~

A internação de João Alberto, para o que deveria ser uma simples cirurgia de apêndice, foi mais longa do que se esperava. Isso fez com que o doutor Bonifácio deixasse sua empresa nas mãos de Odilon, que o substituía em tudo.

Esse fato aproximou ainda mais Vitória e o marido daquela família.

Deixando o filho Antero sob os cuidados da amiga e vizinha Dalila, ela ficou na companhia de dona Dulce, que sofria pelo estado severo em que se encontrava João Alberto após a cirurgia.

— Já foi feito de tudo, Vitória. Essa é uma doença tão triste... Se não fosse a hemofilia, meu filho estaria bem.

— Ele vai ficar bom, dona Dulce.

— Estamos perdendo as esperanças a cada internação, a cada problema de saúde que ele apresenta. Agora, não há o que se faça para estancar o sangue após a cirurgia.

— Sempre ouvi falar que o João Alberto é doente, mas não sei exatamente o que ele tem.

— Ele é hemofílico. — Percebendo que a outra não sabia do que se tratava, a senhora explicou: — Hemofilia é quando o sangue possui alterações que são hereditárias. Essas alterações provocam problemas na coagulação. É assim: o nosso sangue possui várias substâncias e, entre elas, as proteínas para a coagulação, que ajudam a estancar as hemorragias. O corpo do hemofílico, em caso de ferimento, demora mais para formar um coágulo e, quando esse se forma, não é capaz de fazer o sangue parar de escorrer pelo local da lesão. Por isso, qualquer ferimento ou cirurgia é um grande problema.

— A pessoa com hemofilia sangra mais rápido que as outras? — quis saber Vitória.

— Não. Quando o hemofílico se machuca, ele não sangra mais rápido, ele fica sangrando durante um tempo bem maior e pode recomeçar a sangrar, pela mesma lesão, vários dias depois do ferimento ou cirurgia. É a mãe que passa a hemofilia para o filho, embora não sofra a doença. Perdi outros três filhos por conta da hemofilia. Logo no primeiro ano de vida, principalmente quando estavam aprendendo a andar, apareciam as gigantescas manchas roxas ou equimoses, pois pequenas batidas em um membro provocavam sangramento interno. Depois, com os anos, tudo se agravava. Os principais sintomas eram as dores fortes, restrição de movimento, febre... O pior era quando aconteciam os sangramentos dentro das juntas e dos músculos. A vida normal é impossível, uma simples caminhada, uma corridinha... um desequilíbrio que faz a pessoa bater um braço ou uma coxa em uma parede produz hemorragia interna, nos músculos, nas articulações. Os joelhos, tornozelos, quadris, cotovelos, principalmente, desgastam primeiro as cartilagens e depois provocam lesões ósseas ocasionando fortes dores. Existem também, nos casos mais graves, as hemorragias espontâneas, repentinas e sem causa aparente, muitas vezes em orifícios naturais como nariz, boca...

Pobre do meu filho... — continuou lamentando. — Sempre amparado, vigiado, protegido, nunca teve uma vida normal. Um simples tombo de joelhos era caso de médico, receber sangue dos outros... Um simples tratamento dentário é um problema sério. Agora, uma cirurgia de apêndice, simples para muitas pessoas, pode matá-lo — chorou.

E foi o que aconteceu.

João Alberto não resistiu ao pós-operatório e faleceu.

Odilon não poderia dizer que ficou satisfeito, embora a esposa soubesse disso. O caminho agora estava livre para que o doutor Bonifácio deixasse a empresa praticamente em suas mãos.

CAPÍTULO 7

Amor é questão de treino

Com o passar do tempo, lentamente Odilon foi acometido de fadiga sem explicação e emagreceu a olhos vistos.

— Você precisa é ir ao médico, homem — dizia Vitória preocupada.

— Agora não posso. Tenho coisas muito importantes para fazer. Não se preocupe comigo. Isso não é nada. Talvez uma gripe.

— Gripe que não sara nunca — tornou ela.

— Fui à farmácia e o farmacêutico me receitou alguns medicamentos, injeções... tomarei a segunda hoje. Além de uma fórmula que até já aumentou meu apetite.

Era assim que ele procurava ajuda médica.

Até que, certo dia, em conversa com a amiga Dalila, Vitória comentou:

— Preciso ir lá naquela mulher que vende ovos caipiras. Os ovos para as gemadas do Odilon acabaram e...

— Vitória, você reparou que o seu Odilon ficou assim fraco, magro... desde quando o filho do patrão dele morreu? — A outra ficou pensativa e Dalila ainda supôs: — Menina!... Isso é caso de encosto.

— Encosto?

— É! Você nunca ouviu dizer que quem morre insatisfeito ou gosta muito de alguém, depois de morto, fica junto da outra pessoa atrapalhando? Vai ver seu marido é fraco pra isso.

Vitória já tinha ouvido muitas histórias a respeito de assuntos assim. Nasceu e cresceu no interior e o povo da região gostava muito de contar histórias desse tipo, além de casos de assombrações.

— Ai, Dalila... Credo em cruz! O João Alberto voltar para perturbar meu marido... Por que ele faria isso?

— Você me disse outro dia que o tal doutor Bonifácio tem seu marido como filho e... Agora que o João Alberto morreu, ele deve estar com ciúme. Afinal, como defunto, ele não vai aproveitar nada da riqueza do pai.

— Pare com isso! Essa história até me fez arrepiar.

— Se eu fosse você, procurava um bom benzedeiro.

— Você conhece algum?

— Conheço, sim. O Valdeci — referiu-se ao filho — era danado pra pegar quebranto e olho grande quando pequeno. Eu vivia levando ele lá no seu Elídio. Ele é um homem muito bom. Benze que é uma beleza!

— Mas eu acho que o Odilon não vai querer ir junto.

— Nem precisa falar com ele que você vai lá. Leva uma camisa dele. Isso já basta.

Assim foi feito.

Em companhia da amiga, Vitória procurou o referido senhor que a recebeu com bondade e atenção.

Elídio concentrou-se e pronunciou palavras em volume tão baixo que ela não pôde entender. Molhando a ponta dos dedos em uma bacia de alumínio que estava cheia até a metade com água limpa, borrifou gotas em sua testa como se fizesse o sinal da cruz. Depois, olhou para a bacia, cuja água tremia e falou de modo sereno:

— Seu marido tá muito doente, mia fia. Precisa procurar depressa home de branco... ...médico pra se curar ou... Num sei, não. Num sei, não. Ele é teimoso, tem ambição, muita ambição. E você também, né, mia fia?

— Eu só queria uma vida melhor do que a que fui criada.

— Mas mia fia ia tê vida mio do que a que cresceu. Só num teve paciência de esperá. E agora, a vida de mia fia vai dá uma volta grande, uma volta muito, muito grande pra pode arrumá o que precisa e continuá dispois no caminho onde parou.

— Eu não estou entendendo.

— Mas vai entendê. Vai entendê... — disse o homem sem dentes com mediunidade aflorada, que a olhou como se penetrasse em sua alma. — Primeiro mia fia vai levá o companheiro pro médico.

— Meu marido tem um patrão que confia muito nele. Esse homem tinha um filho... — Vitória contou sobre a suspeita de João Alberto, em espírito, ser um possível perseguidor de Odilon.

— Esse moço que morreu não gostava de ocês. A mia fia, ambiciosa, né? Se meteu em encrenca que não precisava. O moço que morreu precisa de muita oração, muita prece. Sempre que puder, vai na igreja e reza pra esse moço. Mas reza lá na igreja e manda rezá missa pra ele. Vejo três inimigos do passado. Esse moço que morreu, o seu marido e mais alguém que ainda não sei quem é. Eles viveram na época de duelo. O moço que morreu sofreu muito porque sangrou até morrer e, revoltado, não se conformou. As marcas do ódio foi tão forte que veio doente pela falta de perdão. Nessa vida, o corpo dele vivia sangrando porque não perdoou, porque odiou morrer como morreu. Por isso precisou morrer de novo se esvaindo em sangue para ver se aprendia... Mas não aprendeu. Ele ainda quer o dinheiro que acha que é dele. — Vitória apavorou-se. Não havia comentado sobre a hemofilia. Só tinha dito que João Alberto faleceu após uma cirurgia para retirar o apêndice. Apesar da grande surpresa, ficou calada e o homem continuou: — No passado duelaram por herança. Hoje o duelo continua. Se afasta dessa família, mia fia. Se afasta o quanto antes puder. Essa dinherama toda que os três corre atrás num vai ficá pra ninguém. Ocê não precisa se envolver nisso. — Breve pausa e comentou: — Mas vejo que a menina é teimosa, num é?

Movida pela Ambição

— Não estou entendendo. O que o senhor quer dizer?

— Que a menina devia torná a vê seus pais assim que pudé e retomá a vida de onde parou. Vai precisa fazê isso agora ou um dia. E enquanto não se envolve em coisa, coisa que ainda não se envolveu. É milhó deixa a ambição de lado e viver em paz. Ocê tem um irmão que já se foi. Ele gosta muito de ocê. Se não retomá a vida de onde parou, é esse irmão quem vai ajudar ocê a fazê isso. Ele vai voltar só pra te juntá com seu passado. E é com esse fio seu que tá aqui que o seu irmão vai achá um jeito de ajudá ocê. — Aquelas palavras não faziam sentido naquele momento, só que, um dia, Vitória se lembraria delas. Um instante e o homem disse: — Agora chega. Já disse o que podia e o que não podia, também. Vo benzê ocê, seu menino e a camisa de seu marido. — Após os benzimentos, Elídio concluiu: — Pronto. Só num esquece que seu marido precisa de um médico urgente.

Ao voltar para casa, Vitória comentou o ocorrido com Dalila, que aconselhou:

— Se o seu Elídio disse pra procurar um médico, então faça isso depressa. Esse homem não falha.

— E quanto ao que ele me falou? Não entendi nada.

— Pra dizer a verdade, nem eu. — Pensou um pouco e perguntou: — Você deixou de resolver alguma coisa lá na sua cidade ou com seus pais?

— Não — quase sussurrou. Por um instante lembrou-se de Vinícius e seu rosto pareceu iluminado. Quase sorriu. Em seguida, afugentou o pensamento e afirmou:

— Não tenho nada que me prenda ao passado.

— Em todo caso, Vitória, fala pro seu Odilon ir ao médico, viu?

~

À noitinha, quando o esposo chegou, mesmo temerosa, Vitória decidiu contar a ele sobre o benzedeiro, falando a respeito das orientações para procurar um médico. Ela omitiu o que o homem falou a respeito de João Alberto e sobre ela voltar a rever os pais. Aquilo a incomodou muito.

Odilon, sério, concordou:

— Realmente, não estou me sentindo muito bem nos últimos tempos. Quando tomo os remédios que o farmacêutico me dá, melhoro, fico bom, mas depois de algum tempo... A tontura volta, os suores, um mal-estar que me deixa prostrado, sem apetite...

— Você está tão magro...

— Estou com tanto trabalho. Não posso me dar ao luxo de faltar por conta... ...talvez de uma gripe.

— Não acho que você esteja com gripe, não. Mas também não sei o que é.

Conversaram um pouco a respeito.

Embora Odilon concordasse estar com algum problema de saúde, não estava convencido sobre a necessidade de procurar um médico e adiou o quanto pôde.

Porém, não muito tempo depois, precisou ser internado e submetido a diversos exames.

Diante de resultados assustadores, o médico chamou Vitória informando que ela e o filho precisariam realizar exames a fim de descobrir se não estavam contaminados com o Bacilo de Koch.

— Bacilo de Koch, doutor? O que é isso?

— É o nome também dado a Mycobacterium Tuberculosis, ou simplesmente tuberculose. É o que seu marido tem, e na forma mais grave da doença.

— Mas o Odilon não está tossindo e...

— Poucas pessoas sabem que vários outros órgãos também são infectáveis pela tuberculose. Ela é, sem dúvida, muito mais comum nos pulmões. No entanto, órgãos como pele, fígado, cérebro, ossos, rins, linfonodos e outros, também podem ser infectados. Nós temos um sistema imunológico, ou seja, o sistema que defende nosso organismo de vírus, fungos, bactérias e uma série de doenças e quando esse sistema imunológico está bom, está adequado, ele elimina do organismo o Bacilo de Koch, ou seja, o bacilo da tuberculose, ou permite que esse bacilo fique completamente adormecido por anos ou, muitas vezes, por toda uma vida, sem nunca se manifestar. Essa bactéria ou bacilo, pode ficar alojada em qualquer parte do corpo como cérebro, rins, intestinos, pulmões à espera de uma queda do sistema imune. Então, quando essas nossas defesas naturais ficam fracas, esse bacilo se multiplica. Quando a tuberculose ataca outros órgãos, ela provoca perda de apetite, suores noturnos, aumento de temperatura, fraqueza, igual quando ataca os pulmões.

A única diferença é que não há tosse ou sintomas respiratórios incômodos, e é por isso, muitas vezes, que a pessoa demora a procurar um médico.

— Pelo que entendi meu marido não tem tuberculose nos pulmões. É isso?

— É. Ele não tem tuberculose nos pulmões. Como eu disse, infelizmente ele está com a forma mais grave. A tuberculose atingiu o cérebro e evoluiu para uma meningite tuberculosa, com formações de tuberculomas cerebrais.

— Deus do céu! O que é isso?! — perguntou assustada.

— É uma espécie de tumores no Sistema Nervoso Central. Vou explicar, mas não sei se a senhora vai entender — disse o médico com pouca paciência. — O nosso pulmão é envolvido por uma membrana fina chamada pleura, o nosso coração é envolvido por uma membrana fina chamada pericárdio. Não sei se a senhora sabe do que estou falando.

— Sei. Já matei e limpei galinha, sei do que está falando.

— Certo. Melhor assim. Então, assim como outros órgãos são envolvidos por membranas, o nosso Sistema Nervoso Central — cérebro e medula — é envolvido por uma membrana chamada meninge. A meninge serve como barreira de proteção contra agente infeccioso. Então, meningite é o nome dado à inflamação das meninges. A meningite é causada por agentes infecciosos como bacté-

Movida pela Ambição

rias e vírus: sífilis, fungos, herpes zoster — vírus da catapora —, herpes simplex, caxumba e outros, incluindo a bactéria da tuberculose.

— E isso tem cura, doutor? — perguntou Vitória com olhos lacrimosos.

— O caso dele é muito grave. Seu marido andou se medicando por conta própria e isso causa uma multirresistência, hoje, ao tratamento. Isso origina no paciente infecções severas, levando todo o organismo a um estado de inflamação geral causado por agentes infecciosos; no caso, as bactérias. Em outras palavras, se a infecção não for contida rapidamente, essas bactérias terão acesso à circulação sanguínea e se espalharão pelo corpo, levando seu marido a óbito.

— Óbito?... — perguntou como se não entendesse.

— Sim. Óbito. Ele não vai resistir. Mesmo vendo-a em choque, o médico alertou: — A tuberculose é transmissível e por isso será preciso que a senhora e seu filho façam exames.

O alívio chegou quando se comprovou que Vitória e Antero Neto não desenvolviam a doença e estavam imunes à tuberculose.

No entanto, Odilon, como previsto pelo médico, não resistiu e faleceu.

~

Após o longo velório e o enterro, Vitória estava exausta.

Definitivamente, os pais de Odilon e a única irmã não a consideravam. Eles vieram para o Rio de Janeiro e ficaram por um dia em sua casa. Mal conversaram com ela.

Depois do enterro, decidiram que iriam para a casa da irmã do senhor Antero Magalhães, deixando-a sozinha com o filho.

Assim que Antero Neto adormeceu, Vitória sentiu-se vazia, quase abandonada.

Lamentou a morte de Odilon. Sentiria sua falta, mas acabou admitindo para si que não o amava. Preocupava-se pelo que ia ser de sua vida com o filho, do que iria viver, nada mais.

Ficava apavorada com a ideia de retornar para o sítio de seu pai e viver como antes.

Esperto como o sogro era, temia que o homem não deixasse qualquer herança para seu filho.

A raiva dominou-a por alguns instantes. Tão nova, com somente dezoito anos e um filho com menos de um ano para criar e a vida lhe dando esse golpe.

Sentando-se no sofá, recostou-se. Quando pensou no que fazer da vida, lágrimas quentes vieram a seus olhos e chorou.

Nesse instante ouviu o bater de palmas fortes no portão.

Levantou-se ligeira, nem pôde se dar ao luxo do descanso para as pernas doloridas.

Ao atender, reconheceu de longe a figura de dona Dulce, doutor Bonifácio e o sobrinho Isidoro.

Movida pela Ambição

Naquele instante, pensou em secar o rosto, mas não. Decidiu que as lágrimas poderiam mostrar aos amigos o tamanho de seu sofrimento.

— Por favor... Entrem. Eu...

— Vitória, minha filha... Somente agora o Isidoro nos contou que seus sogros foram para a casa de parentes e a deixaram sozinha.

— Eles ficaram muito tristes aqui, pois tudo fazia lembrar o Odilon — mentiu. — Minha sogra, depois do enterro, não ia aguentar ficar aqui.

Abraços trocados, ela ouviu do doutor Bonifácio:

— Minha visão não está muito boa para dirigir, por isso pedi ao Isidoro que nos trouxesse.

— Foi bom eu vir — afirmou o rapaz. — Também estava preocupado com você e com o nenê.

— Por favor, sentem-se. Vou preparar um café — disse a anfitriã ao chegarem à sala.

— Não, Vitória. De jeito nenhum. Não queremos lhe dar trabalho. Você está cansada. Ficou no hospital dias! Agora precisa é de alguém que cuide de você e do Anterinho.

— O que pretende fazer, minha filha? — interessou-se o doutor Bonifácio.

Rápida com as ideias, a jovem Vitória viu a chance de ser amparada e não precisar voltar para a sua terra onde, certamente, não seria bem tratada nem teria boa vida.

— Não sei ainda. Esta casa está grande demais e muito vazia. Cada canto me faz lembrar do meu marido.

Meu sogro quer que eu volte com eles — Mentiu novamente. — Mas não sei. Gostei tanto dessa cidade, de tudo o que posso dar ao meu filho, como escola, diversão... Estou tão confusa... — Seus olhos lacrimejaram e virou o rosto como se quisesse esconder a tristeza.

— Ooooh... filha... — sussurrou a senhora, sentando-se ao seu lado e abraçando-a com carinho.

O senhor, comovido com a cena, propôs ansioso:

— Vitória, queremos que vá para a nossa casa. Sabemos como é grande a dor de uma perda como essa. Odilon também era como um filho para mim. Ele há de gostar de vê-la, com o Anterinho, sob nosso teto, com nossos cuidados. Nem mesmo tive tempo de conversar direito com meu amigo, Antero Magalhães... Ele estava muito abalado. Porém, seu sogro precisa entender que nos dias de hoje é preciso pensar melhor no futuro do neto. Como você lembrou, seu filho precisa de uma boa escola. Não seria saudável para a educação do menino viver enfurnado em uma fazenda em meio ao gado e aos peões.

Isidoro ficou muito mais surpreso do que Vitória, após ouvir tudo aquilo.

O silêncio gerou expectativa enquanto nos olhos da jovem tremeluziam lágrimas de emoção. Não a emoção de se ver querida por aqueles senhores tão generosos e amigos verdadeiros, mas sim a emoção de ter seus desejos realizados.

Tirando a cabeça do ombro da senhora, que ainda a envolvia com um abraço, Vitória amornou a voz e praticamente sussurrou:

— Estou feliz com o convite. Nem sei o que dizer...

— Diga, sim! — empolgou-se dona Dulce. — Será uma alegria imensa, mesmo diante da tristeza de perdermos o Odilon. Viverá em nossa casa como uma filha.

— Se é assim... Eu vou — aceitou e sorriu meio sem jeito.

Abraçando-a, a senhora se emocionou.

～

Naquela mesma noite, Vitória e o filho foram para a casa do senhor Bonifácio.

Com o passar dos dias, ela pegou poucas coisas que lhe interessavam na casa onde morou com o marido e o restante doou para a amiga Dalila.

A jovem Vitória soube aproveitar as oportunidades que surgiram.

Dulce fez questão de contratar uma babá para ajudar Vitória com o pequeno Antero Neto, principalmente quando ela decidiu voltar a estudar.

O senhor Antero Magalhães, ao saber que a nora e o neto estavam bem amparados pelos amigos, nada disse. Sentiu-se até aliviado do encargo. De certa forma, a culpava pelo destino triste do filho. O que ele não sabia é que Odilon havia contraído a doença pela vida boêmia e leviana que teve.

～

O tempo seguia seu curso enquanto Vitória, além de ser boa mãe, era muito dedicada e agradecida a Dulce, que a tratava como filha, e ela como sua mãe.

O destino incumbiu-se de unir duas almas verdadeiramente amigas.

Certo dia, em conversa, a senhora perguntou:

— Filha, não sente saudade de seus pais? Nunca fala neles.

— Às vezes sinto saudades, sim. Queria saber como eles estão. A verdade é que eu não queria voltar até aquele sítio.

— O sítio é do seu pai?

— É sim. Só que é muito precário. Vivi na total pobreza mesmo. Na mais terrível miséria, por muitos anos. Passei muitas necessidades... — lágrimas brotaram em seus olhos e lentamente correram mornas em sua face pálida e fria. Ela as aparou com as mãos e prosseguiu: — Minha mãe só sabia pôr filho no mundo. Cuidar, amar, dar assistência... nunca. Tomávamos banho uma vez por semana, quando tomávamos e... se é que podia chamar aquilo de banho. Coloquei um calçado nos pés pela primeira vez quando tinha quatorze anos. Era até estranho andar com aquela coisa. Vivia doente, com verminose... Passei muita fome e ainda precisava olhar meus irmãos mais novos. Vim saber o que era higiene, limpeza, quando fui ajudar na casa do senhor Antero Magalhães. As empregadas da casa me mandavam tomar banho com sabão e bucha. Acabaram com meus piolhos... — chorou. — A dona Veridiana, minha sogra, me levou ao médico para me medicar contra as lombrigas. Cuidaram tanto de mim que... Foi tão estranho e tão gostoso... tão agradável me ver limpa, perfumada, com roupa cheirosa. Eu trocava de roupa todos os dias. Comia três vezes por dia! Dormia em cama com lençóis limpos e dormia sozinha. Por isso agradei meus patrões em tudo. Procurei ser a melhor empregada da casa e odiava quando tinha de voltar para a casa dos meus pais. No começo eu voltava todo dia. Com o tempo, a própria dona Veridiana percebeu que as condições do sítio me incomodavam. Às vezes, eu voltava com piolho de novo, não tomava banho e meus irmãos sujavam minhas roupas. Daí que a filha dela, a Maria de Lourdes, teve nenê. Comecei a ajudar e depois fui morar na casa dela na cidade e fiquei mais tempo longe do sítio. Porém, a distância nunca me fez esquecer as dores sem remédio, o frio sem cobertor, a fome sem comida e as tantas e tantas noites em clamor por sentir tudo isso junto.

Por isso, dona Dulce — falou olhando profundamente nos olhos da senhora —, por isso eu não quero voltar pra lá nem mesmo para ver meus pais e irmãos. Tenho medo de que alguma força maior, algum motivo mais forte, me prenda ali para nunca mais sair. Talvez, pensar assim como eu penso, seja algo bem errado. Só que ninguém pode me condenar por não querer viver acomodada na miséria, vivendo como vivi. A senhora deve saber... deve ter percebido que meu casamento com o Odilon também não foi muito bom e... Parece que só encontro dificuldades. E eu quero mudar isso. Quero ser uma pessoa melhor, quero ter uma vida melhor.

A mulher ficou pensativa, comovida, mas não disse nada. Sentiu grande carinho por Vitória e era capaz de entender seu modo de pensar.

Levantando-se, Dulce foi até a biblioteca da casa e, sem demora, retornou com um livro entre as mãos. Acomodando-se ao lado de Vitória, abriu o volume e disse em voz mansa:

— Esse livro é *O Evangelho Segundo o Espiritismo*. Foi por causa dele, e por causa de tudo o que aprendi nele, que eu não enlouqueci cada vez que um filho meu ia embora. No capítulo V — Bem-aventurados os Aflitos — item 4 e 5 — fala sobre as Causas atuais das aflições. Depois, nos itens de 6 a 10, fala sobre o Esquecimento do passado. — Abrindo o livro no item 4 do capítulo V, apontando, pediu: — Leia daqui até o item 11.

— "Causas Atuais das Aflições" — leu Vitória em voz alta e seguiu: — "As dificuldades da vida são de duas espécies, ou se quisermos, têm duas origens bem diversas, que é importante separar: umas têm suas causas na vida presente; outras fora desta vida". — Pensou um pouco e perguntou: — Como assim: as dificuldades têm origem fora desta vida?

— Deus seria muito injusto se nos deixasse viver somente uma vida. Ele seria benevolente com alguns e cruéis com outros. Temos várias oportunidades de vida, minha filha. Somente isso explica as causas de tanto sofrimento, de tanta dor para alguns. Como lerá neste livro, só a imprevidência, o orgulho, a ambição e outros desvios de conduta de uma pessoa podem levá-la ao sofrimento. Muita gente sofre hoje também por falta de organizar a própria vida, por não ser perseverante, por preguiça, por mau comportamento, por leviandade, por não controlar os próprios desejos, não conter as compulsões. Muitos casamentos ou uniões causam dor e sofrimento com o tempo por serem resultado de interesses, vaidade e nenhum sentimento de amor verdadeiro. As pessoas que não tem moderação, não se controlam e cometem excessos. No futuro, desta ou de outra vida, podem ser vítimas de si mesmas por conta das doenças ou mutilações, se não se harmonizarem. Existem pais, vítimas da ingratidão e da falta de respeito, que estão colhendo o fruto da vaidade, do orgulho, do egoísmo que deixaram crescer em seus filhos quando não lhes deram limites, não lhes deram princípios nem educação. Quantos pais estão infelizes por seus filhos mutilados, viciados, presos e, muitas vezes, são eles os principais culpados por não ensinarem e exigir educação e respeito dessas criaturas quando ainda era tempo.

— Breve pausa em que parou para refletir e continuou: — Esses itens que pedi para você ler com calma e muita atenção fazem qualquer um pensar e se questionar quanto aos males que lhes acontece. Esses são, sem dúvida, consequências de tudo o que a pessoa fez de errado nesta ou em outra vida. Aprendemos, com isso, que o sofrimento é por nossa própria culpa.

— Mas... Não foi o meu caso. Não fiz nada de errado, nunca, para nascer naquela miséria.

— Não fez nesta vida. Mas não sabe da sua existência anterior a esta encarnação. Uma experiência ruim, como nascer na miséria, pode ser uma prova pedida por você mesma antes de nascer, para testar a sua perseverança, a sua força. É tão somente um desafio para medir a sua capacidade, como espírito em evolução, de vencer as dificuldades. Observe que tem gente que nasce na pobreza e morre mais miserável ainda. Outros nascem bem e morrem pobres indigentes. No entanto, há os que nascem na miséria, vencem as dificuldades e terminam com boa ou ótima qualidade de vida para si e seus familiares. Tem criança que morre cedo e só conheceu o sofrimento, a miséria e a dor.

— Por que isso acontece? — interrompeu. — Eu sempre me questionei a respeito. Minha mãe teve filhos que morreram com pouca idade, passando necessidades... Eles só nasceram para sofrer. A vida deles, a existência deles pareceu inútil.

— Não. Uma existência nunca é inútil, por mais breve que seja.

— O que esses meus irmãos que morreram podem ter feito para viver tão pouco?

— Tirado a oportunidade de vida de alguém com tão pouca idade, através da imposição da miséria, da pobreza, por exemplo.

— Como assim?

— Quando homens de um governo usam métodos ilícitos, ilegais, por conta dos cargos públicos que ocupam, consequentemente alguém em algum lugar é extremamente prejudicado. Os desvios de verbas públicas, por exemplo, provocam fome, danos na saúde, na educação... Eles não desviam somente as verbas, o dinheiro. Esses homens públicos, e também os que estão ligados a eles, favorecendo-os de alguma forma, prejudicam a qualidade de vida decente, e por causa disso muitos morrem por falta de comida, água tratada, saneamento básico, remédios, moradia adequada e tantas outras coisas. Os esgotos que vemos correr a céu aberto, a falta de alimento, a seca no nordeste, a falta de profissionais formados e bem pagos na área da saúde e educação, e muitos mais, é por causa do desvio de dinheiro público para esses homens do governo e os que a eles se juntam para roubar os pagadores de impostos. A má ou péssima condição de vida da sua família foi sim por falta de planejamento de seus pais, mas eles não planejaram porque não aprenderam. Se não aprenderam, foi por culpa do governo que não os orientou, não estava presente através de algum meio, não ofereceu alimento nem escola para que se instruíssem. Então, apesar da vida de marajás que levam, apesar das boas condições que têm hoje, sofrerão a cobrança das Leis de Deus por tudo o que fizeram de errado. Essa cobrança será diretamente na consciência e eles, certamente, vão se atrair para uma próxima encarnação em condições tão miseráveis quanto aquelas que causaram.

— É um pouco difícil acreditar que tive outra vida antes desta. Não me lembro de nada.

— É a falta de lembrança que muitos alegam para não crerem em uma vida passada. Porém, não podemos negar que não recordamos de acontecimentos da nossa infância, ou mesmo de dias, meses atrás. E olha que estou falando desta vida. O esquecimento de uma vida passada é uma bênção.

— Eu gostaria de lembrar de uma vida passada.

— Será, Vitória? Tem coisa desta vida que provavelmente não queremos falar ou lembrar. Se pudéssemos, provocaríamos uma amnésia em nós mesmos. Nascemos no meio em que precisamos, entre as pessoas certas para a nossa evolução.

— E por que renascemos no meio em que precisamos e com o esquecimento do passado?

— Para corrigirmos as faltas naturalmente e não para que façamos o que é certo por medo. Temos um Deus de amor e não que impõe terror. Mesmo esquecendo do passado temos instintos e tendências para acertar, para corrigir o que quer que tenhamos feito de errado.

— Apesar disso, muitos de nós continuamos a fazer coisas erradas — tornou a mais nova.

— Isso pode acontecer. Porém, aquele que erra terá de corrigir cada um dos erros, cada uma das falhas que cometeu. Se não o fizer, não será feliz com a própria consciência, não terá paz em seu íntimo. Lembre-se que Jesus falou: "Até que o céu e a Terra passem, nenhum jota ou til se omitirá da Lei, sem que tudo seja cumprido". Sabe, filha, todos nós sentimos falta de algo. Esse algo é a felicidade verdadeira, é a paz verdadeira. Inconscientemente, buscamos por isso, apesar de cometermos erros. Somente quando buscamos harmonizar situações, somente quando paramos de errar, de mentir, de prejudicar, trair, incomodar, manipular, é que nos sentiremos mais aliviados, mais próximos de Deus. Parar de errar já é um grande passo de evolução, pois isso não é fácil. É em uma parte adormecida da nossa consciência que fica registrado tudo o que fizemos em nossas encarnações. E é lá, nessa partezinha tão importante do nosso ser, que fica também o nosso desejo imenso, ininterrupto de alcançar a paz, a felicidade verdadeira. Portanto, evolução é lei. Por essa razão, quando não harmonizamos nossos feitos, não corrigimos nossas falhas, não amamos nosso irmão, sentimos um vazio, uma saudade, uma falta de um não sei o quê, que nada em nossa vida vai preencher. Daí, temos que lembrar que a prática do bem deve ser aprendida e treinada para que incorporemos isso em nós. Amar fraternalmente é questão de aprender e se habituar. Amor é questão de treino, depois vira hábito. — Vendo-a pensativa, completou: — Leia atentamente os itens que lhe indiquei neste capítulo. Eles serão muito importantes para o resto de sua vida.

CAPÍTULO 8

Revendo a família

Com o passar do tempo, turbilhões de ilusões rasgavam novamente as ideias de Vitória, que havia se esquecido até da proveitosa conversa com Dulce e das grandiosas reflexões que chegou a ter com a leitura de *O Evangelho Segundo o Espiritismo*.

Foi por cálculo de interesses e vaidade que se aproximou de Odilon e fez de tudo para se casar com ele. A união sem afeição, sem amor ou carinho, gerou apenas hostilidade e ofensas verbais que não ultrapassavam o limite das ameaças que ela fazia ao marido, quando dizia que iria contar tudo ao doutor Bonifácio. No entanto, sentia-se amargurada por ter um marido distante, que vivia farreando, bebendo e traindo-a com outras mulheres. Contudo, Vitória parecia ter se esquecido disso quando

149

começou a notar o interesse de Isidoro na herança que Odilon havia deixado para ela e o pequeno Antero.

Vitória, mostrando-se preocupada e quase triste, comentava com Isidoro que, ainda em vida, seu sogro havia feito a partilha de bens para seus dois filhos: Odilon e Maria de Lourdes. E que ela não tinha a menor aptidão para lidar com negociação de gado, terras, e não sabia o que fazer. Aliás, nem sabia direito o que seu filho teria a receber. Temia, inclusive, que a irmã de seu marido, juntamente com o pai, subtraíssem, de alguma forma, os bens que seriam de direito dela e de Antero Neto.

Sabendo ser o herdeiro da indústria têxtil de seu tio, o doutor Bonifácio, Isidoro, ambicioso, passou a se interessar pela oportunidade de ser o tutor de Antero Neto e administrar os bens que ela possuía. Isso ocorreria caso ele se casasse com a viúva de Odilon e se tornasse padrasto do menino.

Poderiam jurar amor e consideração até para eles próprios; porém, foi pensando nos ganhos pessoais que Vitória e Isidoro se uniram, disfarçando os mais íntimos interesses.

Uma festa na residência do doutor Bonifácio marcou o casamento realizado em cerimônia simples, onde só a pequena família do noivo e poucos amigos compareceram.

Com o passar dos dias, Isidoro e Vitória decidiram se mudar para uma casa tão bela quanto a de seu tio, que também não ficava longe dali.

Não demorou e, com o consentimento da esposa, Isidoro cuidou de assumir o controle de todos os bens do primeiro casamento de Vitória.

Em menos de seis meses de casada, Vitória ficou grávida do primeiro filho de Isidoro.

Para agradar seu tio, como homenagem ao primo, Isidoro deu ao filho o nome de João Alberto, espírito rebelde, ganancioso, que não se conformava com as perdas materiais sofridas no passado e voltava para ter novamente tudo o que acreditava ser seu: a herança pela qual matou e morreu, por seguidas reencarnações.

Um espírito endurecido, que se nega à compreensão, ao entendimento e amor, dificilmente muda de opinião tão rápido. Infelizmente, João Alberto precisaria sofrer as consequências de seus atos para entender a necessidade do perdão. Apesar de ter tido uma mãe como Dulce, que lhe ensinou princípios morais e espirituais por intermédio da filosofia da Doutrina Espírita, João Alberto não quis se curvar e aprender.

～

E foi ali, como desejava, na cidade maravilhosa, que Vitória teve quase tudo o que queria. Uma casa grande e imponente, rodeada por belo jardim que se iluminava ao anoitecer, roubando o brilho do luar. Empregados que a serviam e ajudavam a cuidar dos filhos. Um marido que, às vistas dos outros, era perfeito, pois dava-lhe tudo:

conforto, dinheiro, passeios, presentes... Mas não dava a proteção de seu aconchego, a proteção através de seus carinhos num abraço quente e apertado, onde ela se sentiria segura pela demonstração de amor, afeto e ligação ao companheiro fiel e sempre presente. Isso, Vitória não tinha.

Por essa razão, vez ou outra, um ódio enorme a invadia, com tamanha fúria, que ela chegava ao ponto de gritar, brigar, ofender e até agredir Isidoro quando ele voltava das longas farras cheirando a perfume barato, sujo de batom e alterado pelo efeito do álcool.

Um sentimento ruim dominava Vitória. Era uma energia pesada, incômoda, que a foi deprimindo até que chegasse a um estado melancólico de extrema tristeza. Uma dor na alma que a prostrava.

Ela ignorava, mas tratava-se das vibrações pesadas de mulheres de péssima moral, espíritos de extrema inferioridade, com as quais o marido se envolvia. Vibrações essas totalmente incompatíveis com ela. Tudo era tão inferior e denso que começava a afetar sua saúde física, além da emocional.

— Não lhe falta nada, Vitória! Do que reclama?! O que mais quer?!

— Você não me respeita! Se envolve com toda vagabunda que encontra! Imagino que seus amigos me apontem como a mulher traída! A idiota que fica em casa cuidando dos seus seis filhos!

— Êpa! Seis não! Cinco! Nós dois tivemos cinco filhos! O sexto é só seu — riu irônico.

— É meu, sim! Mas não se esqueça que toda a herança deixada pelo Odilon, você transformou em bens para você! Foi com a venda da fazenda, do gado e tudo mais que fez crescer seu patrimônio! Você roubou tudo o que o Odilon deixou para mim e até para o Antero! Não podia ter feito isso! Foi ilegal!

Com um sorriso cínico e um jeito irônico ao menear a cabeça, ele falou em tom de zombaria:

— Você é minha mulher e não sabia o que fazer com o que ele deixou. Quanto ao seu filho... Bem, mande ele me processar quando crescer. E vê se cala a sua boca porque quero dormir. A noitada foi ótima e preciso descansar. São apenas... — consultou o relógio e disse: — ...sete horas da manhã de sábado. Quero descansar porque hoje à noite tem mais.

Dizendo isso, arremessou o paletó sobre uma cadeira, tirou os sapatos com o próprio pé, jogando-os a esmo e atirou-se sobre a cama com a mesma roupa que havia chegado.

Vitória não sabia o que fazer. Sentia-se presa às infâmias, aos atos torpes e baixos do marido.

Com apenas vinte e cinco anos, era mãe de seis lindas crianças: Antero Neto com oito anos, filho do primeiro casamento e os demais: João Alberto, com seis; Angélica, com cinco; Ingrid, com três; Márcio, com dois; e o pequeno Nilton com somente um aninho.

Às vezes pensava em se desquitar de Isidoro, era esse o regime de separação da época. No entanto, além de parecer algo vergonhoso, temia que o marido a deixasse sem bens e com seis filhos. Ele era esperto e bem capaz disso. Já bastava a venda ilícita da parte herdada pelo pequeno Antero Neto, a quem Isidoro não tratava como filho.

Quantas vezes pensava em desabafar com Dulce, que passou a chamar de tia, após o casamento. Mas não se sentia tão à vontade para falar de assuntos tão íntimos.

Nos últimos tempos, não passava um dia sequer sem se lembrar da conversa que teve com a senhora, quando ela lhe deu para ler sobre as Causas Atuais das Aflições, em *O Evangelho Segundo o Espiritismo*.

Chegou a pegar o *Evangelho* que ganhou da nobre senhora, leu e releu várias vezes, principalmente o texto: "Que todos os que têm o coração ferido pelas dificuldades e decepções da vida, interroguem friamente a própria consciência. Que remontem passo a passo à fonte dos males que os afligem, e verão se, na maioria das vezes, não podem dizer: 'Se eu tivesse ou não tivesse feito tal coisa, não estaria nesta situação'".

Amargurada, deprimida e infeliz, percebia a cada dia que não encontrava felicidade na abundância material, nos empregados que a serviam, no marido de muita influência na sociedade carioca, na grande mansão em que morava. Era certo que amava os filhos e era somente neles que encontrava uma ponta de alegria para viver.

Começava a entender que toda criatura se pune por aquilo que fez de errado.

Movida pela Ambição

Começou a admitir que sua união com Odilon, assim como seu casamento com Isidoro, foram infelizes e desastrosos porque buscou a ganância, a vaidade, o interesse antes do amor, da harmonia e do benquerer.

Sabia que tanto Odilon quanto Isidoro eram boêmios. Viviam em farras regadas a mulheres e bebidas. Acreditou que fossem mudar após o casamento, mas não. Descobriu que ninguém muda por causa de outra pessoa, por causa de compromisso ou por causa de um filho. A pessoa só muda, só se desprende dos costumes e vícios de baixo valor moral quando entende e aprende o que é certo ou errado, e, junto a isso, tem o verdadeiro e intenso desejo de mudar, de evoluir.

Quantos suspiros saturados de contrariedade Vitória deu pensando em como seria sua vida se não tivesse forçado um casamento com Odilon, se não tivesse aguçado os interesses mesquinhos e gananciosos de Isidoro ao falar sobre a herança de seu filho mais velho, propositadamente, para atraí-lo.

Agora se sentia ultrajada, humilhada, pois, apesar de tudo o que tinha, faltava-lhe um amigo, um companheiro fiel na versão de marido.

Em dado momento de sua vida, quase exaurida de forças, pensou que não era diferente das prostitutas que saíam com seu marido, querendo dinheiro em troca de sexo. Pois, apesar de estar em casa, cuidando dos filhos e do lar, ela ainda o servia sexualmente, temendo que ele fosse embora e a deixasse sem dinheiro e sem as boas condições de vida. Não queria perder as mordomias e era por isso que se sujeitava a tudo e a tanto. Isso, em seus pensamentos, seria o mesmo que se prostituir, pois não o amava.

O que teria sido de sua vida se não tivesse feito o que fez para ficar com Odilon? O que teria sido de sua vida se, após a viuvez, tivesse voltado para o interior de Minas Gerais e cuidado de seu filho?

Quem sabe, se tivesse se afeiçoado a seus sogros e à cunhada, aprendido a amá-los e a respeitá-los como deveria, aprendido a administrar os bens de Antero Neto com a ajuda do avô... Quem sabe... tudo seria mais tranquilo, mais harmonioso e não seria tratada como uma desprezível criatura que fica em casa à espera de um homem que a sustente, sujeitando-se a tudo de vil que ele tinha para lhe oferecer.

~

Esses pensamentos não saíam de sua cabeça, até que um dia lembrou-se do senhor Elídio, médium que a atendeu e a alertou sobre se afastar da família do doutor Bonifácio.

Somente agora começou a entender o que aquele homem havia falado.

Afastar-se de Dulce e do marido, não era o objetivo. Ela deveria ter saído com seu filho e se afastado de Isidoro, voltado para sua cidade a fim de levar uma vida mais calma.

Sim, era isso o que o senhor Elídio, com tanta simplicidade, havia sugerido que fizesse.

Recordando-se de Dalila, a amiga que há anos não via, sorriu.

Quanta saudade.

Seria capaz, após tanto tempo, de encontrar a casa de Dalila?

Após dar ordens aos empregados, Vitória se arrumou, pegou o carro e saiu.

Rodou pelas ruas do bairro onde morou e não foi difícil encontrar a casa em que residiu, que estava praticamente do mesmo jeito.

Ao lado, a casa de Dalila, reformada e ainda faltando a pintura final.

Estacionou, desceu e tocou a campainha ao chegar ao portão.

Não demorou e um rapazinho veio atender.

Vitória sorriu ao reconhecer o filho da amiga.

— Você é o Valdeci, não é?

— Sim, senhora — afirmou educado.

— Sou Vitória. Morei aqui do lado — apontou —, quando você era um menino. Nossa! Como cresceu! — O rapazinho sorriu tímido e ela perguntou empolgada: — E sua mãe? A Dalila está?

Nesse momento escutou a voz da amiga que gritou:

— Não estou acreditando!!! Você sumiu, muié!!!

Abraçaram-se com força durante minutos e não seguraram as lágrimas de emoção.

— Pareço boba, não pareço? — perguntou Dalila, secando o rosto, agora mais enrugado pelos anos corridos.

— Se você é boba, eu também sou. Chorei junto — riu a outra.

— Venha! Entre!

Sentadas à mesa simples, enquanto tomavam café, conversaram muito e Vitória contou tudo o que lhe havia acontecido.

— Então esse carrão é seu? E você até dirige?

— É... É meu — disse sem empolgação. — Muita coisa mudou. Só que... Não sou feliz, Dalila.

— Apesar do dinheiro, não teve sorte no casamento.

— Lembra-se do senhor Elídio, aquele homem que benze e que você me levou lá?

— Lógico que lembro.

— Eu queria ir até lá onde ele mora. Ele me falou coisas que só fizeram sentido agora nos últimos tempos.

— Que pena... O seu Elídio morreu.

— Morreu?! — decepcionou-se e silenciou pensativa.

— Ele era muito bom. Orientava a gente direitinho, né?

— Como eu fui boba. Não entendi o que ele me disse. Deveria ter voltado para minha terra quando fiquei viúva.

— Tendo um pai que tem fazenda e tudo mais, eu teria voltado.

Nesse momento, Vitória se lembrou das mentiras que contou a amiga. Constrangeu-se, mas não podia voltar atrás, ficaria envergonhada se revelasse a verdade.

— É. Eu deveria ter voltado para a minha cidade. Estou tão infeliz, Dalila, que cheguei a pensar em desquite.

— Nossa! — admirou-se a outra. Sabendo tratar-se de uma decisão muito difícil e delicada, aconselhou: — E se você tirasse umas férias? É isso, Vitória! Aproveite as férias escolares e vá visitar seus pais, seus irmãos. Faça uma viagem. Só você e seus filhos. Deixe seu marido sentir um pouquinho de saudade.

— Será que isso adianta? — Breve pausa e contou: — Estou arrasada. Ele me trai... Sai com prostitutas... — chorou. — Isso é humilhante. Me sinto suja, usada... Não tem coisa pior para uma mulher do que ser traída.

— Oh, Vitória... — apiedou-se imaginando a dificuldade da amiga e o quanto se sentia ultrajada. — Isso é bem complicado. Já que ele é assim... Melhor tomar cuidado com a sua saúde para não pegar alguma doença. Não é? — A outra não respondeu e Dalila ainda disse: — Já ouvi dizer que a traição traz muita energia ruim para a saúde da esposa ou do marido traído. Provocam estados alterados da emoção. Melancolia, a tal depressão e outras coisas, além da chance de doenças no corpo. Você não pode se arriscar. Tem que reagir. Mesmo ficando com ele, não pode se sujeitar a isso.

— É mesmo. Também acho. Mas não é fácil a gente se negar ao marido — chorou.

— Se ele tem outras, não precisa de você. Tenha orgulho próprio, muié! Não se sujeite a esse tipo de humilhação, não! Pense na sua saúde física e mental. Está assim tão triste, tão melancólica, deprimida por causa do que esse homem traz pra você. Junto com ele, deve ter um monte de espíritos vagabundos, do nível das prostitutas que ele sai e isso, esses espíritos e energias negativas, é o que ele leva pra cama de vocês quando estão juntos. Isso é o que lhe faz tão mal.

Com toda sua simplicidade, Dalila falava o que era certo.

Vitória ficou pensativa e comentou:

— Preciso mesmo tomar uma atitude. Ter uma postura firme com o Isidoro.

— Faça uma viagem e esfrie a cabeça. Pense no que é bom para você e seus filhos.

Ficaram juntas conversando um pouco mais. Porém, além da ideia de viajar e visitar seus pais, falaram muito sobre o que seria melhor fazer no que dizia respeito à traição.

~

Com o tempo, nada melhorava.

Vitória tomou uma postura firme quanto a sua vida sexual com Isidoro. Apesar de dividirem o mesmo quarto e o mesmo leito, decidiu que, enquanto desconfiasse que ele tinha uma vida dupla, saía com outras mulheres, não

Movida pela Ambição

mais se relacionaria sexualmente com ele. E ainda o ameaçou, dizendo que, se ele forçasse qualquer situação, contaria tudo para o doutor Bonifácio, o tio que ele tanto temia e respeitava.

Contrariado, Isidoro, embora educado e cortês com outras pessoas, em casa era rústico e grosseiro com ela, mesmo perto dos empregados. Parecia que a cada dia o clima era pior.

Os anos de convivência aumentavam a liberdade com as ofensas e humilhações verbais.

Vitória corroía-se de ódio, principalmente quando o esposo feria seus sentimentos com palavras e frases de desconsideração, dizendo que ela era desprovida de inteligência, sem beleza, ignorante, entre outros ultrajes e afrontas que lhe machucavam a alma.

Por sua vez, a esposa, cansada de tantos maus-tratos, chegava a desejar a morte do marido. Queria vê-lo doente, acamado, sofrendo intensamente.

Quantas vezes Vitória desejou pôr um fim em tudo aquilo. Matar o marido e em seguida se matar. Ou então, matar-se somente, como sendo esse um último apelo para que Isidoro se arrependesse de tudo o que fizera.

Quem deseja morrer, na verdade, não quer tal tragédia, e sim o contrário. Quem quer morrer, deseja vida, uma vida diferente e melhor, mas, sim, vida e não morte.

Ela pensava muito nas conversas que teve com Dulce. Sabia que a senhora havia percebido seu sofrimento, apesar de nada lhe contar. Mas não falava no assunto e procurava, através de uma conversa salutar, orientar Vitória com bons pensamentos.

Uma vez Dulce falou: "Aquele que pensa em se matar para acabar com os problemas, está muito enganado, pois a morte não existe e esse ato só vai aumentar seus comprometimentos e dores".

Isso levou Vitória à profunda reflexão.

Pensava muito nos filhos que sofreriam demais por sua ausência.

Foi no aniversário de trinta e um anos que Vitória recebeu o seu pior presente de todos os tempos. Dulce faleceu de causa natural.

Aos oitenta e quatro anos, a senhora descansava em uma poltrona após a refeição do meio do dia, adormeceu e não mais despertou.

Foi um grande golpe.

Porém, os filhos adolescentes e pré-adolescentes, davam-lhe muito trabalho e por isso sua atenção era ocupada com as obrigações de mãe, o que a distraía para que não sentisse tanto a dor da perda.

João Alberto, sempre nervoso, irritava-se com facilidade e era comum vê-lo maltratar os irmãos, chegando à agressão física.

Antero sabia se defender bem, mas os menores não, e acabavam machucados.

Isidoro demonstrava nitidamente sua preferência por João Alberto, dizendo que homem tinha de ser como ele, não levar desaforo para casa.

O pai não lhe dava limites e o incentivava a ter um comportamento rebelde em qualquer situação.

João Alberto era intolerante, respondão e malcriado até com a própria mãe, apesar de Vitória castigá-lo sempre que merecia.

— Não sei mais o que faço com o João Alberto, Isidoro. Estou cansada de receber reclamações da professora. Ele ficou de castigo outra vez na escola. Esse menino não respeita nem a mim!

— É porque ele não vai ser marica nem submisso de ninguém. Ele é meu filho! E quanto a você, como é que uma ignorante quer ter autoridade sobre ele? — riu debochado e atacou: — O menino está com vergonha da mãe que tem. Feia, ignorante, gorda...

O marido havia bebido e ela viu que não tinha condições de conversar.

A raiva envenenava-lhe a alma e o coração.

Vitória não era feia, não era ignorante como o marido acusava, tão menos gorda. Estava com leve sobrepeso e suas formas, logicamente, mais femininas e arredondadas.

João Alberto, por sua vez, via-se fortalecido pelas opiniões errôneas do pai e, quanto mais velho ficava, menos respeito tinha pelas pessoas.

Certa vez, indignada com o filho e sem saber o que mais fazer para corrigi-lo, Vitória deu-lhe uma surra, coisa que nunca havia feito com nenhum dos filhos, e jurou nunca mais fazê-lo novamente. Os tapas haviam doído mais nela do que nele. Não só em sua mão, que ficou vermelha e doendo, mas sim em sua alma.

Quando Isidoro ficou sabendo, trancou a esposa no quarto e a agrediu. Embora ela também revidasse, sua força não foi suficiente e acabou bem machucada.

Vingativa, esperou que o marido dormisse, apanhou uma frigideira e, com ambas as mãos, levantou o utensílio batendo-o com toda força que tinha no rosto do esposo por várias vezes.

Muito machucado e sangrando, ele precisou de socorro médico, onde alegou ter sido assaltado, pois a mulher havia-lhe dito, em tom ameaçador antes de levá-lo ao hospital que "se quiser me fazer algum mal, você vai precisar fugir depois. Não se esqueça de que moramos na mesma casa e que você dorme bem enquanto eu tenho o sono muito leve. Nunca mais levante a mão para mim".

Depois disso, Isidoro passou a dormir em outro aposento. Eles mal conversavam.

Nessa época, Vitória passou a pensar muito em sua família no interior de Minas Gerais.

Como estariam seus pais e irmãos?

A última vez que os viu foi quando ela e o marido deixaram Antero Neto e João Alberto, bem pequenos, aos cuidados de Dulce e foram até lá assinar documentos para a venda da fazenda que Odilon havia deixado.

Foi muito rápido. Viu os pais em uma praça da cidade, onde se encontraram por acaso. Mal os cumprimentou. Chegou a ver lágrimas brotando nos olhos de sua mãe.

Envergonhada, apresentou seu marido e logo se foram.

Começou a lembrar de Dalila, na sugestão oferecida pela amiga.

Embora mal conversasse com o marido, foi em um jantar que avisou:

— Vou visitar minha família. Quero que meus pais e meus irmãos conheçam meus filhos.

— Eu não vou. Não quero ir — afirmou João Alberto convicto.

— Você vai. Está decidido — impôs a mãe.

Porém o mais improvável aconteceu:

— Por que não? — disse Isidoro. — Vamos todos!

— Como é?! — perguntou a mulher muito surpresa.

— Todos irão visitar seus pais. As crianças não os conhecem e eu mal os vi uma vez. Nem me lembro dos meus sogros direito.

Decidido, Isidoro planejou a viagem em um período de férias e assim foi feito.

~

O sítio de José e Rosa continuava praticamente o mesmo.

A casa onde moravam tinha melhorado, pois os filhos crescidos empregaram-se em fazendas e sítios vizinhos e com o dinheiro ajeitaram a moradia.

A casa estava maior, havia luz elétrica, embora de pouca qualidade, mas mesmo assim ainda era pequena e sem condições de dar hospedagem para Vitória e sua família.

Ela se surpreendeu, seus irmãos haviam crescido e estavam muito mudados. Era capaz de não reconhecê-los se os encontrasse na rua.

Elizeu, aos vinte e seis anos, estava casado e era pai de um menino. Isaías, calado, mal a encarava, praticamente não conversava. Marta, aos vinte e dois, era bem alegre, bonita, seus olhos verdes faiscavam espertos. Francisca, de vinte anos, mais contida do que a irmã, já era noiva e planejava se casar com o peão domador de cavalos que trabalhava na fazenda vizinha. Emílio e Antonio, muito envergonhados, mal apareciam para conversar. Jacira, de dezesseis anos, um ano mais velha do que o sobrinho Antero Neto, era sorridente e curiosa. Foi ela quem mais se deu bem com os filhos de Vitória, levando-os para passear pelo sítio e até o rio, onde todos, com exceção de João Alberto, adoraram nadar e brincar por bastante tempo.

Ficaram o dia todo na casa de José e Rosa, que praticamente não conversavam, não tinham assunto e isso era muito difícil.

Ela observou que os pais estavam acabados, desgastados pela vida difícil, mas não disse nada.

Vitória sentiu o coração apertado. Não sabia o que buscava ali, não sabia o que fazer. Ela não parecia pertencer mais àquela família. Vestia-se diferente, pensava diferente, falava diferente. Até o sotaque havia perdido.

No fim da tarde, antes de voltarem para a cidade, ela chamou a mãe em um canto da casa e lhe deu um

Movida pela Ambição

grande maço de dinheiro, o que para Rosa era uma verdadeira fortuna. Precisou insistir para que a senhora aceitasse e sentiu-se aliviada quando a mãe pegou o montante. Vitória sentiu algo como um alívio pela sensação de culpa que carregava por praticamente abandoná-los e não se importar com eles todos aqueles anos.

Passaram a noite no pequeno hotel da cidade e planejavam viajar de volta no ônibus que sairia após o almoço.

Na manhã seguinte, Vitória foi surpreendia na recepção pela chegada de sua irmã Marta, que estava ali à sua procura.

Após ouvir suas queixas e seus desejos de prosperar, precisou refletir em seu pedido:

— Por favor, Vitória, me leve para o Rio de Janeiro com você. Quero estudar, trabalhar, melhorar de vida. Aqui, você sabe, não tenho nenhuma chance.

Isidoro olhou a cunhada, sorriu e sem esperar qualquer parecer da esposa, aceitou:

— Claro! Por que não? Marta pode ficar em nossa casa e até ajudá-la com as crianças.

Ela não esperava essa generosidade do marido, até porque, desde que chegaram ali, dele só ouviu reclamações.

Vitória sorriu e deu um suspiro carregado de alegria. Abraçou a irmã e perguntou:

— O pai e a mãe sabem que você veio pedir isso pra mim?

— Sabem. Eu falei. O Elizeu até me trouxe com o jipe lá de onde ele trabalha pra eu chegar depressa.

— Se é assim... — falou a irmã — ...pode vir comigo.

— Vou providenciar a passagem de Marta para que volte com a gente — decidiu Isidoro sem se incomodar.

Assim foi feito.

Na longa e cansativa viagem, Marta ficou ao lado da irmã. Conversaram o tempo todo e Vitória acreditou ver em Marta uma nova amiga e companheira para seus dias tão angustiantes.

Quem sabe a presença de Marta em sua casa trouxesse mais alegria em sua vida.

CAPÍTULO 9

Nunca desista de um sonho

Marta ficou encantada com a beleza do Rio de Janeiro. A irmã a levou para um passeio.

Havia caído uma chuva forte pela manhã só que, naquela hora, o tempo se abriu parcialmente e um raio de sol, bem do alto do céu que fendeu, passou pelas nuvens e lançou-se ao mar, que quebrava suas ondas de espumas brancas nas areias da praia.

A moça, que nunca tinha visto tamanho espetáculo da natureza, pareceu enfeitiçada. Ficou ainda mais surpresa quando viu homens e mulheres, que para ela estavam quase nus, andando pelo calçadão.

— Isso é normal aqui — disse Vitória sorrindo. — É roupa para banho de mar.

— Quer dizer que se eu for para a água preciso usar algo assim?

— Se não quiser parecer caipira, sim. Vai precisar de um maiô.

Riram e, à medida que as novidades apareciam, a irmã explicava.

Com o tempo, Marta começou a estudar e a se familiarizar com tudo, principalmente com a vida da irmã, que se tornou sua confidente. Isso começou assim que Vitória precisou explicar porque ela e o marido dormiam em quartos separados.

~

Vitória, aos trinta e sete anos, tinha os dois filhos mais velhos na faculdade quando a filha Angélica, aos dezessete anos, decidiu que não queria mais estudar.

Mesmo com toda a insistência da mãe, a garota se recusava.

Nessa época, Marta foi trabalhar com o cunhado na empresa do doutor Bonifácio, como recepcionista.

Angélica havia conhecido um rapaz, filho de um amigo de seu pai, com quem passou a namorar após o consentimento e satisfação de Isidoro.

Vitória não gostava do moço. Não sabia explicar a razão. Algo nele a desagradava muito.

No ano seguinte, ao completar dezoito anos, Angélica e Perseu decidiram se casar, apesar da mãe da moça não achar que ela fosse madura o suficiente para um compromisso tão sério.

Nessa época, Vitória vivia tentando apaziguar a relação entre Antero e João Alberto.

As discussões entre os irmãos se transformaram em agressões, principalmente quando João Alberto, sem escrúpulos, investia acirradamente com assédios inoportunos contra a namorada do outro.

A mãe não sabia o que fazer, uma vez que o pai apoiava os erros do filho predileto.

João Alberto trabalhava com Isidoro na indústria têxtil durante o dia e estudava à noite na mesma faculdade do irmão. Antero foi trabalhar em uma financeira, na qual o pai de sua namorada era diretor, só quando estava na metade do curso universitário.

Inteligente e dedicado, não foi difícil Antero manter-se no serviço ganhando a confiança de seus superiores.

João Alberto, por outro lado, após o falecimento do doutor Bonifácio, viu-se favorecido pela herança e não dava valor ao que possuía. Não se esforçava e gastava sempre além da conta. Vivia faltando ao serviço e envolvido com companhias inadequadas. Isso preocupava muito Vitória, principalmente quando percebeu que o filho se envolvia com drogas.

O que fazer?

Gastou horas de conversa que terminavam em discussões acaloradas.

Muitas vezes, Antero se envolvia em defesa da mãe, enquanto Isidoro dizia ser só uma fase passageira para João Alberto.

Aos quarenta anos, após voltar inesperadamente para casa, Vitória percebeu a empregada inquieta e assustada.

Perguntou se estava tudo bem, mas a moça não respondeu e saiu da sala rapidamente.

A dona da casa estranhou e chegou a sorrir, achando graça, pois a funcionária era nova, vinda do interior para trabalhar em casa de família.

Subindo as largas escadas da grande residência, indo para seu quarto, observou um feixe de luz baça vindo debaixo da porta do quarto do marido.

Isidoro não deveria estar em casa.

Curiosa, abriu vagarosamente a porta do quarto e deparou com sua irmã Marta e seu esposo, na cama, juntos.

Vitória não suportou e entrou em crise.

Gritou, esbravejou, quebrou tudo o que pôde. Agrediu a irmã e o marido, inclusive atirou-lhe o que encontrou ao seu alcance.

Nem mesmo Isidoro conseguiu segurá-la. Agressiva, ela o mordeu quando ele tentou acalmá-la.

Antero chegou e foi em socorro da mãe. Enquanto a tia escapou das unhas da irmã e fugiu para o seu quarto.

Com muito custo o filho mais velho de Vitória a levou para seu quarto.

— Mãe, calma! Fique calma!

— Não posso acreditar!!! Eu dei apoio, moradia, estudo e emprego pra essa sem-vergonha! Não divido a cama com o safado, mas ele deveria respeitar a minha casa!

— Não adianta ficar assim, mãe. Isso não vai resolver nada.

— E o que temos para resolver?! Ãh?! Me diga?! O que é que podemos resolver aqui?! Tenho é que pôr essa vagabunda na rua!!! E vai ser agora!!!

O filho não conseguiu detê-la. Vitória saiu do quarto, atravessou o corredor e foi até o quarto da irmã.

A porta estava fechada. Ela esmurrou, bateu e gritou. Até que pegou uma cadeira e a quebrou de tanto jogá-la contra a porta.

Antero tentou segurá-la, mas nada a continha.

Isidoro, tentando se impor, apareceu esbravejando:

— Chega de show, Vitória! Você já deve saber que eu e a Marta estamos juntos há sete anos! Não venha me dizer que em todo esse tempo nunca percebeu!

— Cachorro, desgraçado!!! — ela gritou.

Pegando um pedaço da cadeira quebrada, investiu contra o marido e o acertou na cabeça.

Em seguida, Vitória sentiu-se esfriar.

Um torpor tomou conta dela e precisou se segurar na parede para não cair. Essa foi a oportunidade que Isidoro teve para escapar daquela fúria.

Antero a amparou e a levou para o quarto.

— Mãe! Tudo bem? Fala comigo, mãe!

Ela não conseguia falar. Sentiu-se trêmula e gelada. Seus ouvidos estavam estranhos, parecia ensurdecer enquanto uma sensação de desmaio a dominava.

Largou-se sobre a cama do rapaz e demorou alguns minutos para se sentir um pouco melhor.

Ingrid, de dezoito anos, a filha mais amorosa, chegou. O irmão contou o ocorrido. Incrédula e sem saber o que fazer, a jovem silenciou e somente ficou ao lado da mãe afagando-lhe o braço e o rosto.

Temendo nova reação da irmã, Marta fez uma pequena mala e foi embora.

Isidoro, após rápidos cuidados com o ferimento na própria cabeça, também fez o mesmo.

Ao chegar e saber do ocorrido, João Alberto virou-se contra a mãe culpando-a por tudo.

Os irmãos defenderam-na, mas as palavras agressivas do filho João Alberto, que feriram ainda mais Vitória, ninguém poderia tirar.

~

Com o passar dos dias, muito abatida, calada e visivelmente sofrida, Vitória sentou-se na varanda de sua bela casa e ficou olhando o jardim.

Antero se aproximou, beijou-a no rosto frio e, pálido, acomodou-se em uma cadeira à sua frente e perguntou em tom amoroso:

— A senhora está bem?

Ela ergueu o olhar lentamente, olhou-o nos olhos e respondeu:

— Faz muitos anos que eu não sei o que é estar bem, meu filho.

— Mãe... Eu sei que foi uma cena difícil de esquecer. É difícil aceitar uma traição, mas... A senhora e o pai estavam separados já faz tempo. Nem dormiam juntos e...

— Eu sei de tudo isso. Seu pai nunca me respeitou. Sempre me traiu com mulheres e foi por isso também que decidi não dormir mais com ele. Eu não suportei mais. Não tem coisa pior do que ser traída. Há muito tempo já pensei em me separar definitivamente dele, mas... Vocês pequenos, a manutenção da casa, os empregados, a sociedade e tudo mais, sempre tiveram um peso muito grande. Uma mulher separada sempre é vista como a que não presta, a que não teve capacidade para segurar o marido. Tomara que esse tipo de conceito mude um dia. O que mais me dói é a traição da sua tia, minha irmã... E ele que não respeitou a minha casa, o lar dos meus filhos... A Marta não era só minha irmã, era minha amiga, minha confidente. Eu até achei que ele tinha mudado. Ficava mais tempo em casa, quase não bebia. Tudo isso depois que minha irmã veio para cá. Eu não percebi que ele tinha encontrado uma sem-vergonha aqui dentro e por isso não precisava mais ir pra rua.

— Mãe, o pai...

— Ele não é seu pai! Nunca foi e você sabe disso! — No instante seguinte, pediu: — Desculpa, filho...

— Tudo bem, mãe. Sabe, quando não podemos mudar uma situação, o ideal é aceitar e fazer o melhor por nós mesmos.

— O que me preocupa agora são os nossos direitos, Antero.

— Como assim?

— O Isidoro foi embora e agora vai dilapidar o nosso patrimônio. Vai nos deixar sem nada. As leis, hoje, são frouxas, quando o assunto é pensão alimentícia e ele é esperto. Com o João Alberto não me preocupo, o pai não vai desampará-lo. Você trabalha e já consegue se virar. A Angélica está casada e tem sua própria vida. Mas não tenho boas previsões para a Ingrid, que está com dezoito anos e tentando uma faculdade, o Márcio, com dezessete anos e terminando o colégio e o Nilton, com dezesseis anos ainda no colégio. O que será de mim e dos meus três caçulas? Essa insegurança, essa dúvida é o que me mata.

— Longa pausa em que viu o filho apoiar os cotovelos nos joelhos, cruzar as mãos frente ao corpo curvado e abaixar a cabeça, reflexivo. Depois de dar profundo suspiro, Vitória questionou: — Às vezes, filho, fico pensando que minha vida, que nossa vida teria sido muito diferente se eu tivesse feito outras escolhas. Ao me casar com o Isidoro eu estava interessada em um homem que pudesse me dar segurança e proteção. Paguei um preço muito alto por uma falsa proteção e uma segurança que nunca encontrei. A prova disso foi o que me aconteceu agora.

— Mãe, não vai adiantar ficarmos sofrendo pelo que não aconteceu. Ou sofrer por fazer essa ou aquela escolha.

— Não aconteceu, mas vai acontecer. Seu pai vai nos abandonar. Não estou falando só de ele sair de casa, não. Estou falando de abandono em todos os sentidos. Estou falando das despesas com alimentação, casa, escola, remédios, assistência médica... Tudo. Estou falando de tudo. Ele vai nos abandonar em tudo. Entendeu? — Esfregando o rosto com ambas as mãos, murmurou: — Deus... Preciso que me oriente.

~

As previsões de Vitória estavam certas.

Não demorou e Isidoro, alegando problemas financeiros, contratou um advogado que cuidou para que a esposa e os filhos se mudassem para outra casa alugada e bem menor, com somente dois quartos, uma sala, cozinha e um banheiro.

Ela se revoltou, mas não havia o que fazer.

Ingrid e a mãe dividiam um quarto, Antero, Márcio e Nilton ficaram em outro.

João Alberto disse que iria morar com o pai, embora depois soubessem que ele tinha um apartamento só para si, em lugar privilegiado do Rio de Janeiro.

Isidoro e Marta também passaram a residir em um apartamento de valor considerável e bem confortável.

Nem por isso Isidoro mudou seu comportamento.

Marta, assim como Vitória, cuidava da casa, das roupas, enquanto o companheiro retornou à vida boêmia e aos encontros extraconjugais.

Isidoro não cumpriu o prometido no acordo de separação. Não demorou e começou a dar pouca assistência à família, gastando tudo o que tinha com uma vida frívola e leviana.

Os filhos menores precisaram sair da escola particular para terminar os estudos em uma escola pública. Ingrid, que tentava entrar na faculdade, precisou adiar seus planos.

A situação ficou preocupante quando Antero chegou em casa, procurou pela mãe e contou:

— Preciso falar com a senhora.

— O que aconteceu agora? — perguntou com certo tom amargo na voz, pois nos últimos tempos nunca recebia uma notícia boa.

— É que... Bem... Eu e a Natália decidimos nos casar.

— Filho... Adoro a Natália, ela é boa moça, tem uma família ótima, mas... Vocês poderiam esperar mais um pouco. Não acha?

— É que... Mãe... Acho que não vai dar para esperar — constrangeu-se e abaixou a cabeça, temendo encará-la.

— Ai, Antero! Não! Não vai me dizer que a Natália está grávida! — falou firme sem acreditar no que ouvia.

— Está, sim.

— E agora, Antero?! Será que você não pensa?! Veja a nossa situação! Além do que... Os pais dela sabem?!

— Ainda não — abaixou a cabeça.

— Oh, meu Deus!... — Um suspiro de desânimo e perguntou: — O que você pretende fazer?

— Eu queria que a senhora fosse comigo lá falar com o pai dela. Eu não vou abandonar a Natália, não vou fugir das responsabilidades e...

— Ah! Mas não vai mesmo! Se fosse uma das suas irmãs... — deteve as palavras. Percebeu que não adiantaria falar mais nada. Estava feito. Esboçou um sorriso quase forçado e perguntou: — Vocês vão ter de morar aqui, não é?

— Acho que sim. — Um instante e indagou: — Mãe, a senhora acha que o pai dela pode pensar em me demitir?

— Não. Penso que ele não vai querer o mal da filha.

— Breve pausa e questionou: — Bem... Se é para ser feito, façamos logo tudo o que precisamos. — Um instante e perguntou: — Tem certeza de que quer se unir a Natália?

— Lógico que sim, mãe! Sem dúvida.

— Então que seja assim. Só lhe peço uma coisa. Nunca, nunca traia sua mulher. Ame-a e a respeite. Nunca a traia. Não existe dor maior do que a da traição. Não deixe que ela perca os melhores anos da vida dela cuidando de você, de seus filhos, de suas coisas e depois, quando a idade chegar, você seja cafajeste o suficiente para dizer que não a quer mais. Não deixe que ela gaste a idade, o tempo, a juventude dela ao seu lado, para depois dizer que não a quer, que gosta de outra ou saia com uma qualquer. Não faça isso, meu filho. Respeite sua mulher, respeite a você mesmo. Se um dia não se derem bem de jeito nenhum, primeiro termine com ela e a deixe bem, para só depois procurar outra. Entendeu?

— Entendi, mãe.

— Eu fui traída e, enquanto isso, não tive saúde física, moral ou espiritual. Adoeci por completo. Demorei muito para me recuperar. Isso se deu pelas energias negativas e imundas que meu marido trazia para o nosso leito, para mim, depois de andar com vagabundas. Precisei de muita força para superar tudo o que sentia. Acho que nem sempre isso é possível para uma mulher. É muita dor. É muito triste ser desrespeitada e trocada por... Então aprenda. Nunca traia a Natália. Seja homem para assumir totalmente seus compromissos. Honre sua moral, seus princípios. Certo?

— Certo, mãe. Vou me lembrar disso — sorriu de modo singelo.

— Então, que seja assim. — Breve pausa e perguntou: — Quando é que pretende falar com o homem?

~

A princípio o pai da moça ficou contrariado. Ele gostava muito de Antero, confiava no rapaz e não esperava aquilo. Porém, não demorou e aceitou os fatos.

Foi o tempo de correr os proclamas e o casamento se realizou.

A cerimônia foi simples.

Isidoro compareceu sozinho, mas não subiu ao altar.

Natália e Antero não viajaram e foram morar na casa do rapaz.

A mãe e os outros três filhos passaram a dividir um único quarto, deixando o outro para o jovem casal.

Vitória começou a lembrar dos tempos de menina. Todos em sua casa dividiam um espaço apertado, em péssimas condições. Não queria passar por aquilo novamente.

Ao menos, agora, cada um tinha uma cama limpa para dormir sozinho. Um teto que não deixava a chuva gotejar. Não passavam frio e tinham o que comer.

Nessa época, Vitória começou a lavar e passar roupa para as vizinhas e aceitou trabalhar como diarista. Muitas vezes ganhava coisas das patroas e isso ajudava muito em casa.

Ela e a nora se davam muito bem.

Natália, de coração generoso, era uma moça dócil e compreensiva, de fácil convivência. Antero merecia alguém assim.

Quando via a sogra nervosa com algo que o ex-marido tinha feito, como não pagar o aluguel ou não ajudar na pensão como devia, a jovem Natália procurava acalmá-la, fazia-lhe um chá e conversava sobre assuntos amenos.

Logo se soube que a filha Angélica também estava grávida e em visita a ela, Vitória ouviu:

— Ai, mãe... Agora está tudo um pouco difícil. Só que eu acredito que o Perseu vai mudar depois que o nenê nascer.

— Como assim, Angélica? Você não vai me dizer que ficou grávida para segurar seu marido. Ou para ele ser melhor esposo?

— Mãe, ele é bom, mas é que...

— Onde está com a cabeça? — falou firme. — O que está acontecendo aqui?

— Ele não deixa me faltar nada, mas... Sabe, o Perseu é como o pai. É assim... Ele chega tarde por culpa dos amigos. Mas não me deixa faltar nada. O que me incomoda são os negócios complicados em que se mete, sabe como é.

— Não sei, não. Não sei de nada. Só tenho certeza de que você não fez bem em ter engravidado para tentar mudar seu marido. Teve o exemplo de seu pai. Ele não mudou com o primeiro nem com o último filho! Ao contrário!

— O Perseu é diferente, mãe.

— Não, filha. Sinto muito em decepcionar você. Não viva de ilusão. Ele não é diferente, não. As coisas estão muito difíceis para eu dar qualquer apoio a você ou ao nenê.

— Não vou precisar de apoio nenhum. Sei o que estou fazendo! — exclamou de modo rude.

Vitória sabia que a filha gostava de viver em um mundo de fantasia. Seria difícil trazê-la de volta à realidade.

~

Foi aos quarenta e dois anos que Vitória se tornou avó.

Primeiro nasceu Mônica, uma linda menininha rosada e com muito cabelo, bem parecida com Antero.

Dois meses depois, nasceu Danilo, filho de Angélica e muito parecido com a mãe.

Como avó, sentiu-se diferente. Era como se algo tivesse mudado em seu íntimo.

Na casa de Angélica, Vitória não se sentia bem--vinda. A família de Perseu, influenciada por Isidoro, a tratava com indiferença e um certo desprezo.

Notando que a filha parecia se inclinar à família do marido, ela raramente aparecia para visitar o neto.

Já com a pequena Mônica, era tudo muito diferente. Ajudou a nora na dieta e com os cuidados com a menina, afinal, era uma mulher bem experiente.

Natália, pessoa bem amável, era grata pela ajuda e orientação, e demonstrava isso.

~

Os filhos menores de Vitória, por falta de apoio do pai, não conseguiram fazer faculdade e por isso procuraram por cursos profissionalizantes alternativos na época.

Ingrid cursou auxiliar de enfermagem. Márcio tornou-se ferramenteiro e Nilton, técnico em equipamentos eletrônicos.

Assim que começou a trabalhar em um hospital, Ingrid conheceu Luiz, um rapaz estudante de Medicina, e começaram a namorar. Após ele se formar, ela estava com vinte e três anos e eles se casaram.

Não demorou e Luiz recebeu uma boa proposta para trabalhar em um hospital no Paraná, onde ele tinha alguns parentes.

Vitória e Ingrid choraram abraçadas.

Eram muito unidas e seria a primeira vez que a filha mais amorosa se separaria da mãe.

Isso a fez se apegar muito mais a Natália e a neta Mônica, ainda com três aninhos.

~

Embora o filho Antero estivesse bem empregado, os gastos da família eram grandes e Vitória não achava justo ele arcar com a maior parte das despesas da casa.

Isidoro não pagava o valor da pensão como deveria, isto é, quando pagava.

Por essa razão, ela se revoltava enfurecida e brigou com o ex-marido por várias vezes. Estava cansada de fazer faxina, enquanto Natália, por ter de tomar conta da filha pequena, ficava em casa lavando e passando roupa para fora.

Passado um tempo de Ingrid ter se mudado para o Paraná, Vitória e a nora experimentaram pegar alguns serviços de costura para fazer em casa.

Ela contou para Natália que sabia bordar e costurar muito bem. Que quando namorava com Odilon, pai de Antero, ficou encantada com a ideia de morar no Rio de Janeiro, ser modista e ter um ateliê.

— Sempre é tempo, dona Vitória. Nunca desista de um sonho.

— Ora, menina... — riu. — Estou velha pra isso.

— Não existe velhice para a alma repleta de ânimo.

A outra ouviu, mas nada disse.

Foi então que elas começaram a trabalhar com costuras retas e se revezavam para cuidar da pequena Mônica.

Com sacrifício, os três irmãos, Antero, Márcio e Nilton, compraram um grande terreno em um bom lugar e o dividiram em partes iguais.

Continuaram todos morando na casa alugada que agora Antero e os irmãos pagavam o aluguel, pois Isidoro, que deveria dar assistência a ex-esposa com o pagamento do aluguel e de uma pensão, não dava qualquer sinal de vida.

Vitória visitava Angélica pelo menos uma vez por mês, embora percebesse que a filha não fazia questão de suas visitas.

A avó queria aproximar os priminhos da mesma idade, mas não era possível.

Ela também nunca se esqueceu de João Alberto.

Procurava-o sempre, apesar de o filho não ter qualquer manifestação de alegria ou satisfação em vê-la.

Por saber que João Alberto fazia corrida no calçadão nos fins de semana, Vitória levava a neta Mônica para passear no mesmo horário.

Ao vê-lo, fazia-o parar e puxava algum assunto. Mas o filho não lhe dava atenção por muito tempo e prosseguia com seus exercícios físicos.

∼

Foi com muita alegria que todos se mudaram para a casa que Antero acabara de fazer.

Nem toda construção havia terminado, faltava cimentar parte do quintal e o acabamento nos muros. Mesmo assim, decidiram mudar para fugir do alto valor do aluguel que pagavam.

Ao sentir o cheiro de tinta, ver a casa com poucos móveis e sem cortinas, Vitória lembrou-se de quando chegou com Odilon para morarem no Rio de Janeiro. Recordou-se de tudo como num filme em sua mente.

Foi o dia em que o marido a tratou mal pela primeira vez e sentiu-se humilhada como nunca. Sentiu como se esmolasse proteção e guarida, quando, assustada e trêmula, deixou-se cair sentada sobre a cama e abraçou a coluna de madeira envernizada.

Parecia haver passado muito tempo... Um tempo distante demais.

— Mãe! A Natália está falando com a senhora — riu Antero com seu sobressalto.

— Hein?! — respondeu ela como se acordasse naquele instante.

— Aquele quarto é o da senhora e da Mônica — tornou Natália em tom generoso.

— Isso até que construam um para mim no fundo do quintal. Faço questão disso.

— Nunca, dona Vitória. Lá será nossa oficina de costura. Ou ateliê, como preferir — riu. — Precisaremos de muito espaço.

～

Movida pela Ambição

Aos trinta e dois anos, João Alberto sofreu um grave acidente de carro na Avenida Brasil, um engavetamento com vários veículos.

O rapaz se quebrou todo.

Ao se encontrar com Isidoro no hospital, Vitória se assustou mais do que com a notícia sobre o acidente do filho.

O ex-marido estava esquelético, pálido, feio, extremamente maltratado. Fazia tempo que ela não o via.

— O que aconteceu com o senhor, pai? — perguntou Antero piedoso e com simplicidade. — Está doente?

— Estou.

— O que o senhor tem? — tornou o filho.

— Os médicos não sabem. Só sei que a cada dia estou pior. Sofri uma pneumonia braba. Pensei que fosse morrer.

A ex-mulher mal conversou com ele, apesar da surpresa, pois quando o viu da última vez, ele estava abatido e magro, mas não daquele jeito.

Vitória nem lhe deu muita importância. Voltou sua preocupação para o filho acidentado.

João Alberto havia quebrado três costelas, um braço, uma perna e alguns dentes. Precisou fazer duas cirurgias no joelho. Mesmo assim, não havia garantia de uma total recuperação.

Ficou internado por muito tempo e precisou de ajuda quando recebeu alta.

Vitória, para ajudá-lo, praticamente se mudou para o apartamento do filho, que sempre estava nervoso, irritado e mal-humorado.

Não passou nem uma semana que ela estava lá e o pegou fazendo uso de entorpecente.

— O que é isso?!!! — gritou estapeando-lhe a mão, deixando cair no chão o pequeno espelho onde havia um pó branco.

— O que a senhora está fazendo?!!! Olha o que fez!!! — irritou-se.

— Estou cuidando de você!!! — esbravejou a mãe irritada.

— Não quero seus cuidados!!! Não pedi sua ajuda!!! Vai embora! Sai daqui!!!

Mesmo engessado, João Alberto se levantou de onde estava e arrumou forças para ir em direção à mãe.

A abstinência, ou seja, a falta do uso de entorpecentes o fez reagir e parecia nem sentir dores.

Vitória o empurrou novamente para o sofá, chutou o espelho e esfregou o pé no pó, espalhando-o no carpete, deixando-o sem condições de ser consumido.

João Alberto berrou como nunca e se contorceu o quanto pode.

As dores não o deixavam ser mais violento senão ele seria capaz de agredir a própria mãe.

O rapaz se transformou. Parecia um animal extremamente selvagem e perigoso.

Vitória nunca pensou que pudesse ver aquilo. Aliás, ela não sabia que aquela reação existisse.

Tentou conversar, mas ele não a ouvia.

Por muito tempo ficou ofegante, babando e violento.

Quando pareceu que o filho tinha se acalmado, Vitória se ausentou por alguns instantes para cuidar dos afazeres e, apesar da extrema dificuldade, João Alberto conseguiu chegar até o banheiro, trancou-se e fez uso do que queria.

Assim que pôde, ele ligou para seu pai e pediu sua presença.

Mesmo com o estado de saúde abalado, Isidoro atendeu ao pedido do filho. Foi até o apartamento e pediu para Vitória se retirar.

Brigaram e se agrediram com palavras.

Isidoro precisou telefonar para o trabalho de Antero e pedir para ele intervir e tirar a mãe dali.

Paciente, o filho mais velho de Vitória a convenceu a voltar para casa e deixar o irmão levar a vida que escolheu.

Dessa vez, a mulher, antes forte e decidida, não aguentou.

Trancou-se no quarto e chorou como nunca havia feito na vida.

Estava tão amargurada e ferida que não poderia descrever a ninguém o tamanho de sua dor.

Tanta luta, tanto empenho, para agora ver seu filho se matar daquela forma e, pior, com o apoio do pai.

Não era isso o que queria.

Tudo poderia ser bem diferente. Lembrou-se da conversa que teve com a amiga Dulce. Havia muito tempo, quando contou sobre sua vida, seus anseios, frustrações, contrariedades e a senhora lhe indicou *O Evangelho Segundo o Espiritismo*, falando-lhe dos pais que sofriam por não dar limites e educação aos filhos, que cresciam vaidosos e orgulhosos, podendo fazer tudo na vida sem acreditar nas consequências de seus atos.

Vitória tinha consciência de não ter educado melhor João Alberto por causa de Isidoro, que lhe tirava a autoridade e dava ao filho aprovação em tudo, deformando-lhe o caráter.

Ela lamentou por não ter sido mais severa.

Lembrou-se das dificuldades em ter tantos filhos com idades tão próximas e um marido tão ausente.

Vitória gastou toda aquela noite, lentamente, pensando em seu passado, nas escolhas feitas caprichosamente por anseio de uma vida melhor.

Admitia ter forçado o destino para obter abundância. Mentiu, enganou, foi indiferente a tudo o que deixou para trás, como pais e irmãos.

Encontrando-se consigo mesma, envergonhou-se arrependida.

Não dormiu e não queria que o sol rasgasse a madrugada, acreditando poder se esconder na noite das falhas puramente humanas.

CAPÍTULO 10

Superação

No início da manhã, Natália surpreendeu-se com a sogra, que cuidava dos afazeres na cozinha.

— Dona Vitória... É tão cedo!

— Acordei você?

— Não. Estou ansiosa com a chegada das máquinas novas que compramos e...

— As máquinas de costura chegam hoje?

— Hoje, sim. Ontem acabei de pintar a oficina lá no fundo. Acho que a senhora nem viu, né?

— Não vi mesmo. Também... tanta coisa acontecendo — falou com um tom de lamento.

— Pintei de amarelo canário. Tem que ver como ficou claro. Reflete bem a luz. Essa cor ficou muito boa, parece que iluminou mais o ambiente. O Márcio instalou lâmpadas fluorescentes. Ficou ótimo! Depois, se der, vai ver se a senhora gosta.

— Vou, sim. A propósito, e as duas mulheres que você disse que queriam trabalhar com a gente?

— Virão mais tarde. Eu disse que ganharão por produção — informou a nora.

— No começo a gente não vai ter muito para oferecer. Terá de ser assim mesmo.

— Não sei por que, mas... estou tão esperançosa! Tão contente! — exclamou feliz dando uma risadinha engraçada.

Vitória sorriu ao vê-la empolgada e nada disse.

À tardinha, o brilho alaranjado do céu, rajado no horizonte, invadia as largas janelas do cômodo construído para ser a oficina. Natália e a sogra arranjavam lugares especiais para as novas máquinas.

— Ficaram boas aqui. A senhora não acha?

— Acho, sim. Aqui está bom — respondeu a mulher sem empolgação.

Vendo-a com pensamentos distantes, a nora quis saber:

— A senhora está assim por causa do João Alberto, não é?

— Você é mãe, Natália, e pode imaginar como estou sofrendo.

— O Antero me contou como o irmão estava. Mas isso que está acontecendo não é culpa da senhora.

— É minha culpa, sim. Se eu tivesse me esforçado mais, se tivesse dado limites ao meu filho... mesmo que

Movida pela Ambição

para isso precisasse enfrentar o Isidoro, mas não. Nunca orientei muito bem o João Alberto e a Angélica. Eles eram teimosos, venciam e ganhavam o que queriam pela insistência. Ele era nervosinho e irritado, ela fazia-se de coitadinha, mimosa, dengosa... Com isso, conseguiam o que queriam. — Breve pausa e perguntou: — Como é que posso corrigir tudo isso agora? Estão crescidos. São adultos, maduros...

— Deus dará à senhora a chance de ajudá-los, se isso for possível e necessário.

Os olhos de Vitória estavam vazios ao fitar a outra que parecia entendê-la muito bem.

Num gesto afetuoso, aproximou-se, deu um abraço apertado em Natália, ergueu-se muito ereta, suspirou e disfarçou a preocupação com singelo sorriso ao propôr:

— Já está tarde. Vamos entrar, tomar um banho e jantar... Se é que sobrou janta... Sobrou tão pouquinho do almoço — riu. — Depois vamos dormir. Amanhã temos que levantar bem cedo.

— É mesmo. Temos muito pra fazer — concordou a nora.

~

Vitória e Natália prosperavam com as costuras. Embora os planos governamentais da época prendessem e deteriorassem os valores depositados nos bancos, elas não tiveram prejuízos.

— Tivemos muita sorte, Antero! Foi tirar o dinheiro da poupança e comprar novas máquinas e materiais e o governo mandou prender o dinheiro do povo — dizia a esposa ao marido.

— Podemos não ter perdido nossas economias, mas será que isso não afetará os clientes? — preocupou-se Vitória.

— Penso que não. Agora negociamos direto com as lojas. Pequenos comércios, é verdade, porém ninguém vive sem roupa, não é?

— Estou temerosa por termos aberto essa pequena confecção bem agora — tornou Vitória.

— Mãe, se não der certo, não deu e acabou. Ninguém aqui vai morrer de fome por isso.

— Só que teremos de apertar os cintos, não é? — tornou ela.

~

Não foi fácil, entretanto, Vitória e Natália enfrentaram a crise financeira, administraram bem os negócios e se destacaram no mercado em pouco tempo.

Márcio e Nilton, os filhos mais novos, casaram-se com moças que eram funcionárias na empresa de sua mãe. Não demorou e eles deixaram seus empregos para trabalhar junto com elas. Márcio especializou-se nos trabalhos técnicos com as máquinas dando manutenção e também cuidava do estoque, do carregamento e da entrega dos produtos. Nilton, além de ajudar o irmão, deu início às primeiras informatizações da empresa, controlando tudo o que podia.

Faltava, entretanto, um bom administrador, função logo ocupada por Antero, que deixou seu emprego e juntou-se à família empresarial trazendo expansão e novas ideias.

Nessa época, Vitória ficou extremamente feliz ao saber que Ingrid e Luiz tiveram um casal de gêmeos.

Os filhos e as noras se juntaram e lhe deram de presente passagens aéreas para que fosse conhecer de perto os dois netinhos. Ficou mais de um mês ao lado da filha, ajudando-a em tudo.

Ao retornar, nova surpresa. Vitória seria avó novamente.

Cleide, esposa de Márcio, e Vera, esposa de Nilton, estavam grávidas.

A empresa, que havia começado no fundo do quintal, cresceu consideravelmente e agora tinha sede própria.

Fora os filhos e as noras, já contavam com mais de quinze funcionários e dois veículos para uso exclusivo da pequena indústria.

As confecções, antes femininas, abrangiam agora as infantis e as masculinas.

~

O improvável aconteceu.

Certo dia, uma mulher chegou à recepção da empresa e olhou em volta de forma surpresa. Correu os olhos aguçados de canto a canto enquanto engolia em seco e admirava o que Vitória conquistou à custa de muito esforço.

Tudo era simples e de muito bom gosto.

Ela disse querer falar com Vitória, que foi chamada à recepção.

Pensando tratar-se de negócios, a empresária foi atender a contragosto, afinal, era o filho Antero que cuidava dessa parte.

A ela cabia escolher os modelos de roupas, o tipo de tecido. Entendia muito bem de viscose, poliéster, algodão, elastano, mas não queria se envolver muito na administração.

E pelo fato de insistirem para falar com ela, aceitou.

Chegou à recepção com ar tranquilo. Aos sessenta e dois anos, andava ereta e altiva, caminhando com passos compassados e firmes.

Sua pele tinha bonito tom dourado, pois adquiriu o gosto de ir à praia com mais frequência. No rosto, leves traços de expressão que não denunciavam sua idade.

O pouco sobrepeso dava-lhe formas arredondadas e curvas extremamente femininas.

Os cabelos escovados e bem tingidos, num tom que era agradável à sua aparência, estavam cortados na altura dos ombros e presos suavemente com uma tiara, dando--lhe um ar jovial e bem alegre ao rosto sereno.

Vestida com roupas produzidas em sua própria confecção, sentia-se quase orgulhosa, feliz e de bem consigo mesma pelas peças alegres e bem recortadas que lhe caíam elegantemente.

Ao chegar à recepção, trocou rápidas palavras com a assistente que apontou para uma poltrona, cuja planta ornamental não a deixava ver direito uma mulher que não reconheceu.

Quicando compassadamente o assoalho com o salto do sapato, aproximou-se da mulher e se surpreendeu ao vê-la se levantar.

Vitória parou, suspirou rápido e prendeu o fôlego ao levar a mão ao peito. Murmurou:

— Você?!

Imediatamente os olhos verdes de sua irmã Marta arderam pelo choro.

Seu rosto, antes vivo e alegre, trazia uma palidez cadavérica, seu corpo uma magreza doentia e alguns pontos de feridas cujos cabelos soltos tentavam encobrir.

Ela estendeu as mãos delgadas em trêmulas e direção da outra que a amparou, ficando séria e estática.

Marta se aproximou, abraçou-a e chorou copiosamente, agarrando-a.

— Acalme-se — pediu simplesmente. Vendo que a irmã não se continha, sugeriu: — Venha comigo.

Levando-a para o escritório dos filhos Márcio e Nilton, que não a reconheceram, Vitória pediu:

— Podem me deixar a sós com ela?

— Mas mãe... — intrigou-se Márcio não sabendo do que se tratava.

— Sua tia quer conversar comigo. Pode ser? — tornou em tom firme.

Os filhos se entreolharam surpresos e Nilton entendeu, sinalizando ao irmão para que as deixassem a sós.

A pedido de um deles, a secretária levou água e café para ambas.

Após alguns goles de água, Marta se acalmou e disse:

— Quero que me desculpe... Que me perdoe por tudo o que fiz a você... — chorou.

— Por que veio me procurar depois de tanto tempo? — perguntou Vitória friamente. — Faz vinte e dois anos... — calou-se com um nó na garganta.

— Não tenho paz e... Preciso de ajuda.

— É dinheiro o que quer?

— Eu e o Isidoro estamos muito doentes. Não sabíamos a razão da nossa saúde estar tão abalada até um médico, há alguns anos, pedir exames e... — chorou.

— E?...

— Estamos com essa doença... Com um vírus muito grave... — continuou a chorar.

Vitória, apesar de não saber tantos detalhes, imaginou do que se tratava e, sem trégua, perguntou:

— Vocês estão com Aids?

Marta pendeu com a cabeça positivamente e confirmou:

— Estamos...

— Não sei por que não estou admirada. Lembrando da vida que o Isidoro levava — suspirou fundo e apiedou-se.

— Perdemos tudo, Vitória.

— Como assim?

— Perdemos tudo. Tudo o que o Isidoro herdou, todo o patrimônio, a empresa, tudo!

— E o João Alberto? Faz dez anos que meu filho sumiu e não dá notícias. Fui até onde ele morava e me disseram que se mudou.

— Ele foi morar em São Paulo. O João Alberto só soube tirar dinheiro do nosso patrimônio e gastar. Quando acabou, ele foi para São Paulo trabalhar com alguns amigos em uma empresa que instala som em carros. Nem sei direito o que ele faz. Só sei que eu e o Isidoro não temos mais nada nem ninguém. Estamos doentes e passando fome. Moramos em um barraco na comunidade do Morro do Macaco.

Enquanto Marta falava, Vitória lembrou-se de tudo o que um dia teve ao lado daquele homem. Das casas, dos carros, das viagens, do conforto. Quase não acreditava no que ouvia da irmã.

— Precisamos dos remédios... Alguns vizinhos e o pessoal do Centro Espírita nos ajudam. O Isidoro desenvolveu um tipo de câncer e não pode andar direito. Semana passada, os meninos do Centro Social, que fazem capoeira, me ajudaram a carregá-lo escadaria abaixo até a ambulância. Se não fossem eles, não teria como levar o Isidoro pro hospital. Não temos mais nada. Estamos à míngua e... — chorou um choro triste, amargo e angustiado.

A irmã levantou-se, caminhou a passos lentos pelo escritório, olhou pela janela por alguns instantes, respirou fundo e virou-se para a outra dizendo:

— Quando se envolveu com meu marido, na minha casa, você não se preocupou comigo, não respeitou os meus filhos. Quando foi embora com ele, eu e meus filhos quase passamos fome, quase fomos despejados, pois o Isidoro não pagava pensão, não pagava o aluguel. Meus filhos mais novos não estudaram em boas escolas, tiveram que ir para escolas públicas mesmo tendo um pai com ótimas condições. Eles não fizeram faculdade. Tudo porque você, minha irmã, foi uma safada, uma vagabunda, que, de certo, incentivou e apoiou o cachorro do Isidoro para ele não nos dar nem sustento. Por isso, pela falta de ajuda e apoio, eu fiz faxina, lavei e passei roupa pra fora. Minha nora, a Natália, também passou e lavou roupa, mesmo com um barrigão enorme. Depois virei costureira. Foi um tempo muito difícil. Eu e meus quatro filhos, sim, porque o João Alberto sumiu e a Angélica, ingrata, se bandeou para a família do marido, então... Enquanto eu e meus quatro filhos passamos muitas privações, você, minha irmã, e o pai dos meus filhos, se esbaldavam na luxúria, não é mesmo? Você nem sabe, mas... Uma vez eu vinha da faxina de um apartamento lá em Copacabana e vi você cheia de sacolas, indo na direção de um homem de uniforme. Ele pegou suas sacolas, você tirou os óculos escuros, ajeitou os cabelos... parou junto ao carro e esperou o seu motorista abrir a porta. Naquele dia, eu estava tão cansada... — breve pausa. — Cheguei em casa e a Mônica, minha netinha, que hoje está com vinte anos e fazendo faculdade de Agronomia — parou por um instante e sorriu. — Minha netinha estava com febre e muito doente. A Natália, toda atrapalhada por ter de cuidar dela, não tinha passado as roupas que a mulher vinha buscar. Então, cheguei cansada e enfrentei aquele ferro quente, num calor desgraçado... Às vezes até precisava colocar o ferro quente em cima de uma lágrima que caía na tábua de passar, sem que ninguém visse. Era bem tarde quando tomei banho e, quando fui jantar, a Natália, coitada, veio assustada na minha direção e falou que a sopa tinha acabado. O Márcio e o Nilton tinham chegado e não sabiam que eu e ela não tínhamos jantado e comeram tudo. Comeram tudo, não por serem gulosos. Comeram tudo porque esse tudo era tão pouco... Tão pouco que... — nova pausa. — Então, nós duas dividimos um pãozinho amanhecido e tomamos chá quase sem açúcar. Dependíamos do dinheiro daquela roupa que eu passei e da faxina daquele dia para comprar algumas coisas para a casa, pois mais da metade do salário do Antero ia para os aluguéis atrasados que o Isidoro não pagava. O Nilton não ganhava muito bem e gastamos muito com os remédios para a Mônica, e o Márcio ficou um tempo sem emprego. Ele saía e ficava o dia todo fora à procura de serviço... Então, naquela hora, comendo aquele pão seco e o chá de camomila, eu lembrei de você, minha irmã. Lembrei de você linda, arrumada, elegante, cheia de joias e sacolas de compras entrando naquele carro e saindo com seu motorista particular.

— Seu marido sempre traiu você. Não tive culpa! — defendeu-se.

— Como não?! O Isidoro não prestava e me traía com toda vagabunda que aparecia na frente dele, mas nenhuma foi tão desgraçada e infeliz como você, que traiu a minha casa, os meus filhos... que traiu a irmã que a ajudou. Foi você quem tirou o Isidoro do lar, das obrigações de prestar amparo e auxílio aos filhos! Dei muito duro na vida! Olha para as minhas mãos! — mostrou estendendo-as. — São mãos que trabalharam firme para não passar fome! Não passar mais necessidade, além daquela que já passávamos!

— Você não é diferente de mim, Vitória! — reagiu Marta. — Sua cunhada, a Maria de Lourdes, contou pra mim e pra toda cidade que você usou o Odilon para se arranjar na vida! Para sair daquele lugar infeliz e deixar de passar necessidade! Ficou grávida dele, obrigou-o a se casar e a lhe dar uma vida boa, rica!

— Se eu fiz isso, ao menos procurei um homem solteiro, sem filhos, sem compromisso. O Odilon não era casado, muito menos marido de alguma de minhas irmãs! — praticamente gritou.

— Se não quer me ajudar, não ajude e pronto! Não precisa jogar na minha cara os meus erros!

— Eu não vou lhe ajudar, mas você vai ouvir por que eu não quero ajudar. Depois de tudo o que eu e os meus filhos passamos, por sua causa, não acho justo tirar um único centavo deles para dar àqueles que quase destruíram a nossa vida! Àqueles que nos condenaram à miséria, àqueles que tinham luxo e dinheiro que eram nossos.

Você e o Isidoro têm exatamente aquilo que procuraram, que cultivaram. Receberam da vida o que deram às outras pessoas. Olhe-se no espelho e veja, a imagem que ele devolve é o reflexo do que você fez no passado.

Marta se levantou, secou o rosto e, sem dizer nada, saiu do escritório deixando Vitória sozinha.

Não demorou, Márcio e Nilton entraram curiosos.

A mãe se sentou, bebeu um gole de água e contou-lhes tudo.

— Nossa! Eu nem reconheci a tia — comentou Nilton.

— Nem eu — disse Márcio.

— Mãe... A senhora não vai ajudá-la? Não vai ajudar o pai?

— Estou tão confusa... Sofri muito por causa deles. Vocês lembram das dificuldades que passamos. Não podem ter esquecido.

— Sim, mãe, lembramos, mas não podemos abandoná-los. Estão bem doentes, pelo que percebi. Pela aparência da tia... — comentou Nilton de coração bondoso.

— Entre os dois, não sei qual não presta mais, o pai ou ela. Nunca vou esquecer... Eu queria fazer faculdade, queria me formar e tive de mudar meus planos e...

— Certo, Márcio. Você não fez o que queria, mas pense bem. Está estabilizado hoje. Nós estamos. Somos unidos, tanto na família quanto na empresa — disse o irmão. — Tudo deu tão certo para nós!

— Nossa vida poderia ser melhor.

— O que é para ser nosso, sempre vem para nossas mãos quando nos esforçamos. Passamos dificuldades, sim, porém estamos bem. O pai errou, a tia errou, mas não podemos ser iguais a eles. Não podemos virar as costas nesse momento. Estou triste por saber que estão doentes. Puxa vida! É meu pai!... Hoje não existe cura nem tratamento certo para o que eles têm.

Vitória, até então silenciosa, rodava lentamente o copo com um pouco de água entre as mãos observando os pequenos feixes de luz colorida refletida entre os dedos. Após longo silêncio, ergueu o olhar e pediu:

— Nilton, não sei onde é a comunidade que ela me falou. Não peguei o endereço com sua tia. Mas acho que posso encontrar o lugar.

— Não, mãe! De jeito nenhum! A senhora não vai sair daqui para ir à favela e perguntar, de porta em porta, onde eles moram — contrariou-se Márcio. — É perigoso!

— Talvez ela esteja de ônibus e... Se a gente for depressa, podemos alcançá-la — sugeriu Nilton.

Não dando importância aos protestos de Márcio, Vitória se levantou e disse ao filho mais novo:

— Vou pegar minha bolsa. Encontro você no carro.

~

Mãe e filho chegaram à comunidade indicada por Marta e viram que era muito grande. Seria difícil encontrar alguém ali.

— Lembro que ela me falou que estavam sendo ajudados por vizinhos, pessoas de um Centro Espírita... Que Isidoro precisou ser carregado escadaria abaixo por rapazes que faziam capoeira no Centro Social.

— Escadaria aqui é o que não falta, mãe.

— Vamos perguntar, alguém deve conhecer os dois.

Vitória desceu do carro e não se sentiu acuada quando olhares estranhos vinham em sua direção. Começou a perguntar pela irmã e pelo ex-marido, dando o máximo de informação possível para poder encontrá-los.

Procurou por muito tempo, até que um rapaz, da equipe de capoeira do referido Centro Social da comunidade, respondeu:

— Sei, sim. Eu ajudei esse homem e a mulher dele na semana passada. Ele tava mal mesmo.

— Por favor, pode me dizer onde eles moram?

— Vamos lá! — animou-se o moço.

Subiram longas escadarias e chegaram ao local.

Vitória agradeceu ao rapaz e chamou pelo nome de Marta, junto a pequena mureta de uma minúscula área, em frente à casa.

A porta foi aberta lentamente e a figura esquelética de Isidoro surgiu meio cambaleante.

Ele não acreditou ao ver a ex-esposa ali parada à sua frente. Também quase não reconheceu aquele homem, seu filho, ao lado dela.

Havia muito tempo que não os via, desde o acidente de carro de João Alberto. Isso tinha sido há cerca de dez anos.

— Você aqui? — perguntou ele com voz fraca e rouca.

— A Marta foi me procurar — disse bem direta. — Discutimos e... Depois que ela foi embora me arrependi, não de tudo o que falei. Fiquei arrependida por não ajudar, afinal, não quero e não vou ser tão miserável e infeliz, como vocês foram, e abandoná-los numa hora dessas.

— Mãe... — murmurou Nilton chamando-lhe a atenção para que não ferisse Isidoro com palavras.

Mas Vitória não se importou e praticamente exigiu:

— Não vai nos chamar para entrar?

— Claro! Entrem.

A casa, de um único cômodo, dividido entre quarto e cozinha, era muito pobre, de total simplicidade.

A cama desarrumada mostrava que Isidoro estava deitado. As paredes eram de alvenaria, mas não rebocadas, e havia pequenos espaços entre a colocação de tijolos que deixavam o vento e os feixes de luz passarem.

O calor ali dentro era quase insuportável e se agravava pelo tipo de telha fina de amianto.

Na cozinha, a pia era escorada por caibros. Uma pequena mesa com três pernas ficava encostada na parede para não cair. Um fogão de duas bocas era abastecido por um botijão pequeno.

Quase nenhum móvel. Poucas panelas e utensílios. Nem geladeira tinha e só uma cadeira, sem encosto, para se sentar.

Após passar largamente os olhos em tudo o que pôde, Vitória perguntou:

Movida pela Ambição

— Como foi que deixou tudo isso acontecer com você, Isidoro?

— Foi uma fatalidade... — respondeu com voz fraca e rouca.

— Não. Fatalidade não é isso. Isso é irresponsabilidade, imprudência.

— Se veio aqui pra... — uma tosse forte deteve suas palavras.

— Pai, viemos aqui para tentar ajudar.

— Apesar de tudo o que... — nova crise de tosse.

— Sim, Isidoro. Apesar de tudo. Não prometo luxo, mas vou tirar você e a Marta deste lixo — disse Vitória firme. Abriu a bolsa, pegou a carteira, tirou algumas notas e estendeu-as para ele, completando: — Fique com esse dinheiro, por enquanto. Vou conversar com nossos filhos e com as nossas noras e decidirmos, juntos, de comum acordo, o que fazer para ajudar vocês dois.

— É, pai... Pegue o dinheiro — insistiu Nilton ao vê-lo titubear. — É o que podemos fazer por ora. Voltaremos amanhã ou depois para ajudar mais. Agora está bem tarde. Já está escurecendo e...

Isidoro pegou o dinheiro oferecido e, com olhos marejados, encarou a ex-esposa brevemente, agradecendo com jeito intimidado:

— Obrigado.

Nesse momento, a porta foi aberta com rapidez e Marta entrou surpreendendo-se.

Sem saber o que dizer, parou e ficou olhando a irmã e o sobrinho, que disse:

— Nós já estávamos de saída, tia. Amanhã ou depois voltaremos.

Ela não disse uma única palavra.

Somente trocou olhar com Isidoro.

— Então vamos, Nilton. Até mais — despediu-se Vitória, simplesmente.

Vitória alçou-se no braço do filho e precisou de sua ajuda para descer as escadarias da comunidade.

Nilton ajudou-a a entrar no carro, contornou o veículo e, ao entrar e olhar para a mãe, viu-a com lágrimas nos olhos.

— Mãe... Não fique assim — afagou-lhe o ombro, depois a puxou para si.

Recuperando-se, Vitória secou o rosto, respirou fundo e disse:

— Sabe, filho... Quando somos jovens pensamos que somos imortais, que somos como aqueles super-heróis que não ficam doentes, que nunca se machucam, que de algum jeito sempre são ricos e nunca precisam de ninguém nem de nada, e que se saem bem em todas as situações. A vida real, o mundo real, é bem diferente das aventuras que vemos nos filmes e desenhos animados.

— Eu sei, mãe.

— Mas eu não. Eu não sabia. Quando menina, jovenzinha, só pensei em ficar bem de vida. Não precisar trabalhar duro e deixar a vida miserável que tive. Hoje vejo que não deu pra fugir do trabalho, não se pode fugir do destino — riu sem graça. — Se dei outro rumo ao meu

Movida pela Ambição

destino, se forcei situações em minha vida... não sei. Só sei que, o que eu precisava trabalhar e viver, eu trabalhei e vivi. Vou ajudar seu pai, sim. Não quero nada pendente na minha vida. Um dia li uma frase que dizia: "Você é responsável por aquilo que cativa". Então... sou responsável por seu pai, pois se ele se casou comigo, foi porque eu quis. Mesmo estando separados, eu me sinto no dever de ajudá-lo.

— A senhora não tem obrigação nenhuma com ele, sabe disso.

— Só que eu quero. Quero estar bem com a minha consciência.

— A senhora tem bom coração.

— Ora! Nunca tive bom coração. Nunca fui boa pra ninguém. Agora... Vamos embora que já está tarde.

Naquela noite, ao chegar em casa, Vitória, no silêncio de seu quarto, pegou *O Evangelho Segundo o Espiritismo* e o folheou em busca de alguma reflexão. Parou no Capítulo V e leu todo o item vinte e quatro. Refletiu um pouco e murmurou sozinha:

— Só depois de ver a minha irmã e o Isidoro hoje, e lembrar do que eles fizeram, é que eu pude entender tudo isso. Como diz aqui — e leu: — "Vou revelar-vos a desgraça sob uma nova forma, sob a forma bela e florida que acolheis e desejais, com todas as forças de vossas almas iludidas. A desgraça é a alegria, o prazer, a fama, a fútil inquietação, a louca satisfação da vaidade, que asfixiam a consciência, oprimem o pensamento, confundem o homem quanto ao seu futuro. A desgraça, enfim, é o ópio do esquecimento, que buscais com o mais ardente desejo". — E refletiu: — É verdade "a verdadeira desgraça está mais nas consequências de uma coisa, do que na própria coisa".

CAPÍTULO 11

Autor da própria história

Na manhã seguinte o dia estava esplêndido. As luzes inquietantes do amanhecer invadiam a sala pela larga janela e tremeluziam no ambiente por conta das folhas frenéticas da árvore agitada pelo vento.

Na noite anterior, Vitória havia dito aos filhos e noras que gostaria de conversar com eles.

Pediu para Mônica, sua neta, que fosse passear com os priminhos, Felipe e Tiago, a fim de todos conversarem com tranquilidade.

O assunto sobre Isidoro e Marta roubou-lhe o sono durante a madrugada com muita reflexão, e agora estava ali, na sala, sentada no sofá com as pernas encolhidas, esperando o dia clarear completamente.

Na época em que a confecção havia saído dos fundos da casa de Antero por necessitar de mais espaço, Vitória, determinada, deixou de morar na casa com o filho e a nora. Preferiu fazer, do que antes era a oficina de costura, um lugar aconchegante para morar de forma mais privativa e independente.

Tudo era bem arrumado, com bom gosto e conforto.

Levantando-se lentamente, foi até a janela e a abriu, deixando a brisa fresca entrar.

Na cozinha, abriu a porta que dava para o quintal e observou que não havia ninguém lá. Então, deixou o café passando e foi tomar um banho.

Ao terminar, sentou-se na cama, esfregou a toalha mais uma vez nos cabelos úmidos, pegou uma escova e, carinhosamente, penteou-se.

Olhou seu reflexo no espelho. Não conseguia mais se lembrar de como era seu rosto quando mais jovem.

Aliás, para ela, quase nada parecia ter mudado.

A idade e os vincos no rosto chegaram tão lentos que não percebeu a mudança, tudo parecia sempre estar ali, daquele jeito.

Olhou as mãos com a pele mais flácida, macia, enrugada e com manchas. Observando as palmas, notou que os calos, marcas de muito trabalho duro, haviam sumido e a pele estava mais fina. Os dedos largos sinalizavam mãos de quem tinha trabalhado muito, pois engrossaram para serem fortes e suportar a lida.

Vitória suspirou fundo.

Quando pensou em se levantar, olhou para o lado, para a mesinha de cabeceira, e viu um pequeno baú de madeira, presente da amiga Dulce, que guardava com todo carinho. Sentou-se mais perto, pegou-o e abriu.

De dentro, tirou um pacotinho em cujo papel de presente não se via mais o desenho, agora desfigurado. Em suas mãos, puxou o barbante que fazia um laço sem vida, colocou-o ao lado e abriu a caixinha de papelão.

Dentro, o anel de metal simples, que já estava desbotado e sem o brilho amarelado que o fazia parecer ouro. Mas a pedrinha vermelha sem valor, ainda reluzia.

Como já tinha feito milhares de vezes no silêncio da solidão, Vitória sorriu, pegou o anel, o colocou no dedo médio da mão esquerda e a estendeu para vê-lo melhor. Sorriu novamente. Ainda servia, como sempre.

Aproximando-o bem devagar dos lábios, beijou-o com carinho. Beijou-o demoradamente como milhares de vezes havia feito antes.

Depois, tirou o papel dobrado do fundo da caixinha. Estava amarelado pelo tempo.

Desdobrou-o com cuidado, pois percebia que as dobras cansadas e mais âmbar estavam quase rasgando.

A tinta da escrita se desmanchava, quase desaparecendo, embora ainda se pudesse ler o poema de Casimiro de Abreu.

Novamente o leu, apesar de já não precisar mais, pois já tinha decorado o texto. Mas queria. Era o jeito de sentir Vinícius, seu único e grande amor da infância, da juventude, daqueles anos inocentes e tão bons que não voltariam nunca mais.

Quanta saudade! Saudade eterna. Sentimento que jamais diminuiu em todos aqueles anos.

Ao contrário. Calava-se em seu peito e apertava muito, cada vez mais e mais.

E ela não desejava que fosse diferente.

Não queria esquecer Vinícius. Nunca quis.

Lembrava-se de seu rosto sereno, da sua pele rosada, de seus olhos vivos. Parecia ouvir seu riso, as gargalhadas. Jamais esqueceu sua voz.

Era como se ainda pudesse ouvi-lo depois de tantos anos.

Quando se deixou engravidar por Odilon, por conta dos seus planos ambiciosos, não se preocupou com a difamação, algo sério para a época. Não se importou com seus pais, com os pais dele nem com qualquer conhecido. O único peso de consciência e remorso que caiu sobre sua alma foi imaginar os sentimentos de Vinícius.

Nunca soube o que ele pensou...

Talvez todos os seus sonhos, dele e dela, tivessem se afogado com seu irmão Aldo.

Fechando os olhos, beijou novamente o anel e era como poder sentir na boca o gosto daquele único beijo de verdadeiro amor, com Vinícius, aquele beijo que jamais teve outro igual.

Onde ele estaria? O que teria feito da vida?

O que teria acontecido se tivesse ficado com ele? Seria traída como foi pelos dois maridos que teve? Pois essa foi a maior dor de tudo o que sofreu.

Movida pela Ambição

Essas perguntas sempre ecoavam em sua mente, por mais ocupada e repleta com outras preocupações.

De seus sonhos com Vinícius, nada havia restado. Todos estavam perdidos. Reconhecia ter cometido muitos erros e por isso foi vítima de si mesma. Mas não se perdoava, e acreditava que Deus jamais a perdoaria pelo que havia feito com Vinícius, com aquele amor único, puro e verdadeiro.

De todos os presentes que havia ganho na vida, aquele anel e aquela poesia, envoltos no simples e amarrotado papel de embrulho com a caixinha de papelão quase quebrada eram os mais valiosos, valorosos e caros.

Recordou-se de quando foi para o Rio de Janeiro, depois do nascimento de seu filho Antero, e voltou a estudar. Procurou aprender sobre Casimiro de Abreu. Diziam que ele não tinha linguagem rica ou estilo criativo, mas, para ela, Casimiro falava ao coração.

Cuidadosa, Vitória dobrou o papel onde estava escrita a poesia e o colocou de volta na caixinha. Em seguida, tirou seu valoroso anel com delicadeza da mão enrugada, beijou-o novamente e o guardou. Embrulhou a caixinha no mesmo papel de presente desbotado, amarrou o barbante que quase se desfazia e colocou tudo no pequeno porta-joias em forma de baú, que ganhou de sua única e melhor amiga.

Aquele baú e tudo o que havia dentro dele eram seu maior tesouro.

Logo pensou em como seria sua vida se não forçasse o destino e tivesse ficado com Vinícius. Casada com ele, talvez não enfrentasse tanta humilhação, tanta dor. É provável que tivesse ao seu lado um homem que realmente a amasse sem ser forçado a isso, como foi o caso de Odilon, sem interesse como foi com Isidoro. A vida provavelmente fosse mais bondosa com ela.

Suas escolhas lhe trouxeram situações amargas e talvez desnecessárias.

Agora, como sempre fez, era o momento de continuar arcando com as consequências de suas opções. Não acreditava que teria paz no coração se abandonasse responsabilidades que eram suas.

Quando fechou o baú e colocou-o sobre a mesinha de cabeceira, viu um vulto parado e sobressaltou-se.

— Desculpa! — sorriu Natália, com jeito meigo. — Não quis assustar a senhora.

— Estava aí há muito tempo? — perguntou a sogra, disfarçando a surpresa.

— Tempo suficiente para vê-la beijar o anel com tanto carinho e... Desculpe-me por chegar assim tão silenciosa. Apesar de ver o café passando, pensei que estivesse dormindo e não queria acordá-la.

— É mesmo. Até esqueci que deixei o café passando.

— Dona Vitória... Sempre vi que a senhora guarda esse baú com tanto carinho. Deve ter ganho de alguém muito especial.

— Ganhei de uma grande amiga. Dona Dulce, tia do Isidoro.

— Ah... Sei.

Movida pela Ambição

Vendo-a curiosa, Vitória sorriu com simplicidade e decidiu contar.

— O anel, ganhei do meu primeiro namorado. Alguém de quem nunca vou esquecer e... — sua voz embargou. Calou-se por um instante, depois falou, engolindo as emoções, buscando esconder as lágrimas tremeluzindo em seus olhos. — Eu gostei e gosto muito de quem me deu esse anel sem valor. Traí esse rapaz para ficar com o pai do Antero. Nunca mais soube dele.

— A senhora nunca contou nada de sua vida, dona Vitória. Gostaria tanto de conhecê-la melhor.

— Tem coisa, filha, que a gente quer esquecer. Principalmente as coisas erradas que fizemos. Ficar lamentando não adianta. Precisamos encarar a vida, a realidade, e cuidar de não errar mais, além de tentar corrigir o que der, pois tem coisa que não dá mais pra mexer.

Suspirando fundo, levantou-se.

Ao ver que a sogra não queria falar mais a respeito do assunto, Natália perguntou de modo alegre.

— Bem... Seu café não está mais fresquinho. Desligue a cafeteira e vamos lá em casa tomar café com a gente. Hoje é sábado, a Mônica está em casa e eu fiz um bolo — riu gostoso. — Bem... ele se quebrou porque fui desenformar ainda quente. Mesmo assim, é um bolo de laranja e está bem gostoso. Vamos lá?

— Vamos, sim. Deixe só eu estender essa toalha lá fora.

Bem mais tarde, conforme planejado, Vitória, seus filhos e as noras se reuniram em volta da mesa da sala de jantar da casa de Antero.

Natália serviu um suco gelado a todos e depois se acomodou ao lado do marido.

Vitória, calma, repetiu tudo o que aconteceu desde que sua irmã Marta foi procurá-la na empresa e também falou sobre seu encontro com Isidoro depois de tantos anos.

— Então é isso. O pai e a tia de vocês precisam de ajuda. O Nilton viu as condições precárias em que eles vivem hoje. Até nossos cachorros tem condições melhores que a deles.

— A mãe tem razão — concordou Nilton. — Precisamos ajudar o pai e a tia.

— Eu não gostei muito dessa ideia, não. A senhora sabe minha opinião — comentou Márcio friamente. — O pai nunca foi um bom marido para a senhora nem um bom pai para nós, no entanto, apesar disso, sempre nos deu de tudo, boa casa, boas escolas, viagens... Até a sem-vergonha da tia Marta chegar e acabar com a nossa família. Não sei como consegue perdoar uma traição dessas.

— Sua tia não acabou com a nossa família. Nossa família sempre foi eu e meus filhos. Seu pai nunca participou da nossa união e, infelizmente, o João Alberto e a Angélica também se desligaram de nós aos poucos. Não pensem que um homem, uma mulher, mais filhos formam uma família. Isso é mentira. Se não tiver união, respeito, carinho, amizade e amor, não se tem uma família. Conheço gente que não tem o mesmo sangue, vive junto e forma uma família porque existem sentimentos nobres, respeito, compreensão, união. Tive uma amiga, a Dulce, que não era nada minha e foi para mim mais do que minha mãe, mais do que minha família.

— A tia Marta destruiu, acabou com o pouco de ligação que tínhamos como nosso pai — tornou Márcio. — Se não fosse por ela, bom ou ruim, estaríamos juntos dele, teríamos melhores condições de vida, poderíamos ter estudado e...

— Você só está reclamando dos bens materiais que deixou de ter quando seu pai foi embora e não da falta, da ausência dele como companheiro e amigo dos filhos, porque isso vocês nunca tiveram — tornou a mãe firme.

— Vai me dizer que aquela casa, os empregados, os carros, os nossos bens materiais, nossos colégios, não fizeram falta a ninguém?! — irritou-se Márcio. — Pra mim fizeram.

O silêncio reinou por algum tempo. Vendo que Márcio relutava para entender, Vitória buscou explicações bem claras e, com sabedoria e tranquilidade, disse:

— Sabe... Nunca contei muito para vocês sobre a minha vida, minhas ambições. Hoje posso falar disso com lucidez, sem medo ou vergonha, pois só alguém que se conhece bem, só alguém que quer ser uma pessoa melhor, pode se sentir bastante segura para falar de si, não com orgulho, mas com conhecimento de seus erros e acertos, e ainda com o ideal de acertar mais.

— A senhora teve força de vontade, deu muito duro e só fez o que era certo ou não teria chegado aonde chegou arrastando os filhos junto. Filhos que poderiam ter sido um peso em sua vida. Muitas mulheres em seu lugar poriam os filhos para serem pedintes ou os deixariam se envolver em pequenos crimes.

— Deixa a mãe falar, Márcio! — pediu Antero, inquieto.

Vitória ergueu o olhar, contemplou a todos e contou:

— Nasci em uma família pobre, muito pobre. Quando menina, não me importava muito com as dificuldades, pois não sabia o que era viver melhor. Passei fome, frio. Senti dores, sofri com coisas que hoje seriam simples de tratar como berebas, piolho, bicho-de-pé, viroses... Ainda era pequena quando fui trabalhar em uma fazenda onde conheci uma vida melhor. Daí eu quis ser rica, ter uma vida sem necessidades, sem trabalho duro. Eu não amava o Odilon, mesmo assim me casei com ele. Forcei o casamento com ele. Vi que o Odilon era ambicioso e não poderia recriminá-lo, eu também era como ele. O doutor Bonifácio e a dona Dulce tinham uma fortuna imensa e o Odilon estava de olho nela, assim como o Isidoro. Mas o Odilon não conseguiu seus objetivos e morreu antes. O Isidoro ficou de olho, não só na fortuna do tio, mas também em tudo o que o Odilon havia deixado para mim e para o Antero. E eu... Bem, eu também ambiciosa, casei com o Isidoro por interesse. Queria uma boa vida e nada mais. Não fui feliz em nenhum dos dois casamentos. Muito pelo contrário. O doutor Bonifácio e a Dulce tinham um filho muito doente e igualmente ambicioso. Ele se chamava João Alberto. Morreu sem usufruir a fortuna que tinha. Isidoro herdou tudo. Casando comigo, juntamos os valores e bens materiais que tínhamos. Éramos ricos. Ricos e infelizes. Moramos em mansões infelizes, viajamos infelizes, tínhamos carros, motorista, empregados e éramos infelizes. Não me lembro, nessa época de riqueza, de bonança, de ter dado um grande sorriso de satisfação, uma gargalhada de alegria verdadeira... Não lembro de ter tido um sono tranquilo e acordado feliz por alguma expectativa boa. Não tive um marido bom, fui traída por todas as mulheres que cruzavam o caminho dele, fui traída por prostitutas e... gente... como isso é duro de suportar. Fiquei doente, mentalmente falando, pois uma tristeza infinita, que hoje chamam de depressão, tomou conta de mim. Tenho certeza de que as energias inferiores daquelas mulheres baixas eram trazidas para dentro de minha casa, para a minha cama e, junto com a contrariedade que sentia, fiquei doente da pior maneira possível. Por isso me separei do Isidoro, mesmo morando na mesma casa com ele. Todo o dinheiro que tive, todas as joias que tive, nunca me trouxeram alegria, muito menos felicidade. — Calou-se por instantes. Logo prosseguiu calmamente: — Certa vez, antes de me casar com o Isidoro, a dona Dulce — sorriu como se recordasse da amiga com satisfação — me ouviu reclamar das condições que vivi quando criança. Eu estava amargurada e desabafei com ela o que nunca tinha dito a ninguém. Então a Dulce pegou um livro que eu nunca tinha visto antes, era *O Evangelho Segundo o Espiritismo*. Ela pediu para eu ler o Capítulo V do livro. Li e conversamos um pouco a respeito. Eu, deixando-me dominar pela ambição, não conseguia ser madura e entender tudo aquilo. Com o tempo, conforme as dificuldades íam surgindo, fui lendo e relendo, novamente e novamente... Demorei muito tempo para amadurecer e entender bem o que aquele livro abençoado ensinava. Pior é que demorou mais ainda para eu começar a pôr em prática tudo o que ele ensinava e que era bom para mim. — Longa pausa. — Ao me separar, quantas e quantas vezes me revoltei pelas dificuldades, quando um de vocês adoecia, quando o Isidoro não pagava pensão, não pagava o aluguel e o Antero arcava com todas as despesas que podia. O que ele ganhava não era suficiente. Quantas vezes não reclamei de ter que trabalhar naquele serviço duro na minha idade porque o safado, que gastou toda a minha herança e a do meu filho, não nos dava o que era de nosso direito e gastava tudo o que tinha com a safada que traiu a própria irmã, além de outras mulheres. Como me carreguei de amarguras, de ódio, de rancor por conta de tudo isso. — Ela silenciou. Os filhos e noras, sérios e atentos, nem piscavam enquanto ouviam. Nunca a tinham visto conversar daquela forma sobre assunto tão íntimo, tão seu. Vitória passou os olhos neles e prosseguiu: — Algumas vezes a Natália me viu nervosa por causa da revolta, da contrariedade que sentia, por causa de tudo o que eu sofria. Então, um dia, peguei aquele livro que ganhei da minha amiga e entendi minha vida. Tudo, exatamente tudo o que eu consegui por ambição, por conta de controlar o destino, eu havia perdido. Comigo só ficaram os filhos amorosos que eu precisava e que precisavam de mim. Os outros, apesar de amados, necessitavam ficar longe e aprender com o mundo, de alguma forma. Então parei de me queixar da ingratidão. Foi quando eu percebi que daquela ganância, do ganho fácil, nada restou e se eu quisesse ter algo na vida, viver bem como eu queria, teria de ser com meu próprio esforço. Ter dinheiro, ser rica, ter uma mansão, só me fez ter uma vida acomodada e egoísta, e era essa a razão da minha infelicidade. Tudo o que consegui antes, não veio do meu esforço, do meu trabalho. Eu precisava ter ideias, sonhos e buscar, lutar e trabalhar para conseguir realizá-los. Isso, só isso, sem ambição, poderia me trazer a alegria das vitórias conquistadas por mim, com meus esforços, e não supostas vitórias conseguidas de modo fácil. Quando entendi isso, tudo ficou claro e as coisas começaram a acontecer naturalmente.

Certo dia — prosseguiu sem ser interrompida —, eu e a Natália pegamos algumas costuras para continuar ajudando no orçamento da casa. Foi quando contei a ela que meu sonho, quando bem mais nova, era ter um ateliê, pois bordava e costurava muito bem. Então ela me disse para nunca desistir de um sonho. Eu disse que estava velha e ela respondeu que não existia velhice para a alma repleta de ânimo. — Nova pausa. — Coragem nunca me faltou. Não me acomodei e fui à luta. Com a ajuda de todos vocês, tudo aconteceu. Hoje estamos aqui e muito bem. Não somos ricos como antes, mas não somos miseráveis. Graças aos esforços de todos, vivemos confortavelmente, comemos bem e as alegrias diárias aconteceram. Seja a alegria de ver um dos netos andar, falar... Seja a Ingrid ligando e contando as novidades. Aprendemos a sentir alegria por pequenas conquistas e isso me faz feliz. É, gente... alegria e felicidade, é preciso fazer acontecer, começar a sorrir e comemorar. Tenho vocês comigo ao meu lado. Tenho os netos, tão amados, com saúde e alegria. Comecei a sentir felicidade em tudo. Sou feliz ao ver a Mônica reclamando do professor da faculdade, da colega que é folgada e não ajuda a fazer um trabalho — riu. — Isso mostra que ela tem condições mentais e financeiras para fazer uma faculdade. Sou feliz por ver o Felipe e o Tiago brigando por um brinquedo, caindo por terem corrido, rindo ao assistirem um desenho... Sou feliz por ver a amizade entre a Cleide e a Vera e dou risada ao imaginar o que falam de mim — riu novamente. — Afinal, sou sogra.

— Ai, dona Vitória! Nunca falamos mal da senhora — disse Vera de um jeito engraçado.

— Ao contrário — completou Cleide. — Sempre admiramos a senhora.

Vitória sorriu de modo singular com expressão de quem duvidava e falou:

— Fui muito exigente com vocês duas. Não gostava da conversinha de vocês quando o Márcio e o Nilton vieram trabalhar aqui.

Movida pela Ambição

— Tinha ciúmes dos filhos, dona Vitória? — disse Antero em tom de brincadeira.

— Não! É porque o serviço das duas não rendia.

Todos riram e Antero comentou:

— De fato, temos muito a agradecer. A saúde, a união e o amor que nos une...

— Sabe, meus filhos, demorei muitos anos para aprender e muito mais para pôr em prática a receita do viver bem, que aprendi em *O Evangelho Segundo o Espiritismo*. Não podemos ter uma vida sem direção, sem propósitos, sem metas alicerçadas no amor, na justiça, no respeito e na fidelidade. Para conseguirmos atingir as metas, precisamos aprender a fazer escolhas honestas, sábias, sem nos ferir, sem magoar os outros. E isso nem sempre é fácil, pois quando fazemos escolhas sempre temos perdas. Somos seres humanos e todo ser humano erra porque é complexo, porque tem sentimentos, tem preferência, porque tem ambição e se engana. Apesar de tudo, precisamos ser ousados, precisamos tentar, precisamos experimentar, pois as experiências nos trazem alegrias, frustrações, riscos, risos, lágrimas insegurança, sonho, medo, dor, sucesso ou fracasso. Tudo isso nos traz sabedoria quando aprendemos com essas experiências, daí não erramos mais, ou erramos menos do que antes. Haverá momentos de arrependimento, de choro, de fraqueza e também aprendemos com eles. Aprendemos a analisar tudo para evitar novas amarguras futuras. Se não aprendermos, voltaremos a experimentar a mesma dor, a mesma angústia até crescermos, até evoluirmos.

— Por que nos diz tudo isso, mãe? — perguntou Márcio.

— Porque depois de pensar muito, entendi que na maioria das vezes nós podemos ser autores da nossa própria história no teatro da vida. Tudo o que nos acontece é efeito do que já fizemos hoje ou em uma vida passada. Mas isso não significa que precisamos nos acomodar no sofrimento. Se eu fosse preguiçosa e não pegasse no batente, se me acomodasse e não passasse madrugadas costurando, lavando e passando, eu e a Natália não compraríamos nem a primeira máquina para começar a oficina de costura. Se eu fosse implicante, teimosa e ranzinza, não me daria bem com a Natália, implicaria e faria intrigas com ela e com o Antero quando eu a via cochilando de dia, encolhida no sofá com a TV ligada. Ao ver isso, pensei que ela estava cansada e com sono, pois a Mônica não dormia bem à noite e, quantas vezes, eu a vi com a menina no colo, andando pela casa para deixar o Antero dormir. Quantas vezes ela poderia ter falado mal de mim para o meu filho, quando me via nervosa com o Isidoro, ou regulando o dinheiro que eu ganhava fazendo faxina — sorriu. Virando-se para a nora, explicou: — Eu regulava aquele dinheiro, Natália, porque pensava que poderia acontecer alguma emergência do tipo precisarmos comprar um remédio ou pior: não ter serviço no fim do mês. Eu pensava nisso.

— Eu sabia disso, dona Vitória — sorriu generosa.

— Sim, mas... é bom falar. Eu devia ter falado isso naquela época. — Longa pausa e contou: — Nesses anos

Movida pela Ambição

todos, algumas vezes eu fui a um Centro Espírita aqui perto e assisti às palestras, recebi passes... Ouvi falar de reforma íntima e comecei a pensar muito nisso. Demorei a entender, e pior, a praticar a reforma íntima. Entendi que reforma íntima é o mesmo que moldar a nossa personalidade. Nós podemos moldar o nosso jeito de ser para melhor ou pior. Depende de nós. Se decidirmos mudar para melhor, então precisamos enriquecer nosso prazer pela vida harmoniosa, expandir e desenvolver a arte de pensar positivo, ver tudo com amor e sem críticas destrutivas. Se decidirmos pela escolha de uma vida melhor, precisamos nos tornar mais saudáveis emocional e mentalmente. E isso requer treino, repetições de exercício intelectual e emocional para o bom, para o bem.

— Eu não entendi — comentou Vera com simplicidade. — Como podemos nos treinar, nos exercitar intelectual e emocionalmente para sermos melhores?

— É simples, mas não pense que por ser simples seja fácil. Quantas vezes me peguei desejando todo o mal para a Marta pelo que ela me fez. Quantas vezes me surpreendi desejando a ruína do Isidoro pela traição, por tudo o que nos fez, pelas necessidades que nos fez passar. Foi difícil, no começo, eu fingia ser verdade desejar-lhes todo amor, todo o bem, todo o sucesso. Pois entendi que o rancor e a raiva me corroíam e me faziam mal. O rancor e a raiva não me deixavam ter paz nem sucesso. Entendi isso quando, no Centro Espírita, uma mulher deu uma palestra tomando por exemplo a experiência de alguém que, como eu, tinha sido traída e perdido tudo por culpa de outro. Daí que, essa pessoa, começou a adoecer. A raiva e o rancor foram lhe corroendo aos poucos pela falta de entendimento, de perdão, de amor, de aceitação. Então ela começou a deixar-se corroer. Primeiro tirou o apêndice, depois a vesícula. Coisas simples, mas grandes sinais de alerta dizendo que seu corpo precisava de amor. Só que para trazer o amor ao corpo, é preciso ter amor na mente, é preciso ter perdão no coração. Então a pessoa continuou deixando-se corroer e teve problemas cardíacos. Só sei que terminou experimentando um câncer que a definhou e a levou para o plano espiritual.

— Aí! Que horror! — comentou Cleide.

— Hoje os médicos confirmam que a mágoa, a raiva, o rancor, o ódio levam a pessoa às doenças como depressão, câncer, pânico e muitas outras — disse Antero. — Já li artigos médicos a respeito dos danos causados pela falta de amor.

— Isso é a pura verdade — tornou Vitória. — A oradora contou que, ao desencarnar, a pessoa reclamou de tudo o que sofreu e ainda sofria como se estivesse viva. Então, seu mentor explicou que a culpa por tudo aquilo era dela mesma. Mas ela não aceitou e ainda protestou. Disse que sofreu tudo aquilo, que teve raiva e todos os outros sentimentos de contrariedade quando perdeu tudo, inclusive a paz. Mas o mentor não concordou e disse que, em vez de reclamar e odiar, essa pessoa deveria ter voltado sua mente para o trabalho, pensado em amor, no desejo

Movida pela Ambição

do bem, se empenhado em fazer algo produtivo e não se acomodado. Disse que sua raiva, suas mágoas e seu rancor eram energias criadoras destrutivas e, por serem energias destrutivas, só criavam coisas ruins como doenças diversas. Não importa se você precisava passar ou não por determinada situação, o que importa é que é possível usar toda a experiência para a própria evolução através de práticas e aplicações saudáveis, a começar pela mente.

— Nossa! Que interessante — admirou-se Cleide.

— Foi por isso que eu parei de reclamar e comecei a me treinar a ter bons pensamentos para o Isidoro e para a Marta. Depois, com o tempo, até me esqueci deles porque, em meio a tanta coisa acontecendo, nós prosperamos e eu tinha preocupações saudáveis. — Um instante e continuou: — Estou contando tudo isso para dizer que decidi escrever o meu futuro. Nem sempre acerto. Hoje mesmo já me arrependi por ter tido o impulso de dizer para a Marta tudo o que eu disse, mas... Tentarei corrigir o que dá, o que está ao meu alcance. Sabe... Como disse, não é fácil mudar nosso modo de pensar e agir, não é fácil fazer essa tal de reforma íntima e mudar nossos vícios funestos. Porém, é possível e necessário fazer isso hoje ou em outra oportunidade de vida. E para isso é preciso treinar, insistir e exercitar os pensamentos, as palavras e as ações. Penso que muita gente já levou para o túmulo diversas doenças mentais e físicas, desesperos insuportáveis oriundos de suas raivas, rancores e ansiedades que geraram conflitos íntimos e problemas. Isso só aconteceu porque não souberam ou não insistiram em entrar dentro delas mesmas, após o silêncio de uma prece tranquila e, com serenidade, pensar friamente se suas opiniões duras, se seus caprichos fúteis, se sua vontade inútil de controlar pessoas e situações estão corretos. E depois disso, pedir a Deus orientação, iluminação para aprender a agir e pensar de forma mais saudável a ela e aos outros. Depois, exercitar, treinar no dia a dia e em cada momento a bondade e a sabedoria em tudo o que for pensar e fazer. Sabe... é no silêncio dos sentimentos e dos pensamento que entramos em contato com Deus.

Após longa pausa a voz de Antero ecoou convicta:

— É muito profundo o que a senhora falou. Agindo assim conseguiremos habilidade para administrar pensamentos e emoções. E com o tempo, como em tudo o que exercitamos, vamos adquirir o domínio da vida, o domínio dos sentimentos, o domínio de nós mesmos com sabedoria e paz verdadeiras.

— E com a paz verdadeira, meus filhos, não sofremos, não nos deprimimos, não ficamos ansiosos nem doentes. A não ser as doenças realmente necessárias para a nossa evolução, ou seja, as doenças programadas para essa existência. É preciso viver e incorporar em nós o "orar e vigiar" que Jesus ensinou. Não adianta só pedir a Deus que o ajude, se você mesmo não se ajuda — completou Vitória.

— Hoje em dia fala-se muito sobre qualidade de vida. Eu penso que qualidade de vida não é só casa, moradia, saneamento básico, escola, educação, trabalho, espaço físico.

Movida pela Ambição

Podemos ter tudo isso e mais, com abundância, mas vivermos na miséria emocional, intensa e desconfortável, que nos trará péssima qualidade de vida íntima. Hoje, depois de todas as experiências que vivi, acredito que as condições adequadas para se ter qualidade de vida se conquistam quando rompemos com as emoções de orgulho, da ambição e da vaidade, além dos sentimentos infelizes do rancor, do ódio, da contrariedade. Uma boa vida se constrói com relações sociais saudáveis, contemplando o que é belo, não criticando os outros e ajudando o próximo no que for possível sem se escravizar ou se prejudicar. É bom viver satisfeito com você mesmo, por sentir amor pelos outros. É muito importante não agredir ninguém jogando lixo na rua, jogando papel de bala pela janela do carro em vez de guardá-lo para jogar fora quando chegar em casa, no lixo, que é o lugar certo. Não agredir os outros com olhares duros, voz áspera. Não agredir os outros ao sentar em qualquer transporte público de modo espaçoso e folgado. Não agredir os outros com comentários ou brincadeiras de mau gosto que ofendem e magoam. A tranquilidade e a paz estão em pequenos gestos de educação que não precisam de exageros. São pequenas coisas que fazemos que nos deixam felizes.

— Já ouvi dizer que a felicidade não é deste mundo — comentou Márcio.

— Mas ninguém nunca disse que este mundo é só de infelicidade. Se o mundo não é de felicidade nem de infelicidade, devemos, no mínimo, procurar a paz interior.

E essa paz verdadeira só encontramos quando nos conhecemos, quando enxergamos o quanto somos orgulhosos, arrogantes, críticos, agressivos, rancorosos e mudamos isso em nós mesmos. Essa mudança não vai ocorrer da noite para o dia, mas vai acontecer desde que nos empenhemos, nos exercitemos para o bem. Só assim a paz verdadeira acontecerá em nós e, consequentemente, a felicidade interior virá pela consciência tranquila por termos feito o melhor que podíamos. — Os filhos silenciaram e Vitória ainda falou: — O motivo da infelicidade, da falta de prosperidade e das doenças são todos os nossos pensamentos e desejos negativos, incluindo as reclamações. Seja reclamação do que for. Eu disse a vocês que quando fazemos escolhas sempre temos perdas. Então vamos escolher ser compreensivos para perdermos o sentimento de rancor; vamos escolher amar para perdermos o ódio; vamos escolher o riso para perdermos a tristeza; vamos escolher elogiar para perdermos as críticas; vamos escolher as alegrias para perdermos as frustrações; vamos escolher o trabalho para perdermos o fracasso; vamos escolher a fé para perdermos a insegurança; vamos escolher a prece para perdermos os vícios dos pensamentos negativos.

Longo silêncio onde todos refletiram e Márcio, de modo mais brando, questionou:

— A senhora está nos dizendo tudo isso por quê?

— Como eu disse no começo, não podemos ter uma vida sem direção, sem propósitos, sem metas alicerçadas no amor e na justiça. Penso que é justo para a nossa consciência, para vivermos sem remorso futuramente, nessa ou em outra vida, que ajudemos o pai e a tia de vocês, sem nos sacrificarmos e sem nos escravizarmos, porém, com amor. E se não for possível ter amor, que ajudemos mostrando a nós mesmos o quanto somos dignos e honestos para conosco. A situação deles é difícil e acho que não podemos ficar na plateia, assistindo à cena tão triste, quando podemos fazer alguma coisa. Precisamos tomar uma atitude. Afinal, mesmo tendo feito o que fizeram, foram eles que despertaram em nós a força e a capacidade que tivemos e ainda temos para conseguir tudo o que conseguimos e termos uma vida melhor, verdadeiramente melhor. — Um minuto e ainda disse: — Lembrando de *O Evangelho Segundo o Espiritismo*, no Capítulo V, item vinte e sete, eu li: "Não digais, ao verdes um irmão ferido: 'É a justiça de Deus, e é necessário que siga o seu curso', mas dizei, ao contrário: 'Vejamos que meios nosso Pai Misericordioso me concedeu, para aliviar o sofrimento de meu irmão. Vejamos se o meu conforto moral, meu amparo material, meus conselhos, poderão ajudá-lo a transpôr esta prova com mais força, paciência e resignação. Vejamos mesmo se Deus não me pôs nas mãos os meios de fazer cessar este sofrimento; se não me deu, como prova também, ou talvez como expiação, o poder de cortar o mal e substituí-lo pela benção da paz'".

Vitória calou-se os observando.

Diante do intervalo, Nilton prontificou-se:

— Estou de acordo e quero ver o que posso fazer para ajudá-los. Concordo com a mãe.

— Eu também — disse Antero.

Márcio, que acabava de se convencer, demorou a se manifestar e disse:

— Está certo. Preciso trabalhar mais o que sinto pelo pai e pela tia, mas... Não vou ficar de braços cruzados nesse momento.

— Vocês três também concordam? — perguntou Vitória dirigindo-se para as noras.

Elas se entreolharam e aprovaram a decisão.

CAPÍTULO 12

A volta de Aldo

Uma simples e pequena casa, bem próxima à residência de Antero, foi alugada para que Isidoro e Marta pudessem ficar mais perto dos cuidados que necessitavam receber.

As três noras providenciaram os móveis e os eletrodomésticos básicos para lhes proporcionar melhores condições, enquanto Vitória procurava por médicos e tudo mais que pudesse lhe trazer instrução e apoio ao tratamento de sua irmã e do ex-marido.

— Sabe... — contou Cleide — Foi tão bom ajudar a dona Vitória nessa empreitada com o ex-marido. Fazia tempo que eu queria trocar a geladeira e a TV, mas não encontrava razão. Agora estou com uma geladeira novinha e o Márcio até comprou uma televisão maior.

— O mesmo aconteceu comigo — disse Vera. — Estou com fogão e micro-ondas novinhos e da mesma cor da geladeira. Antes, você lembra, era cada um de uma cor.

Cada um colaborou com um tipo de utensílio.

Natália havia doado cama, colchão e um jogo de sofá e comentou:

— É preciso que o velho saia para o novo poder entrar. Isso vale para o material e o sentimental. Precisamos nos livrar de sentimentos velhos para que novos sentimentos bons e elevados surjam em nosso coração.

Isidoro e Marta, muito doentes, se mudaram para a casa alugada e passaram a receber cuidados e medicamentos necessários.

Eles viviam em médicos e hospitais com frequência e, às vezes, permaneciam internados.

Com exceção de Natália, as outras noras de Vitória tinham receio de contrair o vírus da Aids por falta de instrução. Por essa razão, faziam poucas visitas a Isidoro e Marta e não deixavam os filhos pequenos irem até lá.

A depressão tomou conta de Marta ao saber que não havia cura nem contenção do vírus, pois naquela época não existiam os medicamentos antirretrovirais nem os coquetéis que ajudam no controle da doença, melhorando a qualidade de vida dos portadores de HIV.

Chorosa e arrependida por todo seu passado, certo dia Marta se abraçou à irmã e disse com palavras entrecortadas pela emoção:

Movida pela Ambição

— Obrigada por tudo, Vitória. Nunca pensei que fosse capaz de me tratar assim depois do que fiz a você. Ficarei em débito...

— Fique tranquila. Não me deve nada. O arrependimento, certamente, fará de você uma pessoa melhor. Acredito que nunca mais vai errar.

— Não vou mesmo. Estou morrendo...

— Hoje, mais do que nunca, acredito que a morte não existe. O corpo e tudo o que é material, um dia vai se deteriorar, mas o espírito não. O espírito nunca morre.

— Como pode crer nisso?

— Que utilidade teria para você, ou mesmo para mim, tudo o que vivemos nesta vida? Seria justo Deus condenar você ao inferno pelo que fez? Penso que não. Para Deus é mais fácil dar a todos os filhos oportunidades de muitas vidas, através das reencarnações e, com isso, fazer com que aprendam. Veja o que aconteceu com meus filhos. Antero, Márcio e Nilton estão próximos a mim, ajudando e fazendo tudo certo. João Alberto e Angélica estão longe, se desviaram de mim por não concordarem comigo, por medo do trabalho. Eles procuraram o caminho mais fácil. A Ingrid também está longe, só que por necessidade. Amo a todos eles de um modo que não posso explicar. Quero o bem de todos. Não quero que o João Alberto e a Angélica sofram, e se um dia precisarem de mim e voltarem, eu vou recebê-los e amá-los como amo os outros. Entendo que estão distantes porque ainda são imaturos e esse desvio fará com que aprendam com os percalços da vida, pois não quiseram meus conselhos. Se eu, que sou imperfeita, amo e estou disposta a ajudar meus filhos, mesmo aqueles que estão distantes por vontade própria, imagine Deus, que tem muito mais amor e bondade do que eu. Essa vida é muito curta para acertarmos as contas de tudo o que fizemos de errado. Precisamos de muitas outras oportunidades para aprendermos e nos corrigirmos.

— Eu... preciso contar uma coisa e... Não sei se vai me perdoar também por isso. — Vitória, em silêncio, olhou-a esperando que continuasse. — O pai estava muito doente e, para ajudar no tratamento, nossos irmãos escreveram e pediram ajuda. Eu disse que não podíamos ajudar e... Aconselhei que vendessem o sítio e ainda...

— Ainda, o quê? — perguntou diante da pausa.

— Fui até lá incentivei a venderem o sítio o mais rápido possível e... e darem a minha parte e a sua. Disse que traria o dinheiro pro Rio de Janeiro e lhe daria.

Por um instante, Vitória pensou em ficar contrariada, não por não ter recebido o dinheiro, mas sim pelo fato de a irmã não ter deixado todo o valor para o tratamento de seu pai. Mas não se manifestou. Respirou fundo e, serena, perguntou:

— O pai fez o tratamento? Ficou bem?

— Não. O pai morreu.

— O pai morreu?! — enervou-se.

— O pai e a mãe morreram — chorou.

— Marta?! Porque não me avisou?! Eram...

— Se eu dissesse que o pai morreu e que, em seguida a mãe também ficou muito doente e depois mor-

Movida pela Ambição

reu... Se em qualquer tempo eu lhe contasse isso, você iria entrar em contato com nossa família e saberia do dinheiro — chorou copiosamente.

A irmã ficou contrariada, mas de que adiantaria brigar e esbravejar?

Apiedou-se de Marta. Sabia que ela era muito pobre espiritualmente e só poderia ter agido daquele jeito mesmo.

Vitória, sem criticá-la mais, perguntou:

— E nossos irmãos? Como estão?

— Não sei. Isso faz mais de cinco anos. Cada um tomou um rumo. Devem estar trabalhando nos sítios e fazendas da região.

Vitória não podia dizer nada. Se Marta errou, ela também errou. Havia abandonado a família, não procurou nem deu mais notícias.

Sentiu infinita tristeza, mas não havia, no momento, o que fazer. Quem sabe um dia...

~

Aquele Natal foi um dos melhores na vida de Vitória.

Haviam enfeitado a casa de Antero, a árvore de Natal estava linda e o principal, a família estava reunida.

Ingrid, o marido e os gêmeos estavam no Rio de Janeiro e ficariam com Vitória até o Ano-Novo.

A harmonia, a paz e a alegria reinaram de forma impressionante.

Isidoro e Marta, constrangidos, não queriam passar esse dia tão importante, que é a comemoração do nascimento do Mestre Jesus, junto com todos. Porém, Antero insistiu e os levou para sua casa, onde ficaram acomodados em um canto, só acompanhando com o olhar a animação de todos, refletindo, talvez, o quanto desperdiçaram a vida com a ambição e os prazeres vis.

~

Logo após o Ano-Novo, Vitória viajou e passou alguns dias na casa de Ingrid e do genro, que a tratavam muito bem, gerando ciúme nas noras e filhos que ficaram no Rio de Janeiro. Eles achavam que seu retorno estava demorando muito.

Assim que voltou, Vitória e os filhos conversavam sobre a possibilidade de ela ir até Minas Gerais a fim de saber do resto de sua família.

— Se a senhora vai viver melhor tendo notícia deles... É bom ir, sim — concordou Márcio.

— Eu gostaria que o Antero fosse junto. Primeiro porque preciso de uma companhia e depois, porque eu espero que ele conheça a família do pai dele. Afinal, ele tem tia, primos, talvez avós, não sei. É importante não nos desligarmos do passado em algumas situações. Vocês precisam ficar, tomar conta de tudo e... Tem o Isidoro e a Marta que não saem do hospital.

— Cada dia o pai está pior — comentou Nilton.

— Vamos fazer o melhor por eles — tornou Vitória.

— Pode ir tranquila, mãe. Cuidaremos de tudo por aqui.

Os planos de Vitória e Antero precisaram ser adiados. Com baixíssima imunidade, acometido de várias doenças, após ficar internado por vários dias, Isidoro teve falência múltipla de órgãos.

Também internada, Marta entrou em crise emocional.

Acometida de grave depressão, entrava em desespero e temia a morte.

Após o enterro do ex-marido, Vitória permaneceu o quanto pôde ao lado da irmã, que segurava sua mão implorando, em crise emocional, o perdão por tudo o que lhe havia feito. Embora Vitória lhe dissesse que a perdoara, que nada tinha contra ela, Marta precisava sempre ouvir novamente a frase, e a outra repetia.

Passado pouco mais de um mês, Marta também faleceu.

Muito abalada, Vitória entristeceu-se. Não quis ir à empresa por vários dias e quase não se interessava por nada.

— Mãe, a senhora não pode ficar assim. Está deprimida, triste... Até emagreceu. Precisa reagir — disse Antero.

— Quando penso em toda a minha vida, em todo o caminho que percorri, em tudo o que vi acontecer à minha volta e me lembro do resultado que sobrou para a minha irmã e o Isidoro, entristeço-me. Sinto uma coisa amarga.

— A senhora sempre foi forte, corajosa, não vai desanimar agora.

— Às vezes penso em que mais serei útil. Vocês não precisam mais de mim. Estão mais do que crescidos e criados.

— Precisamos do seu exemplo de perseverança, de amor. Cada coisa que acontece, fico observando sua reação de sabedoria e aprendo muito. Tenho orgulho da senhora, mãe. Orgulho do que me ensinou, do que ensina a mim e a minha filha. Hoje em dia, se os filhos soubessem aproveitar melhor as experiências de seus pais, eles também, provavelmente seriam melhores, mais prudentes.

— Ora, Antero! Você tem uma filha ótima!

— E ela é assim por causa do que a senhora ensinou. Agora que está namorando...

Vitória riu e perguntou:

— Então você já sabe?

— É... — sorriu. — Senti um frio na barriga e precisei concordar. A senhora sabe a quanto tempo ela namora?

Em meio a um sorriso, ela respondeu:

— Desde o segundo ano de faculdade — riu gostoso.

— Então eu fui o último a saber mesmo. Não sabia que era enganado há tanto tempo — riu junto.

— Ele é um bom rapaz, meu filho. Não se preocupe.

— Como sabe? A senhora já o conhece?

— Claro!

— Como assim, mãe? Nem a Natália conhece!

— A Mônica me apresentou o moço quando teve uma gincana, numa festa que me levou lá na faculdade. — Ao ver o filho franzir o semblante, brincou: — Deixe de ser antiquado, Antero.

— Ela disse que vai trazer o rapaz aqui.

— Que bom! Vai gostar dele.

— Quero ver a senhora mais alegre para recebê-lo, então.

— Certo. Até ele vir, estarei bem. Isso vai passar. É só um período de luto. Tudo na vida passa.

~

Mônica apresentou oficialmente o namorado Flávio, um rapaz educado e simpático, que logo se entrosou bem com todos e passou a frequentar a casa de Antero.

Quando Vitória novamente tecia planos de ir a Minas Gerais com o filho, eis que Angélica procurou pela mãe.

— O Perseu quer se separar! Mãe, estou perdida! Não sei o que fazer. Estou com quarenta e quatro anos, mãe! O que vai ser da minha vida?

— Sua vida será o que você fizer dela a partir de agora, pois antes você não fez nada por si mesma. Se o Perseu está se separando, então ele não gosta mais de você. Não insista em receber migalhas de consideração desse homem que nunca a respeitou. Levante a cabeça, Angélica! Olhe para cima! Você é forte! Capacitada para trabalhar, para fazer alguma coisa na sua vida enquanto é tempo. Não seja tola!

— Não consigo me ver divorciada... — chorou.

— Você não consegue é se ver trabalhando e lutando para viver bem. — Com um tom amável na voz, disse a verdade: — Filha... você sempre foi acomodada, queria tudo nas mãos. Não quis estudar, nunca trabalhou... Algumas coisas na nossa vida têm de ser feitas por nós mesmos. Precisamos ser úteis ao mundo.

— Estou confusa. Desesperada. O Danilo, meu filho, está do lado do pai — chorou. Mesmo com a voz embargada e entre soluços, contou: — Ele diz que sou uma inútil, que tem vergonha de mim, que sou desleixada comigo...

— Está triste porque acha que tudo isso o que ele disse é verdade, não é?

— Mãe!...

— Mude isso, Angélica! Tem coisa que só você mesma poderá fazer por você.

— Eu não esperava isso. O Perseu planejou tudo. Disse que comprou uma casa pequena e pôs no meu nome.

— Graças a Deus você vai ter onde morar sem ter de pagar aluguel! Quando seu pai me deixou, fiquei em uma casa alugada que, sem demora, ele deixou de pagar. Quase precisamos ir para debaixo de uma ponte. — Um instante e aconselhou: — Filha, reaja! Arrume um emprego. Vá trabalhar. Cuide-se. Comece a arrumar sua vida pelo mais próximo de você. Comece por você mesma. Cuide da aparência, dos cabelos, da pele, das suas roupas. Emagreça. Você está precisando.

— Não tenho ânimo para mais nada.

— Vai ter que ter.

— Vou trabalhar onde? Do quê?

— Estamos precisando de costureira. Sei que não costura, mas pode aprender.

— Mãe?! Quer dizer que... Dona de uma empresa de confecções, a senhora quer me dar emprego de costureira? Sua empresa é grande e está indo muito bem, pelo que sei.

— E quero que continue indo melhor ainda. Por isso, não vou dar a você um cargo que não mereça. Você nunca trabalhou, nunca fez nada, como é que quer cuidar de alguma coisa sem ter conhecimento? Sem ter experiência? Jamais farei isso com minha empresa, com você ou com seus irmãos, que dependem dela. Eu comecei costurando. A Natália começou costurando. Não é vergonha alguma começar do começo, aprender todos os passos de um trabalho.

— Mas mãe... Sou sua filha! Se preciso de ajuda, se preciso de trabalho num momento como esse, preciso, acima de tudo, de algo que me ponha pra cima! Não quero ser humilhada!

— Não existe atalho para a perfeição. Não se pode pular etapas na evolução. Ao subir uma escada, no máximo, podemos até pular um degrau, embora corramos o perigo de nos desequilibrar. Mas não podemos pular mais do que isso ou caímos feio. Na vida, todo crescimento é assim. Você já estará pulando um degrau se começar a trabalhar na minha empresa como costureira, pois nem sabe costurar. Não pegou, como eu e a Natália, o período mais difícil e inseguro do começo da confecção, quando, às vezes, não ganhávamos quase nada, por ter de pagar as máquinas, melhorar os equipamentos, não ter serviço garantido, não conhecer determinados cortes... Você já

Schellida ～ Eliana Machado Coelho

estará dando um salto imenso. Para não se desequilibrar e cair, se quiser mudar, melhorar, vai ter de trabalhar como costureira, junto com as outras, cumprindo horário e usando uniforme. Do contrário, terá de viver com a pensão que seu marido lhe pagar, quando ele pagar, e nada poderei fazer por você.

Angélica ficou decepcionada. Acreditou que receberia apoio para sua fraqueza, mas não. A mãe, apesar do coração fragmentado, estava treinando-a para o crescimento.

Ainda tentando buscar apoio pediu, ao comentar:

— O Danilo, agora com vinte e dois anos, não quer ficar comigo. Disse que vai acompanhar o pai. Não ficarei bem sozinha. Será que eu poderia morar aqui com a senhora? Nem se for no começo... Eu...

— Sinto muito, filha. Mas não posso permitir. Primeiro porque esta casa é do seu irmão e da Natália. Eu já moro aqui nos fundos e procuro não incomodá-los. Não interfiro na vida deles. Não dou palpite em nada. Acho que você aqui comigo seria alguém a mais para tirar a liberdade deles. Eles já estão acostumados comigo, pois desde o começo de casados estou com eles, não é justo que você venha para cá.

— Mas não vou interferir em nada.

— Isso é o que pensa agora. No começo, talvez não, mas depois... Quem pode garantir? Seu irmão e sua cunhada precisam ter a vida deles, sem intrusos, sem incômodos. — Um instante e comentou: — Lembra-se quando, no

246

Movida pela Ambição

começo de casada e logo depois que o Danilo nasceu, você e o Perseu tinham motivos para não gostar das minhas visitas? — A filha não respondeu e Vitória completou: — Cada um tem seu motivo para, depois de casado, desejar uma vida só entre si. Isso é a nova família. Precisamos respeitar isso, apesar de, nenhum dos dois, terem dito nada sobre esse assunto. O ideal é você ficar em seu cantinho e procurar ser uma pessoa melhor do que já é. Terá uma casa só sua e isso será ótimo para você.

Angélica ficou decepcionada, não esperava aquilo. Cabisbaixa, perguntou:

— Nem mesmo sei costurar. Com vou aprender?

— Isso é fácil. Muito fácil. Eu mesma vou lhe ensinar — sorriu, aproximou-se se sentando mais perto e a abraçou como há muito não fazia.

~

Com os dias, o divórcio inevitável de Angélica aconteceu.

Ela foi morar sozinha na casa comprada pelo marido e, mesmo a contragosto, começou a aprender a costurar para trabalhar com as confecções.

~

Não demorou muito para Mônica e Flávio decidirem ficar noivos, apesar de Antero achar que a filha era muito nova.

Flávio levou sua família: pai, mãe e uma irmã, para conhecerem a família de sua namorada em um almoço na casa de Antero e Natália. Na ocasião, marcariam a data do noivado.

Com muita alegria, todos se conheceram.

Sempre, no decorrer de sua vida, oprimida por circunstâncias inesperadas, Vitória procurou manter-se e mostrar-se equilibrada, sem exageros, seja no que fosse. Mas não conseguiu quando se viu cercada de tamanha emoção inexplicável ao conhecer Aldo, pai de Flávio.

Ao serem apresentados, Vitória perdeu a voz. Em seu rosto, o largo sorriso que se abriu, fechou-se pouco a pouco e sentiu-se mal.

— Vó, o que foi? — preocupou-se a neta.

— Levem-na para sentar no sofá — pediu Aldo que segurava sua mão no momento.

No instante seguinte, Antero perguntou:

— Mãe, o que foi?

— Nada — murmurou. — Já está passando. Acho que foi queda de pressão.

— Dona Vitória, a senhora sempre foi forte. Tem uma saúde invejável. Estou assustada — comentou Natália surpresa.

— Não foi nada. Já disse.

Respirou fundo, sentou-se de modo mais ereto e sorriu para disfarçar.

— Acho que ela já está melhor — opinou Cristina, mãe de Flávio.

Vitória olhou novamente para Aldo e percebeu nova sensação indefinível que, sem saber, ele também experimentou.

Seus olhos se cruzaram e permaneceram fixos por longos minutos infindáveis.

Tratava-se de um homem magro, alto, pele morena clara, meio bronzeada. Seus olhos amendoados irradiavam um brilho sem igual, um brilho reconhecido. Ela reparou que ele teria a idade de um de seus filhos. A idade de Márcio, talvez.

O que Vitória experimentava não se tratava de sensação desprezível, ou uma lembrança e comparação vaga, pelo fato daquele homem ter o mesmo nome de seu irmão, falecido havia muitos anos. O irmão com quem mais se dava bem, que amava incondicionalmente e que, talvez, fosse o único que estivesse ao seu lado todos esses anos, caso as águas turbulentas do rio não o tivessem afogado.

A atração foi recíproca e inexplicável.

Aldo acomodou-se ao lado de Vitória e a olhou como se tivesse contemplando sua mãe, falecida há anos.

Afagou-lhe as costas com educada delicadeza e sorrindo, comentou:

— Dona Vitória parece melhor. — Ele pegou em suas mãos frias, colocou-a entre as dele e sorriu.

Os demais ficaram olhando sem entender.

Ela, sem jeito, sorriu e quis levantar.

Recolhendo as mãos, disse:

— Deixe-me dar um abraço no Flávio. Nem cumprimentei esse menino hoje.

Levantando-se, envolveu o rapaz com ternura e afagou seu rosto após um beijo carinhoso.

Todo o clima de expectativa foi desfeito e a atenção, antes voltada para ela, dispersou-se em conversa animada.

Não demorou muito e Aldo comentou que seu pai era da região do norte de Minas Gerais e, embora ele também tenha nascido lá, desde a faculdade morava no Rio de Janeiro.

— Também sou dessa região. Estou no Rio desde meus dezessete anos. Assim que me casei, vim para cá — contou ela. Não resistindo, revelou: — Tive um irmão com o seu nome e... — sorriu sem jeito. — Não sei por que, mas acho que ele, se estivesse vivo, seria muito parecido com você. Talvez esteja estranhando por eu olhá-lo tanto, mas é que não consigo parar de me lembrar do meu irmão.

— É que todo mineiro é muito parecido — disse Aldo em tom de brincadeira. — Puxei minha mãe. Que Deus a tenha. Era morena clara assim como a senhora. Meu pai, bem diferente, é bem branco, aloirado.

— Você tem irmão? — quis saber.

— Tenho dois irmãos mais novos. Eles vivem lá em Minas com meu pai, ajudando a cuidar das fazendas, dos negócios. São casados e gostam de lá. Já eu não. Sou bem diferente deles. Não quis saber da vida no campo. Só vou pra lá para passear quando tiro férias.

— São fazendas de gado?

— Sim. Tem gado leiteiro e, nos últimos anos, meu pai vem trabalhando com granito, talhado de pedras, pedreiras de terras consideradas sem valor, que adquiriu.

— Hoje em dia essas pedreiras dão muito dinheiro — disse Cristina. — Meu sogro sempre teve olho apurado para grandes negócios. No lugar onde dizem que não dá nada, ele arruma algo para produzir. O senhor Vinícius é esperto! — riu.

— Quem? — perguntou Vitória de súbito, pensando ter ouvido mal.

— Senhor Vinícius, meu pai.

Novamente aquela sensação estranha. Um torpor, um mal-estar que ela quase não conseguiu disfarçar.

— Eu gosto de lá — comentou Flávio. — Por isso decidi fazer Agronomia. Meu sonho é ir para Minas e trabalhar com terra. Ainda bem que a Mônica também quer isso. Quando nos casarmos temos destino certo.

Antero olhou para sua mulher, depois para a filha com semblante indefinido. Nem haviam marcado a data do noivado e falavam em morar tão longe após o casamento. Aquilo não poderia ser verdade. Sua filha, sua filhinha, como ele a via, mal tinha completado vinte e dois anos. Como poderia ser isso?

Mas Vitória quase não prestava atenção naquela conversa.

Seus ouvidos tamparam e ela ficou presa às ideias perturbadoras de sua imaginação.

Vinícius...

Esse nome trouxe-lhe de volta um passado amplo de assuntos não resolvidos. Por outro lado, não acreditava que o pai de Aldo fosse o Vinícius que conheceu, que amou, que abandonou de maneira tão cruel.

Não podia crer que fosse o Vinícius de sua infância, o Vinícius eterno de seus pensamentos.

Não! Impossível! Mesmo procurando afugentar aquelas ideias, o medo de deparar com aquela possibilidade era uma sombra em seu coração, agora oprimido, pois o abandonou quando a treva da ilusão a cobriu com um carinho falso.

Queria saber mais, precisava de detalhes. Quem sabe se perguntasse o nome da mãe de Vinícius poderia ter certeza de quem se tratava.

Mas não podia.

Pela primeira vez a memória lhe traía cruelmente. Esqueceu-se do nome da mulher que tinha amizade com sua mãe e os ajudava quando ela era pequena.

Como era mesmo o nome daquela mulher?

Provavelmente a ansiedade e o nervosismo eram a causa do esquecimento. Ou talvez a idade começasse a se manifestar.

Não. A idade, não.

Ela só tinha sessenta e quatro anos.

Era mais ativa, lúcida e consciente do que alguns de seus filhos.

— Imagine só, dona Vitória! Não seria ótimo?! — perguntou Flávio enquanto ela não tinha a menor ideia do que estavam falando.

— Hein?!

— Vó, o Flávio está falando com a senhora faz uma hora! — riu a neta.

— Acabei me distraindo — disfarçou. — O que você disse mesmo, meu bem?

— Já pensou se nós nos casássemos lá em Minas, na fazenda do meu vô?

— Nossa! Seria muito lindo! Casamento em fazenda é muito bonito — comentou, mesmo aérea ao assunto.

— Poderíamos fazer tudo ao ar livre, não é mesmo? — planejou Mônica animada. — Minha avó e seu vô poderiam entrar como nossos padrinhos. O que acha?

— Ai! Que lindo! Já pensou como seria emocionante? — animou-se Cristina tocando a mão da senhora que estava ao seu lado. — Acho que o senhor Vinícius vai adorar a ideia! É o seu primeiro neto a se casar. Ele está tão empolgado.

A conversa prosseguiu entre eles, mas Vitória não tinha o que dizer. Apenas sorria para mostrar-se participativa.

CAPÍTULO 13

Confidências de um viciado

Bem mais tarde, recolhida no silêncio de sua sala de estar, sentada sobre as pernas, com olhar perdido, sem assistir ao programa que passava na TV ligada com som quase inaudível, Vitória ainda tinha a mente inquieta pensando na possibilidade de o pai de Aldo ser o Vinícius que conheceu.

Que mundo era aquele?

Será que tudo aquilo que lhe aconteceu, tão longe, estava ali ao lado, tão perto?

O destino, irônico, sagaz, provavelmente esperou quarenta e sete anos para colocá-la diante de seu passado, com a história interrompida pelos seus desejos e ambições.

Quantos anos e a figura daquele rapaz, na beirada do rio, ainda estava viva, tão perfeita em sua memória como se tudo tivesse acontecido ontem.

Mas poderia não ser ele. Poderia ser coincidência.

Não haveria razão para Vinícius colocar o nome do próprio filho de Aldo. Por que ele faria isso?

Os pensamentos constantes naquela possibilidade começavam a irritá-la.

Rememorava o riso gostoso de Vinícius e podia até escutar a sua voz em sua mente, como se tivesse acabado de ouvi-lo falar. Seu rosto alegre, cabelos lisos e alinhados, dentes alvos, pele clara, mãos fortes, alto... Lembrava-se de cada detalhe como se o estivesse contemplando.

Se o pai de Aldo for ele, como encará-lo?

O que dizer?

Como se explicar?

Dizer o que, sobre ter fugido do compromisso aceito?

Afinal, após um beijo de amor que jamais esqueceu, fizeram a promessa, firmaram um compromisso e queriam se casar, ficar juntos.

Levou a mão à boca e tocou os lábios com a ponta de dois dedos, contornando-os com suavidade.

Jamais se esqueceu daquele beijo, que trazia o gosto e a emoção de um verdadeiro amor.

Em seguida, tocou o próprio rosto.

Achou-se velha e enrugada. Não era mais aquela menina de pele firme e bem-disposta, muitas vezes travessa, magrela e risonha que ele conheceu.

Aliás, provavelmente Vinícius nem a reconhecesse mais.

Movida pela Ambição

É provável que o tempo, que aqueles quarenta e sete anos, tivesse varrido as lembranças e até mesmo seu nome da memória dele.

Nesse momento lembrou-se daquele benzedeiro, o senhor Elídio, que lhe disse que seu irmão Aldo ia ajudá-la a encontrar o passado. Se Aldo, futuro sogro de Mônica, fosse a reencarnação de seu irmão Aldo, então seu pai seria Vinícius, sim. Só podia.

Naquele instante, seus pensamentos foram interrompidos quando a voz macia de Natália a chamou.

Vitória se levantou, foi até a porta, abriu-a e deixou a nora entrar.

— Trouxe um chá de camomila para a senhora.

— Obrigada, filha. Venha, vamos sentar ali no sofá.

Acomodaram-se em lugares onde ficavam uma de frente para a outra.

Vitória destampou o pires sobre a caneca e, vagarosamente, bebericou o chá ainda quente, fumegante.

Natália olhou por algum tempo a televisão quase sem som, depois comentou:

— Fiquei preocupada com a senhora. Nunca, nesses anos, a vi reclamar de uma dor qualquer, muito menos passar mal.

— Não adiantava reclamar das minhas dores. Vocês não são curandeiros — riu da própria ironia.

— Ai, dona Vitória — riu junto.

— Quando eu tinha alguma dor, tomava remédio, quando tinha. Não adiantava eu reclamar para vocês —

tornou procurando brincar. Depois falou: — O que senti agora há pouco lá na sua casa, não foi nada.

— Fiquei preocupada. Vim aqui para conversar com a senhora sobre irmos ao médico.

— Meus exames anuais, de rotina, já foram feitos. Estou bem. Estou ótima.

— Se estivesse totalmente bem, não teria ficado tonta e tão pálida daquele jeito.

A sogra calou-se, bebericou o chá novamente, depois decidiu comentar:

— Acho que passei mal por causa do Aldo, pai do Flávio.

— Por quê? — surpreendeu-se a nora.

— Não é só o nome, ele também é muito parecido com o meu irmão. O Aldo, meu irmão, tinha dezesseis anos quando morreu. O pai do Flávio deve ter mais ou menos a idade do meu filho Márcio, eu acho.

— É. Ele, o senhor Aldo, deve ter cerca de quarenta e um... quarenta e dois anos.

— O Márcio tem quarenta e dois. Tenho certeza de que, se meu irmão estivesse vivo ele seria igual ao pai do namorado da Mônica. Cheguei a pensar que ele é a reencarnação do meu irmão.

— Será? — Não obtendo resposta, comentou: — Quando a senhora falou do seu irmão que faleceu, eu fiquei olhando para ele e... De fato, a senhora é muito parecida com ele. Reparou?

— Meu irmão também era muito parecido comigo.

— Um instante e desabafou: — Fiquei intrigada com o

Movida pela Ambição

fato de o pai dele ser da mesma região onde vivi e ter o mesmo nome...

— Por quê? Como assim?

Vitória contou novamente, agora em detalhes, sobre seu amigo de infância, primeiro namorado, seu único amor.

— Foi isso, Natália. Imagine só, depois de tantos anos eu dar de cara com o Vinícius, avô do Flávio, noivo da minha neta. Passo mal ao pensar nisso.

— Seria muita coincidência. Não acho provável, não.

— E se for? — Sem esperar que a outra respondesse, argumentou: — Natália, pense bem, e se for ele? O Vinícius, magoado por tudo o que eu lhe fiz, pode dar um parecer contrário a essa união do neto com a minha neta, não pode?

— Dona Vitória, estamos quase no século vinte e um. Não teria cabimento, nos dias de hoje, o avô interferir nos sentimentos do neto.

— O que me intriga é o porquê de o Vinícius colocar o nome do filho de Aldo, seu amigo de infância. Seria uma espécie de homenagem ao amigo que ele viu morrer?

— E se não for o seu Vinícius, amigo e namorado da juventude?

— Se não for ele, ótimo.

— A senhora teria vontade de procurar por ele? Gostaria de saber onde está esse seu grande amor?

— Eu não disse que ele foi meu grande amor.

— Dona Vitória, sei que pode até ficar zangada comigo, mas... Depois do que me contou e do jeito como a senhora contou, não pode negar que foi e é apaixonada por esse Vinícius.

— Ora, Natália! Me respeite. Já tenho idade e...

Interrompendo-a de imediato, perguntou:

— E?... O quê? Não estou faltando com respeito ao dizer a verdade. Agora, estabelecida, com os filhos criados, viúva e independente, a senhora não tem satisfação a dar a ninguém. É uma empresária, tem sua vida própria e, quer queira ou não, mora aqui conosco porque quer, porque para nós é muito bom e cômodo. Senão, poderia ter sua vida ainda mais independente e até, se quisesse, viver de renda em um apartamento pequeno, longe dos filhos.

— Não invente moda, menina. Estou com sessenta e quatro anos e pronta para ir para um asilo e não para um apartamento e morar sozinha.

— Sabe tão bem quanto eu que isso não é verdade.

— Breve pausa e perguntou: — Por que fala assim? Quer fugir do assunto? Está com medo de responder à minha pergunta?

— Que pergunta, Natália?

— A senhora não tem vontade de saber onde e como está esse Vinícius que conheceu? — A sogra não respondeu e Natália prosseguiu: — Faz algum tempo, a senhora e o Antero planejaram ir até onde morou, saber dos irmãos, apresentar o Antero para a tia e primos e até avós, se estiverem vivos. Por que não aproveitar e procurar pelo Vinícius?

— Ainda não fomos porque surgiram vários imprevistos e porque, também, não me empenhei para essa viagem. Às vezes acho que temo encontrar, além de meus irmãos, o Vinícius. Deus sabe o quanto eu temi encontrá--lo quando fui até o sítio de meus pais com o Isidoro e os meninos pequenos.

— Como eu já disse, hoje é diferente. A senhora está livre e desimpedida. Não tem a quem dar satisfações.

— Não me preocupo em dar satisfações aos outros. Penso em como reagir diante dele. Como vai ser? O que digo? Será que ele ainda está vivo?

— Deixe acontecer.

— E se ele não quiser me ver? E se olhar na minha cara e me ofender, depois de tudo o que lhe fiz?

— E se não acontecer nada disso? E se ele disser que ainda a espera?

Vitória sorriu sem jeito e escondeu o olhar ao virar o rosto. Talvez não quisesse que a outra visse o brilho imediato que resplandeceu em seus olhos.

Logo respondeu:

— Estou velha, não percebeu? Já não sou mais a menina que ele conheceu.

— Ainda bem, porque ele também não deve ser aquele rapaz bonito, forte, que a senhora conheceu. Já pensou se ele ainda fosse jovem e a senhora não? — sorriu.

— Natália, minha querida... Essa conversa não está me agradando.

— Pode ser, mas nem por isso a senhora vai deixar de pensar nesse assunto. Eu descobri que conversar a respeito de algo que fica rondando nossos pensamentos alivia a tensão e faz bem ao coração. Não fique oprimida, constrangida com essa história. Fale a respeito. Eu posso ouvi-la quando quiser.

Vitória sorriu. Terminou de beber o chá e, ao ver a nora se levantar, pegou a caneca e o pires e disse:

— Vou passar uma água pra você levar.

~

Os preparativos para o noivado de Mônica e Flávio ocupavam a mente de todos, deixando-os repletos de afazeres.

Vitória, acompanhando tudo, sentindo-se feliz com a emoção que via brotar cada dia mais na animação da neta, encontrava espaço para pensar na possibilidade de o avô de Flávio ser quem imaginava que fosse.

Lamentava ainda não se lembrar do nome da mãe de Vinícius. Chegava a ter ideia vaga daquela senhora de pele muito clara e sempre sorridente que, junto com o marido, trabalhava no sítio do senhor Batista, vizinho de seu pai, cujas terras eram mais produtivas.

Havia momentos que o nome parecia perto demais, tão perto que saltaria de seus lábios num impulso a qualquer momento.

Vitória chegava a sentir uma tristeza vaga, uma angústia inquietante. Era difícil traduzir aqueles sentimentos em palavras.

Contudo, algo inesperado aconteceu.

Um telefonema tirou sua atenção daquela expectativa.

— Dona Vitória — chamou a empregada de Natália —, ligaram perguntando pela senhora. Queriam saber se era mãe de alguém com o nome de João Alberto e se seu marido se chamava Isidoro.

— Como assim? Quem ligou?

— Era de um hospital. Anotei o número e disse que depois a senhora retornaria a ligação, pois eu não sabia informar. Toma, está aqui — estendeu-lhe um pequeno papel com a anotação.

Com o coração aos saltos, Vitória telefonou.

João Alberto estava internado e após anotar o endereço, ela pediu a Nilton que a levasse até o hospital.

E foi em companhia de Vera, a nora mais nova que se entrelaçou em seu braço, que Vitória entrou em uma grande enfermaria que, visivelmente, tinha condições bem precárias. Ela quase não reconheceu seu filho, que estava bem mais velho.

Uma assistente social explicou que foi muito difícil entrar em contato com a família.

João Alberto estava com a mente parcialmente destruída pelo uso de drogas e era difícil tirar dele informações corretas. Conseguia dizer o nome do pai, da mãe, mas não se lembrava de outras informações precisas como endereços e telefones.

Só quando ele se lembrou do nome completo do irmão Antero, foi possível localizá-lo pela lista telefônica.

Aos quarenta e cinto anos, João Alberto parecia bem mais velho do que a própria mãe.

Muito calvo, trazia nas laterais da cabeça cabelos endurecidos, esbranquiçados, muito feios, parecendo usar uma espécie de peruca de palhaço. Barba grande, esfiapada e maltratada, olhos caídos e um deles quase fechado por problemas nos nervos da pálpebra. No rosto e em todo o corpo, feridas abertas pela baixa imunidade cuja origem era a péssima alimentação e uso de entorpecentes. As mãos feias estavam com as unhas crescidas e sujas, praticamente não paravam de tremer, com movimentos estranhamente repetitivos como se levasse choques. Tanto os braços quanto as pernas estavam presos com amarras para protegê-lo de si mesmo.

Esquelético, João Alberto apresentava uma fragilidade sem igual.

Por complicações vasculares, uma perna havia sofrido trombose e precisou ser amputada na altura do joelho.

Ele mal abria os olhos e talvez nem reconhecesse a própria mãe.

Apertando, sem perceber, o braço de Vera, que a segurava com firmeza, Vitória experimentou o coração apertado, oprimido como nunca, e sentiu as lágrimas quentes correrem por suas faces ressequidas e tristes.

Aproximando-se, soltou-se do braço da nora e tocou o filho com carinho. Afagou-lhe o rosto que segurou, em seguida, entre as mãos, curvou-se ao se esticar e beijou-lhe a testa.

Movida pela Ambição

— Ele está com complicações respiratórias — explicou o médico que se aproximou. — Ainda está sob o efeito de medicamentos pela cirurgia na perna.

— Meu filho parece outra pessoa, doutor.

— Hoje, infelizmente, ele é outra pessoa. São os efeitos das drogas que causaram isso.

João Alberto abriu os olhos e parecia alucinado. Olhou para Vitória e ficou indiferente. Começou a falar coisas que não tinham o menor sentido. Em dado momento gritou, debateu-se e mostrava-se bastante desequilibrado mentalmente. Depois, parou e pareceu dormir de novo.

— Meu Deus... — murmurou a mãe chorando.

— O cérebro dele está corroído pelas drogas. Por isso ele não está lúcido nem organizando as ideias — disse Vera em tom piedoso.

— É isso mesmo. Os danos nas paredes nasais e a perfuração do septo nasal, mostram que ele é usuário de cocaína. E essa e outras substâncias provocam inúmeros efeitos no cérebro e podem produzir vasoconstrição e causar lesões. Consequentemente, o cérebro deixa de exercer suas funções normais e essas promovem alterações em todo o sistema orgânico, a começar pela confusão mental, pelas debilidades mentais e daí por diante.

— Ele está tão fraco, tão... Doutor, o que vai ser do meu filho?

— O estado dele é bastante delicado. Não posso lhe dar um parecer.

O médico fez uma anotação no prontuário do paciente, pediu licença e foi cuidar de outro caso.

Vitória e Vera permaneceram paradas ali por longo tempo sem nada poderem fazer.

Bem mais tarde, Vitória, decidida, informou aos outros filhos:

— Vou providenciar a transferência do João Alberto para um hospital decente.

— Mãe, a senhora não tem noção do quanto custaria a internação do João Alberto em um hospital particular — disse Márcio descontente.

— Do quanto custaria, não. Eu não tenho noção do quanto vai custar. Mas ele será transferido o quanto antes para um hospital particular — determinou a mãe. — Só quero saber se vocês podem me ajudar nisso. Se não puderem vou procurar outras pessoas para me orientar como fazer.

— Onde arrumaremos dinheiro para isso? — tornou Márcio.

— De onde sempre arrumamos! — foi firme.

— Não concordo em tirar das nossas economias ou da empresa qualquer valor para cuidarmos do João Alberto. A senhora se esqueceu de tudo o que ele fez quando o pai nos abandonou?

— Se não está satisfeito, Márcio, deixe a empresa. Pois as proprietárias somos eu e a Natália. Você está lá por sua competência, porém, lembre-se de que simplesmente ocupa um cargo. Não tem direito de dizer o que eu devo ou não fazer. Se tem capacidade de ir para outro lugar e aprender com a vida, ótimo, vá. Pois o seu irmão não tem a mesma capacidade sua. É a ele a quem preciso ajudar, pois você tem condições. Lembre-se de que não é meu sócio. O que recebe é como funcionário e, diga-se de passagem, seu salário é muito bom, embora eu deva admitir que é bom no que faz.

— Mãe, calma. Não é bem assim.

— Como não é assim, Antero?! — vociferou.

— A senhora não está sendo justa! — exclamou Márcio.

— Ah, não?! É justo eu desprezar seu irmão que hoje está incapacitado e colocá-lo na rua e ficar com vocês, que têm condições de se cuidarem sozinhos? Acha, por acaso, que eu ficaria feliz, satisfeita e realizada, sabendo que tenho um filho dependente químico, mutilado, debilitado mentalmente e jogado na rua, na sarjeta?! Acredita nisso, por acaso?! — Breve pausa e disse mais calma e com autoridade: — Se fosse você eu faria o mesmo.

Márcio, indignado, levantou-se, deu alguns passos negligentes para longe da mesa, olhou pela janela e retornou.

Ainda em pé, comentou em tom baixo:

— Vai pô-lo em hospital particular. Daqui há pouco vai querer colocá-lo em uma clínica de reabilitação.

— Eu não havia pensado nisso ainda. Vou amadurecer essa ideia — respondeu firme. — O que quero agora é ver como posso transferir o João Alberto de onde ele está.

— Vou ajudar a senhora. Entrarei em contato com o nosso plano de saúde para me informar sobre o que fazer — propôs-se Nilton, sempre compreensivo.

— Natália, por ser minha sócia, quero ver com você a retirada da parte que me cabe daquela conta poupança que temos da empresa.

— Sem problemas, dona Vitória. Quando a senhora quiser.

— Obrigada, filha. Eu sabia que poderia contar com você. Quanto aos outros filhos ou noras, não tenho muito a dar satisfações, não é mesmo? — perguntou em tom mais brando. Porém, não obteve resposta.

~

Mais tarde, longe da mãe, Márcio reclamava:

— Isso não é justo, Antero. O João Alberto nunca ligou para nós. Ele e o pai gastaram tudo o que era nosso. Você foi o mais prejudicado, pois o pai torrou sua herança. Deveria falar com a mãe.

— A princípio eu não tinha opinião. Na verdade, nem sabia o que fazer. Depois pensei e me coloquei no lugar da mãe. Se fosse meu filho, eu também não o abandonaria, não o deixaria à mingua em um hospital público.

— O que você faria se o João Alberto fosse seu filho, Márcio? — perguntou Nilton. — Se fosse o Felipe, você o deixaria no hospital que está? Depois da alta iria abandoná-lo à própria sorte?

Movida pela Ambição

— Com meu filho é diferente! — expressou-se de modo arrogante. — Meu filho não será como ele.

— Quem pode garantir isso?

Márcio enervou-se, não respondeu e se retirou.

~

Valendo-se das economias que tinha, Vitória providenciou hospital mais adequado para o filho e o transferiu.

— Não pôde ser um hospital melhor porque o custo era muito alto. Não sabemos quanto tempo ele vai ficar internado — comentou com Natália.

— É um bom hospital, dona Vitória. Melhor do que o outro. Nem se compara.

~

João Alberto permaneceu internado.

O noivado de Mônica se aproximava.

Vitória dividia-se entre visitar o filho e ajudar a neta, bastante agitada, com o grande acontecimento.

Em meio a tanta movimentação, Vitória não falava o quanto estava nervosa e ansiosa para saber sobre o avô de Flávio.

Quando acompanhava a neta, muitas vezes se encontrava com Aldo, pai de Flávio, e sentia aquela sensação estranha de uma felicidade ou alegria íntima, que vinha lá do cerne de sua alma, coisa que não conseguia explicar.

Quase tudo preparado para o noivado e quando teve oportunidade, Vitória procurou pelo filho Antero e disse:

— Estou pensando... Ou melhor, estou decidida a ir morar em um apartamento.

— Como assim, mãe?! O que há de errado aqui em casa?!

Sem esperar que a sogra se manifestasse, Natália exclamou insatisfeita:

— Isso mesmo! O que há de errado aqui?! Aconteceu alguma coisa que não percebemos?

— Não. Não aconteceu nada. Vocês sempre me trataram muito bem. Não tenho qualquer queixa. É o seguinte: o João Alberto vai receber alta. Ele precisará de ajuda, de cuidado, e não é certo vir para cá. Também não é justo deixá-lo sozinho em algum canto. Ele precisará de mim e farei o que for possível para ajudar meu filho.

— Poderá trazê-lo para cá e cuidar dele aqui. Temos espaço, quintal e podemos construir mais um cômodo na edícula onde a senhora mora e o João Alberto terá um quarto mais amplo. Não vai precisar sair daqui, de jeito nenhum — disse o filho.

— Isso não é justo com vocês. Acredito que, por causa da dependência química, o João Alberto vai dar trabalho. Por isso penso que um apartamento seja o ideal.

— Não, mãe. De jeito nenhum. Por pior que seja a situação, a senhora é minha mãe e o João Alberto meu irmão. Somos uma família. Não quero os dois longe. Até porque, quero ajudar.

Vitória deu-se por vencida.

Em seu íntimo, desejava mesmo ter Antero e Natália bem próximos. E provavelmente também contaria com a colaboração de Nilton e Vera. Só Márcio e Cleide talvez se distanciassem da empreitada em ajuda a João Alberto.

Antero providenciou pedreiro e construiu mais um cômodo onde fez o quarto do irmão.

Quando ele recebeu alta, foi levado para casa.

Percebia-se que João Alberto tinha grande dificuldade de raciocínio, embora soubesse o que se passava com ele.

Sua fraqueza física e mental o deixava dependente inteiramente dos outros e principalmente da cadeira de rodas.

Vitória cortou-lhe os cabelos bem curtos, fez-lhe a barba e o filho ganhou outra aparência, apesar de um abatimento e um envelhecimento evidentes provocados pelo uso de drogas.

Nos primeiros dias, João Alberto quase não falava com ninguém e baixava o olhar, sem encarar os outros.

Estava em profunda depressão por conta da falta de droga. Tinha tremores e movimentos repetitivos, insônia e momentos de choro intenso.

Em alguns momentos, experimentava crises de raiva e se pudesse, se tivesse forças, seria violento.

A princípio, ficou agressivo com as palavras.

A abstinência, o efeito da falta das drogas o castigavam impiedosamente.

Algumas vezes, quando uma espécie de lucidez vaga se apoderava dele, passava a confidenciar com sua mãe, que o ouvia atentamente.

— Tudo começou na escola, com um simples cigarro de maconha. Todos os meus amigos diziam que aquilo não viciava, que eu nunca iria me viciar. Mas na verdade, não se sabe. Nunca se sabe, pois tem gente que já fumou maconha, cheirou cocaína e não se viciou. Tem gente que usa uma vez e não se vicia, mas se esquece de que o uso contínuo, mesmo para quem não se viciou, torna alguém dependente. Assim como tem gente que ingere bebida alcoólica e nunca se vicia no álcool, não se torna alcoólatra, mas se continuar bebendo, o corpo, o organismo vai pedir mais.

— Como a gente não sabe se algo pode nos viciar ou não, o melhor é nunca usar, principalmente uma coisa tão perigosa como as drogas.

— É que a gente acha que o vício só acontecerá com o amigo, com o vizinho. Eu não! Eu nunca serei viciado! Posso parar quando eu quiser! Era assim que eu pensava. Então fumei um cigarrinho de maconha e fiquei legal. Foi o maior barato. Experimentei um prazer, uma confiança no que fazia e falava. Além do que, eu era aceito pelo grupo. Aceito pela turma. Me tornava um deles. Quando o efeito acabava eu voltava a ser o mesmo cara comum, medíocre e sem graça de antes e não queria isso, não queria ficar daquele jeito comum. Lembro que quando era adolescente, odiava o Antero. Ele parecia o seu preferido. O pai ficava me pressionando, dizendo o quanto eu deveria ser melhor do que ele e eu queria me empenhar. Quando usava drogas me sentia realmente melhor do que ele.

— Por que não veio conversar comigo sobre isso, filho?

— Na minha cabeça, se eu fosse conversar com a senhora, seria um fraco, um dependente de seus conselhos. Também achava que a senhora não iria me entender. Daria bronca, gritaria, me acharia um incapacitado. Então ficava com a autoestima lá embaixo, frustrado, inconformado, contrariado. Daí aparecia a droga como uma saída pois, ao usar, aqueles medos e frustrações desapareciam. Em minhas ideias, quando estava sob o efeito do entorpecente, os meus problemas pareciam insignificantes ou deixavam de existir. Só que, quando passava o efeito, eu estava péssimo. Daí vinha a vontade de usar de novo para me livrar do mal-estar, das sensações ruins, dos pensamentos negativos. As drogas me proporcionavam um prazer, um bem-estar indescritível, só que, cada vez mais era preciso aumentar a dose, pois os efeitos de prazer e tudo mais, não eram os mesmos. Tudo o que é bom a gente quer repetir e foi assim que aconteceu comigo. Era bom, dava prazer e eu queria de novo. Eu não admitia que estava me tornando dependente. Sempre dizia a mim mesmo e aos amigos que usava aquilo por recreação, por lazer, e poderia parar quando quisesse. Mas não era verdade. Ao ficar sem a droga, sentia uma inquietação, uma irritação sem igual. Chegava a ficar agressivo, nem

Schellida ～ Eliana Machado Coelho

conseguia pensar direito. Tinha uma inquietação, uma ansiedade, e ao usar as drogas, tudo passava. Era como encontrar um jeito de fugir dos problemas e das dificuldades. Só que, no fim, quando acabava, o prazer se transformava em dor, dor no corpo e na alma. Comecei a ir de uma droga para outra. Virou uma ideia fixa, só pensava em como conseguir mais daquilo. Daí que, com o tempo, a mente não se foca mais no trabalho, nas obrigações... A gente fica nem aí para as coisas importantes da vida como família e trabalho. O importante é, naquela hora, naquele momento, conseguir alguma coisa que traga alívio e prazer. — Breve instante e continuou: — Foi indo, foi indo e começaram as dores no corpo, as tonturas, as náuseas... Até a claridade incomodava, às vezes, de forma insuportável. Mas não importava, eu queria mais. Precisava de mais.

O emprego se foi — prosseguiu lamentando —, a família se foi... Então fiquei vulnerável e me submeti a qualquer coisa, qualquer coisa mesmo, para conseguir um pouco de pó, e, mais tarde, entrei no crack, uma pedra que alivia aquelas sensações horríveis. A gente começa a vender as coisas materiais, depois o próprio corpo e... Cheguei a furtar, a roubar, a praticar crimes... Fiz de tudo para conseguir qualquer coisa e depois fugia para um beco escuro para fumar, cheirar ou injetar. Quantas vezes me lembrei de como era bonito, forte e tudo aquilo foi consumido pelas drogas. Minha inteligência... Minha mente também foi consumida — riu de modo irônico. — Mas eu sempre achava que poderia parar a qualquer momento e retomar minha vida.

Havia dias que ao acordar não sabia onde estava nem o que tinha feito, nem o que tinham feito comigo. Chegava a esquecer meu nome. Virei indigente, pedinte em faróis... As drogas foram consumindo minha saúde, minha mente — repetia. — Pensei em morrer, em acabar com tudo. Anos e anos daquele jeito. Foi horrível.

Não sei como, mas fui atropelado. Acordei num hospital. Confuso, só entendi que alguém me disse que iriam cortar minha perna por causa da trombose.

João Alberto silenciou.

Lágrimas correram de forma amarga por seu rosto pálido, quase cadavérico.

Vitória não sabia muito bem o que dizer. A princípio seu impulso foi o de brigar com o filho por não conseguir compreender como ele se deixou iludir pelas drogas. Ele era uma pessoa instruída e sabia, mesmo que na teoria, que as drogas, sejam as consideradas lícitas como o álcool e o cigarro, ou ilícitas como a maconha, a cocaína, o crack, a heroína, o ecstasy e outras, faziam indescritível mal à saúde, viciavam e se tornariam um flagelo.

Mas não disse isso. Não adiantaria. João Alberto descobriu, pela pior maneira, aquela verdade.

— Estou no fundo do poço, mãe. Não sei o que fazer. Tem hora que eu quero morrer.

Vitória o abraçou com carinho e o afagou com generosidade.

Com o coração apertado e triste, disse baixinho:

— Agora que está consciente da situação e, pelo que entendi, quer se livrar disso tudo, fica mais fácil. Você está com sua família. Eu cuidarei de você, meu filho.

Ambos choraram.

CAPÍTULO 14

Maconha, cocaína, crack, outras drogas e seus efeitos

A festa de noivado de Mônica e Flávio aconteceu em um salão alugado, decorado e arranjado para os familiares e alguns amigos.

A jovem estava muito animada.

Nas mesas alegremente arrumadas, os convidados se acomodavam.

Vitória quase não pôde comparecer por causa de João Alberto que estava em crise de abstinência e muito deprimido, dizendo sentir dores e sensações físicas horríveis por todo o corpo, junto a um medo irracional.

Nilton e Angélica concordaram em se revezarem para cuidar do irmão a fim de Vitória se distrair e participar da festa da neta, a quem era muito apegada.

Com tantas coisas acontecendo, Vitória quase não mais se lembrava da possibilidade de se reencontrar com Vinícius.

Porém, assim que chegou ao salão de festas, Mônica, animada, levou-a para conhecer o avô de Flávio.

Ao deparar com aquele homem alto, de pele alva e rosada, olhos vivos, cabelos grisalhos, ralos e teimosos, ela não teve dúvidas. Era Vinícius, seu amigo de infância, seu primeiro namorado, o rapaz que, mesmo amando, ela abandonou sem dar nenhuma satisfação e traiu sua confiança.

Havia pensado tanto naquele encontro que conseguiu ficar firme ao se aproximar. Por um momento acreditou que ele não fosse reconhecê-la. Afinal, depois de tantos anos...

O senhor alto e magro estava sorridente ao estender a mão àquela senhora até que a olhou por alguns longos segundos, enquanto apertava sua mão. Seu sorriso se fechou ao ouvir o nome dito por Mônica:

— Esta é minha avó, Vitória. Ela também é mineira e nasceu próximo à região onde o senhor mora.

Vitória ficou atônita e decidiu perguntar num murmúrio:

— Você está bem, Vinícius?

Para ele não houve dúvidas. Aquela era Vitória. A menina que tanto amou e por quem muito sofreu.

— Estou bem — respondeu no mesmo tom. — Você... Não estou acreditando.

Movida pela Ambição

— Tudo bem, papai? — perguntou Aldo, estranhando aquela reação. — O senhor...

Largando a mão de Vitória, Vinícius forçou um sorriso com o canto da boca que rapidamente se desfez e respondeu virando-se:

— Tudo bem.

— Mas... Como assim? Vocês se conhecem? — tornou Aldo desconfiado.

— Nós nos conhecemos, sim. Há muitos anos... muitos. Se me dão licença... — disse Vinícius sentindo-se perturbado e se afastando, indo em direção de uma mesa.

— Dona Vitória, o que houve? — tornou Aldo.

Mesmo sentindo-se contrariada, respondeu, procurando fugir do assunto:

— Conheço seu pai. Nós nos conhecemos muito bem. Somos da mesma região. Só que, na juventude, nos desentendemos e não resolvemos isso até hoje.

— Foi algo grave, vovó?

— Grave?... Não. Digamos que... — não sabia o que responder e se calou.

Mônica, como que recebendo uma inspiração, tentou brincar:

— Vai ver foi coisa de namoro. Não foi, vovó?

Vitória a olhou séria, penetrando-lhe a alma por segundos e respondeu com um silêncio frio no rosto austero.

Em seguida, deixou-os e foi em direção à nora Natália.

Aldo e a futura nora se entreolharam e ele perguntou com sorriso intrigante:

— Será que você acertou?

— Não sei. Vou descobrir essa história, direitinho — respondeu com um jeito maroto e engraçado, saindo de perto dele.

Não demorou e encontrou a avó ao lado da mãe. Inquieta, Mônica ficou rodeando-as até dar um jeito de se infiltrar na conversa e perguntar:

— Tudo bem, vovó?

— Tudo, Mônica — respondeu dissimulada e insatisfeita com o comportamento da moça. — Sua festa está muito bonita. Vejo que suas amigas estão dançando, se divertindo muito.

— Daqui a pouco vamos colocar músicas mais antigas — sorriu. — Acho que a senhora vai gostar e, quem sabe, até vai dançar um pouquinho.

A avó nada respondeu e Natália perguntou:

— Onde está o seu pai? — referiu-se a Antero.

— Lá perto do senhor Vinícius. Acho que ele não está bem.

— Por quê?! — quis saber Vitória num impulso.

— A viagem foi longa, mal descansou e chegando aqui... Não sei o que aconteceu quando ele viu a senhora, vovó. O senhor Vinícius ficou tão esquisito!

— Não aconteceu nada. Deixe de coisa.

— Se vocês se conhecem, por que não conversaram um pouco mais? Mal se cumprimentaram e ele empalideceu e se afastou. — Diante do silêncio, Mônica insistiu: — Ele foi seu amigo? Colega de escola? Como se conheceram?

— Conhecemos muita gente na juventude, menina. Por que não vai aproveitar sua festa? — pareceu zangada.

Alguns instantes e Cristina se aproximou. Com sorriso generoso, ficou ao lado de Vitória e perguntou:

— A senhora não quer se sentar ali com a gente?

— Não, obrigada, filha — respondeu Vitória mais tranquila e educada.

— Meu sogro e a senhora se conhecem. Poderiam conversar, matar saudade dos velhos tempos.

— É mesmo, dona Vitória — concordou a nora.

— Até você, Natália? — disse baixinho. Virando-se para Cristina, disse: — Talvez o Vinícius não esteja para conversa hoje. Quem sabe um outro dia. — Breve pausa. — Eu preciso me sentar. Vamos para uma mesa ali no canto?

Elas concordaram.

A neta pensou em fazer mais perguntas, porém Flávio a chamou e precisou ir junto a ele.

Logo, outros acontecimentos foram mais chamativos e o fato esquecido pelos outros, pois Vitória sentia-se trêmula por dentro.

Entristeceu-se ao ver a reação de Vinícius, a última pessoa que gostaria de magoar neste mundo.

Ao vê-lo, sentiu-se como se o mundo tivesse parado, e ela resgatada de um abismo. Uma treva de emoções encravou-se em sua alma e sentiu uma dor como nunca experimentou.

Como Vinícius deve ter reagido na época, quando ela não lhe deu satisfações e ele soube tudo o que lhe aconteceu? Quando soube que, solteira, engravidou de outro?

Casou-se e foi morar longe? Deve ter sofrido muito, afinal, ele a amava e ela sabia, sentia isso.

Vitória sentiu-se sem dignidade, sem princípios, sem caráter.

Experimentava uma vergonha imensurável, cruel, em meio àquela paisagem alegre e de comemoração.

A reação de Vinícius não foi de indiferença ao vê-la, foi de desprezo.

Aquele silêncio amargo foi a resposta mais polida que convinha naquele momento.

Seus pensamentos se corroíam em tudo o que havia feito para alterar seu destino. Pela ganância, buscou um caminho fácil.

Em vez de escolher pelo sonho de viver em paz ao lado do rapaz, do homem que amava e verdadeiramente a queria ao lado, preferiu o caminho incerto da ambição, mesmo sabendo ser humilhada, traída e desprezada.

Como se não bastasse ter-se enganado com Odilon, errou pela segunda vez buscando mais estabilidade com Isidoro, pior do que seu primeiro marido.

Por ironia, naquele momento, lembrou-se do nome da mãe de Vinícius: dona Adalgisa. Parecia brincadeira. Agora não adiantava mais saber. Gostaria de ter lembrado antes para se prevenir ou se preparar mais. Mas de que adiantaria?

Irritou-se.

Ensurdecida pelo ambiente de festa e alegria, lembrava-se da passagem de *O Evangelho Segundo o Espiritismo*, onde leu "Que todos os que têm o coração ferido pelas dificuldades e decepções da vida, interroguem friamente a própria consciência. Que remontem passo a passo à fonte dos males que os afligem, e verão se, na maioria das vezes, não podem dizer: 'Se eu tivesse ou não tivesse feito tal coisa, não estaria nesta situação'".

Maldito coração despedaçado que, só agora, depois de tantos anos, estava oprimido e amargurado pelas decisões erradas, pelos caminhos tortuosos, pela porta larga que escolheu.

Precisava, a partir de então, cuidar para não errar mais, já que o passado não poderia mudar.

~

De madrugada, chegou à sua casa em silêncio.

Agradeceu a Deus ao ver que João Alberto estava dormindo.

O filho costumava ficar insone e agitado.

Ao ver que Nilton também dormia, tirou os sapatos, procurou o sofá e sentou-se sobre as pernas.

Olhando através da janela, viu a sombra da árvore que tremeluzia a luz fria e pensou que deveria encarar a situação de modo sereno, sem ansiedade, pois nada lhe restava para fazer.

De certo, Vinícius cultivou grande mágoa em todos esses anos e não conseguiria mudar tamanha dor que ela causou.

Nada que dissesse ou fizesse apagaria o passado.

Suas escolhas e seu caminho provavelmente não fossem de verdadeira importância para quem, de fora, conhecesse essa história. Mas a sombra daquele sonho de amor, para ela e para Vinícius, era de grande importância. Não dava para dizer que tudo aquilo havia sido inútil e inofensivo.

De certo, logo Vinícius iria embora para longe e não o veria mais. Iria embora sem falar com ela e ele estava em seu direito.

Precisava esquecer o passado e adormecer tudo aquilo no coração, como quem faz dormir uma serpente pronta para destilar o veneno do arrependimento, cada vez que o passado batesse à porta da lembrança.

~

Ao clarear o dia, repleto de uma luz alegre, Nilton se levantou chegando à cozinha onde sua mãe preparava o desjejum.

O gostoso aroma do café coado à moda antiga dava ânimo ao apetite.

Um bolo assava e rodelas douradas de pães, com leve passada de margarina, descansavam sobre a mesa à espera da degustação.

— Que cheiro gostoso! Bom dia, mãe!

— Bom dia, Nilton. Dormiu bem?

— Dormi.

Ele se sentou à mesa e ela acomodou-se à sua frente de olho no forno, enquanto perguntava ao servir-lhe o café fumegante:

— O João Alberto ficou calmo?

— Quando eu saí da festa e vim pra cá, ele estava um pouco agitado. Então peguei a Angélica e fui levá-la à festa.

— Sei...

— Daí que levei o João comigo e percebi que, no carro, ele ficou mais calmo. Olhando a rua... Acho que precisa sair mais, de mais apoio psicológico.

— Eu não entendo disso, Nilton. Sei que ele é viciado, dependente químico, como dizem, mas eu não sei o que é exatamente isso. Para quem nunca sentiu, não sabe nem tem ideia do que é. Preciso de ajuda e orientação para ajudar seu irmão.

— O tratamento, com internação em clínica, fica bem caro.

— Mas eu não sei até onde é esse caro. De repente dá para pagar. Andei observando e... Seu irmão chegou aqui muito fraco, extremamente debilitado e não tinha forças. Dependia de muitos antibióticos, anti-inflamatórios, remédio contra dor, remédios para o estômago. Agora ele está mais recuperado e à medida que se alimenta melhor, se fortalece. Com essas reações agressivas e mais fortes do que antes...

— Eu percebi. Ele está ganhando força.

— Estou ficando bastante preocupada com isso. Hoje ele já se levantou da cadeira de rodas sozinho, já andou um pouco de muletas... Tenho medo que, em uma de suas crises, não resista e saia de casa, procurando por drogas.

— Por isso acho que é preciso o apoio psicológico.

— Aqui perto tem uma igreja que oferece um grupo de apoio para dependentes químicos. Estou pensando em ir conhecer e ver o que é possível fazer para ajudar seu irmão.

— Ele precisa querer. Não vai poder amarrá-lo e levá-lo lá à força.

— O João Alberto está fragilizado, arrependido. Já me contou cada coisa... Ele quer ajuda. Não quer mais que seja como antes. Se eu chegar agora com um meio de ajudá-lo, de apoiá-lo para que se livre do vício, ele vai aceitar.

— Às vezes percebo que está confuso, não fala coisa com coisa. Não era assim. Como as drogas o consumiram — falou em tom lamentável. — Dá dó dele. Era um cara tão esperto, forte... Agora...

— Ver meu filho assim, acaba comigo. — Vitória apoiou os cotovelos na mesa, cobriu o rosto com as mãos e chorou um pouco. Logo, buscou ser forte e desabafou: — Não pode imaginar como ficam os sentimentos de uma mãe que vê o filho se acabando, morrendo em vida, sendo destruído. Quando ele me contou o que passou, o que precisou fazer para arrumar dinheiro para comprar essa desgraça... essa porcaria que só tem uma utilidade: estragar a vida de alguém... senti um mal-estar tão grande, uma dor infinita... Não sei se foi por culpa minha ou de seu pai que não vigiou o João Alberto. Acho que foi culpa de nós dois. Se todos os pais soubessem como as drogas acabam com seus filhos, como elas agem e destróem o corpo, a mente... Quanto prejuízo... Se soubessem o que um filho tem que fazer para consegui-la... Se soubessem, vigiariam mais, ficariam mais atentos, mais presentes, participativos na vida de seus filhos. É tão duro ser surpreendido pela desgraça do vício de um filho. Vê-lo com a aparência tão horrorosa, tão doente... — chorou.

— Não fique assim, mãe. Nós vamos ajudar o João. A senhora vai ver — afagou-lhe o braço com carinho.

— Foi culpa minha.

— Não, não foi. Acho que o pai colaborou muito para o João ir por esse caminho, quando o deixava fazer de tudo, não impunha limites, não o obrigava a dar satisfações do que fazia, onde ou com quem estava. Além disso, o pai tirava toda a sua autoridade.

— O Isidoro exigia muito do João Alberto, querendo que ele fosse melhor. Nunca conversava, não havia diálogo. Aliás, nunca houve diálogo com nenhum de vocês. Só que vocês, diferentes do João, eram filhos mais maleáveis, mais brandos.

— Não importa o que falhou na educação ou orientação do João. Importa o que pode ser feito agora.

— Importa, também, usarmos o exemplo do que aconteceu com ele para orientar e não deixar que aconteça o mesmo com meus netos.

— É verdade. — Observando-a mais animada, lembrou: — Mãe, acho que o bolo já está bom.

— Nossa! Eu havia esquecido!

Levantando-se foi tirar o bolo do forno.

~

Nos dias que se seguiram, Vitória não perdeu tempo e foi à procura de orientação.

Consulta e conselhos com psiquiatras e psicólogos, deixaram-na mais ciente do que aconteceu e acontecia com seu filho.

Levando-o para uma consulta com um psiquiatra particular, pois os da rede pública e planos de saúde provavelmente não se colocariam tão à disposição, Vitória e João Alberto procuraram orientação e ajuda.

— Bom dia! Sou o doutor Francisco. Em que posso ajudar?

— Bom dia, doutor — cumprimentou Vitória, apertando-lhe a mão.

Depois foi a vez de João Alberto, que o fez de modo mais tímido.

— Doutor, estamos aqui porque meu filho é dependente químico. Ele chegou a um ponto crítico e... precisamos de orientação.

— Certo. Fale-me um pouco de você, João Alberto. Quantos anos tem, como tudo começou e o que você espera fazer agora.

Tímido, ele quase não encarava o médico. Torcendo as mãos, com olhar baixo, contou:

Movida pela Ambição

— Tenho quarenta e cinco anos. Fumei o primeiro cigarro de maconha aos quinze. Todo mundo dizia que não viciava, que era legal, que a gente ficava numa boa. Fiquei muito tempo na maconha. Cada vez que discutia em casa, eu dava um jeito de dar um *tapa* num baseado e aqueles sentimentos ruins passavam. Daí foi... Tinha problemas na escola, com namorada... com alguma dificuldade qualquer e... dava umas *puxadas* e sentia alívio, prazer. Pensei que eu pudesse largar quando quisesse. Acreditava que não era viciado nem iria me viciar. Pararia quando quisesse. Notei que, cada vez mais, precisava de mais e mais. Quando estava na faculdade, entrei em contato com a cocaína. Troquei a maconha pela cocaína. Com o tempo precisava de mais. Tinha de aumentar a dose e diminuir o intervalo de uso. Mesmo percebendo isso, acreditava que podia parar quando quisesse. Depois que fui morar sozinho, tive mais liberdade para usar de tudo. A cocaína tava ficando cara e eu sem dinheiro. Algum tempo depois comecei a usar crack. Uma pedra aqui, outra ali... Achei que o efeito era melhor, porém mais curto e mais barato. Os negócios com meu pai não iam bem e eu mudei de ramo. Fui para São Paulo e minha vida... — sua voz embargou. Respirou fundo e prosseguiu: — Perdi tudo, mas não a dependência do vício. Então, fazia de tudo por qualquer droga, por dinheiro para comprar alguma coisa — lágrimas escorreram em sua face ao lembrar do que precisou praticar. — Vivi nas ruas, na prostituição. Fui prostituto ativo e passivo. Perdi o respeito, a dignidade por mim mesmo. Descobri que todo mundo, homem e mulher que se prostitui, é por conta do vício, das dívidas com droga. Ninguém fica nessa vida porque quer, mas por falta de opção. Vivi no crime até minhas forças acabarem. Pedia dinheiro nos faróis, nos cruzamentos, para poder comprar uma pedrinha de crack que fosse. Fiquei doente, fui atropelado, perdi a perna... Não perdi a perna por causa do atropelamento, não. Perdi minha perna por causa das drogas que provocaram gangrena, problemas circulatórios... — chorou. — Minha mãe me encontrou e hoje estou aqui. Tem dia que é difícil... Quero uma dose... Tenho tremores horríveis por dentro e por fora. Sinto um desespero... Fico irritado, agressivo e isso não passa. Entro em depressão profunda. Sinto um pânico, um medo terrível que não sai da minha alma. Medo não sei do quê e aí vem a vontade de usar qualquer coisa, qualquer coisa para isso passar. Tenho sensações físicas, sinto minha pele repuxar, dor no peito... Sinto um repuxão nos nervos do rosto, das costas, do braço, como se alguém estivesse esticando minha pele, aí vem um medo. Tenho uma sensação de quase morto a todo instante. Minha mente está confusa, não organizo mais as ideias... Apesar do medo de morrer, quero morrer. Vivo angustiado e... Confesso que, se não fosse minha mãe, eu teria me matado. Cheguei ao fundo do poço.

— Então está na hora de subir, não é, João Alberto?

— O paciente não respondeu e o doutor Francisco comentou: — É importante que todos os que decidem entrar ou

Movida pela Ambição

sair das drogas tenham algumas informações. Como eu falo sempre: dizer que as drogas não prestam e mandar os filhos dizerem não às drogas, não é o suficiente. Muita gente usa, faz apologia à maconha que...

— O que é apologia, doutor? — perguntou Vitória de imediato e com simplicidade, agindo corretamente, pois estava disposta a saber ao máximo para ajudar seu filho.

Vendo que se falasse de modo formal eles provavelmente não entenderiam, o doutor Francisco explicou:

— Apologia é um discurso para defender ou justificar, ser a favor de alguma coisa. Então... Muita gente usa, para defender o uso da maconha, dizer que ela, a maconha, não vicia a todos e que não há comprovações científicas de que ela leve ao uso de outras drogas. Eu digo, por conhecimento e experiência de mais de vinte anos só na área de psiquiatria, que a maconha pode aumentar a probabilidade do uso de outras substâncias, sim, como a cocaína, por exemplo. E quanto a dizer que nem todos se viciam com a maconha, o problema é: não temos como saber quem vai se viciar, quem vai ter problemas com a maconha no futuro. — Um instante e lembrou: — O chocolate, que é algo simples, totalmente lícito, vicia se a pessoa fizer uso constante. Não posso dizer que o uso constante da maconha nunca vai viciar, mesmo aquele que não tem tendência ao vício. Sabe-se que quanto menor a idade de quem começa a usar droga, maior a chance do vício e de grandes problemas causados por ela e isso é cientificamente confirmado. E alguns dos problemas são:

os usuários de maconha têm sete vezes mais chances de desenvolver sintomas psicóticos; quando no organismo, ela causa diminuição da coordenação motora, diminuição e alteração da concentração, da capacidade visual e do pensamento lógico, alteração da memória etc.; deixa a boca seca, olhos avermelhados, provoca aumento dos batimentos cardíacos — taquicardia — aumento do apetite, problemas respiratórios, sonolência; alteração da menstruação nas mulheres, infertilidade nos homens, assim como a perda da capacidade de memória. Ainda não se sabe se esses danos são reversíveis. Mesmo cientes disso, existem aqueles que pedem a legalização dessa droga, como em outros países. O uso medicinal da *Cannabis Sativa*, ou seja, da maconha, traz o argumento de que diminui o vômito, a pressão no interior dos olhos — em doenças como o glaucoma —, pode provocar ganho de peso e isso seria relevante em doenças que emagrecem muito como é o caso de câncer e da Aids. Mas eu gosto de lembrar que já temos remédios para isso, temos remédios para todos esses sintomas tanto do câncer como da Aids e com resultados melhores do que o da *Cannabis Sativa*. Além do que, fumar maconha é mais cancerígeno do que fumar o tabaco dos cigarros e cachimbos. A *Cannabis Sativa*, ao ser fumada, joga no corpo mais de quatro mil substâncias tóxicas. Acham que realmente esse é o melhor tratamento para o paciente com câncer? E quanto à Aids? O uso dessa droga pode, eu disse: pode, trazer ganho de peso com o aumento de gordura, mas não recupera os músculos, a

Movida pela Ambição

musculatura e, ainda, como efeito, reduz a imunidade e diminui a defesa do organismo contra infecções. Acham que realmente esse é o melhor tratamento para alguém soropositivo? Além disso, existem os efeitos psíquicos que não são bem-vindos aos pacientes. Além de tudo isso — insistiu —, a maconha pode causar dependência a uma pessoa soropositiva — portadora do HIV — ou com câncer. Dependências física e psíquica, e hoje já temos estudos suficientes que mostram que ela modifica o funcionamento do cérebro e provoca danos irreversíveis ao organismo. Ela provoca efeitos sobre a mente e sobre o comportamento. Infelizmente, também falam sobre os possíveis efeitos benéficos, mas eu não sei a quem eles querem enganar.

— Em alguns países, como o Canadá, o uso da maconha é liberado — disse João Alberto.

— Não queira jamais comparar o nosso país, o sistema de saúde existente no Brasil, com as condições muito diferentes encontradas no Canadá e em alguns países europeus que não exatamente liberaram o uso da maconha para o consumo. Lá, as condições são outras, a educação e a cultura da população são outras. Os sistemas desses países garantem acesso e tratamento aos usuários que desenvolverem dependência. Eles têm um sistema de saúde que funciona, dão suporte social, médico e psicólogo para todos. Não é nada, nada, nem de longe, o pobre e fracassado sistema de saúde que temos aqui no Brasil. Acha que estamos preparados para tentar uma experiência desse tipo? — silêncio. — O problema é: se liberarmos o uso da maconha, mesmo para doentes específicos — lembrando que ela não é essencial para determinados sintomas, pois existem medicamentos próprios para tal — se liberá-la haverá mais disponibilidade. Estatísticas indicam que o uso de uma droga pode levar a outras, sim. Veja bem, temos muitos acidentes de carro envolvendo motoristas alcoolizados, não é o alcoólatra que todas as vezes provoca um acidente, mas sim aquele que bebe eventualmente, socialmente, por recreação. Se a maconha for liberada, quem vai e quem não vai se viciar? Se a maconha for liberada, sabendo-se cientificamente que ela traz alterações no comportamento humano, quem vai fazer o quê sob o efeito dessa droga? — Fez uma pausa para que refletissem, depois prosseguiu: — Dizem que ela não tem efeitos intensos para alguns, mas para quem? E os demais? Sabe-se que o excesso no uso torna a pessoa incapacitada para dirigir veículos, operar máquinas pesadas... Como fica isso? O uso frequente, comprovadamente, causa perda de motivação e depressão, em alguns casos. É certo que experimentar essa droga uma vez não vai fazer da pessoa um dependente nem marginal, porém é preciso se cuidar e se orientar, e quem pode se garantir disso? Às vezes, é preciso se proteger de si mesmo quando o assunto é droga. Gosto de dizer que o cara que quer a liberação da maconha, com certeza, é usuário. Portanto, o cérebro dele já está comprometido ou dependente, afetado pelo uso da maconha; o funcionamento normal está comprometido.

Ele não sabe o que está pedindo. É igual ao alcoólatra que quer continuar bebendo e procura justificativas dizendo que uma taça de vinho faz bem durante a refeição. Existem outros tipos de alimentos que fazem tão bem quanto o vinho e não são alcoólicos. Se a maconha fosse coisa boa, não teria sido dada aos soldados do Vietnã para encorajá-los à violência. Tem muita inocência junto à má fé a uma coisa tão venenosa! Pois, como no seu caso, ela pode levar para outras drogas mais perigosas, muito mais destrutivas.

— Como foi o caso da cocaína, né, doutor? Entendo que foi ela que acabou com o meu filho.

— Isso mesmo. Não é fácil libertar-se do vício da cocaína, mas é possível. É doloroso, é sofrido. No Brasil, atualmente, o governo não tem estrutura para isso.

— Por que as drogas, como a cocaína, viciam tanto? Eu gostaria de entender um pouco mais. Se o senhor puder me explicar de maneira bem simples — pediu Vitória.

— Em nosso cérebro possuímos neurotransmissores como a dopamina, noradrenalina, serotonina, que agem normalmente em determinadas regiões e promovem, entre outros efeitos, a motivação, o ânimo e o prazer. Quando a cocaína entra no sistema do cérebro, ela bloqueia o funcionamento normal, bloqueia os transportes dos neurotransmissores. Em vez de o neurotransmissor seguir normalmente seu rumo até um neurônio para ser recaptado, ele tem o seu transporte inibido, bloqueado pela cocaína. Então, ele, o neurotransmissor, fica solto, fica passeando pelo cérebro, promovendo seus efeitos. Isso promove um excesso de neurotransmissores no cérebro, pois eles demoram a chegar ao seu destino e só o fazem quando a cocaína sai de circulação ou acaba o efeito.

— Não sei se entendi muito bem.

— Deixe-me exemplificar. A dopamina, que é um neurotransmissor, é uma substância sintetizada pelas células nervosas e sua função é promover, entre outros efeitos, a motivação, enquanto passeia pelo cérebro até chegar a certas áreas e atingir certos neurônios. Igual ao oxigênio, que precisa do sangue como meio de transporte para sair dos pulmões e chegar a uma célula em outro órgão, a dopamina precisa de *um meio de transporte* para ir de um lugar ao outro no cérebro. Quando se usa cocaína, ela, a cocaína, ocupa esse meio de transporte e faz com que a dopamina fique passeando, por assim dizer. Se aquela dopamina não chegar no tempo certo onde ela precisa, ela vai ficar solta no cérebro, promovendo seus efeitos que são o de motivação, prazer. Acontece que, nesse tempo em que ela fica passeando, outras dopaminas também surgirão e seu transporte também será ocupado pela cocaína, e vai acontecer um acúmulo, um excesso de dopamina e outros neurotransmissores soltos, passeando no cérebro, que não conseguem chegar ao seu destino, ou seja, não conseguem ser recaptados por um neurônio até que a cocaína saia do transporte. Pelo fato de a dopamina provocar um efeito de motivação, muita dopamina, que não é recaptada, ou seja, que não chega ao seu destino no cérebro porque a cocaína bloqueou seu transporte, vai provocar muita motivação. Lembrando que nós temos outros neurotransmissores que têm vários outros efeitos e proporcionam várias outras reações, e todos eles precisam de um meio de transporte para cumprirem sua tarefa, imagine quantas sensações existirão quando o meio de transporte delas ficarem bloqueadas pela cocaína, ficando soltas, passeando pelo cérebro por longo tempo, até que a cocaína saia.

A cocaína devasta, aniquila o seu usuário, aquele que depende dela e não existe usuário frequente que não seja dependente. Em poucos meses ou, em muitos casos, em poucas semanas, o usuário emagrece rapidamente, tem lesões no tecido e na mucosa nasal, coriza persistente, sangramento no nariz, insônia e até perfuração do septo nasal. Quando as doses vão aumentando com a frequência do uso, nota-se palidez profunda, tremores, desmaios, suor frio, inquietação, convulsões e parada respiratória. Depois, as primeiras lesões no cérebro vão afetando as áreas motoras e promovendo agitação intensa. A cocaína age rápida e poderosamente, porém sua duração é, em média, de meia hora.

— Por que uma pessoa quer usar cocaína ou outras drogas? — perguntou Vitória com simplicidade.

— Tudo começa quando se experimenta pela primeira vez, e, essa primeira vez, normalmente é por curiosidade e de graça. Quando se usa cocaína pela primeira vez, o efeito psicológico é de bem-estar, alegria, o humor

Schellida ～ Eliana Machado Coelho

aumenta, a autoestima se eleva, chega-se a uma sensação de euforia e animação sem igual. Por maior que seja o problema que se tenha na vida, ele é esquecido e insignificante para o usuário. Aquele que é tímido torna-se falante e sociável, mesmo que a conversa seja inoportuna, vazia, sem razão de ser. Normalmente ninguém é tão sociável, otimista, bem-humorado e se sente psicologicamente bem durante todo o tempo. Só que, quando o efeito da cocaína passa, ocorre o efeito contrário do prazer, o oposto do bem-estar. Chega a fadiga física e mental, vem um estado depressivo muito forte, o humor fica alterado e os problemas que se tinha antes, e que deixaram de ter importância durante o uso da droga, se potencializam quando a pessoa pensa neles. E aí vem a vontade de usar a droga novamente para se obter o prazer de antes.

— Então a pessoa se vicia? — tornou Vitória interessada.

— É assim: a cocaína age no Sistema Nervoso Periférico e também no Sistema Nervoso Central, e tem sobre este um efeito igual ao das anfetaminas, por isso se deve tomar muito cuidado com os remédios para emagrecer. O efeito da cocaína aumenta a ansiedade, a excitabilidade, de modo rápido e intenso. A pessoa que usa deseja novamente as mesmas sensações de prazer, só que não vai conseguir isso com a mesma dose. Nunca o usuário vai conseguir o mesmo efeito da dose anterior e, por isso, precisa aumentar a quantidade de droga usada e diminuir o intervalo entre um uso e outro. Então, o cérebro

Movida pela Ambição

vai se adaptando com o uso da droga. Ele começa a depender da substância para funcionar normalmente, ou seja, o cérebro depende do uso da droga para provocar as sensações de bem-estar. Veja bem, é como uma recompensa. A pessoa usa a droga e o cérebro lhe dá a sensação de bem-estar. É como a fome, você come e a fome passa. Só que com as drogas ocorre o seguinte: é preciso sempre o uso de doses maiores para se obter um efeito próximo ao efeito anterior. Quando o usuário necessita de doses maiores para sentir bem-estar, ele já está dependente. Aí vem o perigo da overdose. O uso frequente vai provocar náuseas, vômitos, dores musculares, diminuição da capacidade respiratória, calafrios, perda de apetite, perda de peso, aceleração dos batimentos cardíacos, pupila dilatada, agitação psicomotora, ou seja, a pessoa se mexe ou sente necessidade frenética de ficar se mexendo, movimentando ritmicamente um membro, por exemplo. Pesquisas mostram a predisposição a infartos. Com o tempo de uso, vai promovendo disfunções severas, graves, comprometimento dos músculos esqueléticos, pois, no cérebro, a cocaína afeta as áreas motoras produzindo agitação intensa, complicações respiratórias, bronquite, tosse persistente. As emoções são alteradas e surgem os efeitos psicológicos, desconforto, irritabilidade, ansiedade, comportamento repetitivo sem justificativa, desconfiança de tudo e de todos, psicose paranoica, alucinações, ocasião em que o usuário passa a ver insetos, cobras, baratas, lagartixas que, em sua imaginação, podem atacá-lo, grudar em seu corpo. Surgem o pânico e a profunda depressão. Como a cocaína interage com os neurotransmissores, as mensagens entre os neurônios ficam imprecisas e isso altera o funcionamento normal do cérebro.

— Então, para quem sabe de tudo isso, o preço que se paga é alto demais para se ter uma experiência de euforia e suposto bem-estar por conta das drogas — comentou a mulher pensativa.

— Quem nunca experimentou drogas e deseja fazê-lo para sentir os efeitos que dizem que ela traz, e quem já experimentou e quer repetir, é porque se sente tímido, inibido, sozinho para encarar a própria vida, com dificuldades enormes em determinados problemas emocionais e até entrando em depressão. Por isso, o conselho para essas pessoas é que procurem um psicólogo ou psiquiatra para os devidos cuidados com tratamentos específicos. O melhor, em todo caso, é procurar orientação e ajuda, e nunca cair nas drogas. Elas não têm, de maneira alguma, como ajudar, muito pelo contrário — disse o médico.

— Se os pais soubessem como as drogas agem no cérebro e quais são verdadeiramente seus efeitos no corpo e no estado psicológico, eles saberiam orientar os filhos. Dizer somente para não usar drogas, não é o suficiente. Alertar que as drogas prejudicam e matam, não é o suficiente. Os jovens, as pessoas, precisam saber e conhecer todos os passos dos efeitos e das consequências que elas proporcionam ao organismo — refletiu ela.

— Normalmente os pais não têm conhecimento e só dizem para os filhos não usarem drogas — continuou

Movida pela Ambição

o médico. — Em minha opinião, a culpa disso é, muitas vezes, do governo, que não investe em informações precisas, que expliquem detalhadamente o que ocorre com usuários de drogas. Não informam que, muitas vezes, o jovem que quer se sentir o melhor da turma, ou aquele que está triste e deprimido com o *bullying*, pode se libertar da timidez, pode resolver os problemas com as agressões físicas ou morais que é o *bullying* de outra forma que não recorrendo às drogas. Os programas de televisão apresentam tanta informação e induções inúteis e não se preocupam com assuntos de tamanha importância, ou, quando falam a respeito de drogas, omitem informações, não são precisos nem esclarecedores, talvez por causa de seus artistas, atores... Induzem pessoas ao sexo promíscuo, como se trair, se prostituir, fossem as coisas mais normais do mundo para todos e ninguém fica com sentimento de culpa depois. Ah! Isso, para os produtores de programas na TV, não! — ironizou. — Já tive aqui em meu consultório, muitos viciados, pessoas com problemas psicológicos sérios por conta da promiscuidade sexual. Assistiram a um programa de televisão que mostrou ser normal esse tipo de comportamento e, depois que se corromperam sexualmente, não suportaram o que fizeram e se entregaram às drogas para aliviar a consciência. As redes de TV não trazem informações úteis ao público, só fazem programas que dão audiência e trazem dinheiro para eles; o público que se dane!

É tanta falta de informação — prosseguiu o doutor. — A coca é uma planta encontrada na América do Sul e

Central. O povo andino, ou pessoas que moram na Cordilheira do Andes, mascam essas folhas ou fazem chás para aliviar o *Mal da Montanha*, como é chamado os sintomas provocados pela altitude. Para se fazer cocaína, as folhas de coca são prensadas em ácido sulfúrico e querosene ou gasolina, formando uma pasta. Para se chegar ao pó branco usa-se ácido clorídrico, éter ou acetona. Pronta, ela pode ser dissolvida em água para ser injetada ou usada em forma de pó para ser aspirada. Esse preparo que transforma a pasta-base em pó, torna a cocaína mais cara. O crack, bem mais barato e perigoso, é a pasta-base de cocaína misturada ao bicarbonato de sódio, algo muito simples e barato para ser fabricado. Por causa do barulho que essas substâncias fazem ao serem queimadas nos cachimbos improvisados, elas recebem o nome de crack. Além de mais barato, o efeito do crack é bem mais rápido e muito mais forte do que o pó de cocaína cheirado ou injetado. Quando o crack é usado, seu efeito no cérebro ocorre em cerca de oito segundos e vicia sua vítima com apenas três ou quatro doses. Há aqueles que se viciam na primeira fumada. Igual à cocaína, o crack produz sensações de euforia, desinibicão, poder, hiperatividade e insônia. Com a dependência vem a irritabilidade, mania de perseguição, violência, agressão, danos permanentes no cérebro, complicações respiratórias, distúrbios cardiovasculares e outros males incontáveis.

Diante da perplexidade de Vitória, o doutor Francisco ainda comentou:

Movida pela Ambição

— As campanhas contra as drogas em nosso país são tímidas, fracas e pobres. Elas não orientam e querem impor medo. Não precisamos de medo, precisamos de clareza e orientação. Quando vejo defensores da maconha dizendo que ela não leva ao uso de outras drogas eu digo: nunca vi alguém andar de motocicleta sem antes ter aprendido a se equilibrar em uma bicicleta. Não me lembro de um único paciente meu, viciado em drogas pesadas, ter me dito que nunca usou maconha e ter ido direto para a cocaína, heroína e outras. A pessoa que diz não à maconha, diz não a outras drogas. É importante os pais ficarem atentos, terem conhecimento e orientação, principalmente hoje em dia em que os grupos se reúnem em festas fechadas e usam drogas sintéticas com alto poder de dependência e extremamente destrutivas ao cérebro. O ecstasy, por exemplo, também conhecido como simplesmente "E", chegou ao alcance dos jovens de classe média alta e entrou na vida deles pela porta da frente. Fácil de ser escondido e consumido, um único comprimido proporciona prazer, alegria, disposição, conforto e aconchego. Para quem o usa, estranhos viram amigos, desconhecidos viram namorados ou *ficantes*, a pessoa é capaz de praticar sexo sem qualquer preocupação, mesmo sendo uma pessoa com princípios morais equilibrados. O ecstasy é encontrado com facilidade nas baladas, principalmente as de música *Techno*, também chamada de música eletrônica. É muito comum ver seus usuários elogiarem a droga, a princípio, pois dizem que ela traz sensação de paz, tendência ao pacifismo, capacidade de se comunicar melhor com discursos de amor e amizade. A pessoa deixa de ficar na defensiva, todos se tornam seus amigos queridos e confiáveis. Mas, no médio e longo prazos, os usuários, em sua maioria, começam a sofrer de Síndrome do Pânico ou depressão, enquanto outros desenvolvem padrões de comportamento muito diferentes dos que quando usaram a droga pela primeira vez, tornando-se agressivos, impulsivos, ansiosos e neuróticos... Normalmente, como em todo início de uso de drogas, o usuário do ecstasy só vê o lado positivo, o lado bom desse entorpecente. O problema é que as consequências do uso só vão aparecer algum tempo depois.

— Em resumo, doutor, todas as drogas fazem mal, de um jeito ou de outro.

— Sim, João Alberto. Todas, sem exceção. Hoje em dia é preciso tomar muito cuidado e é preciso muito, muito conhecimento. Não é bom arriscar.

— Eu entendo, doutor — comentou Vitória. — Dizer que não pode, que não se deve usar não é o suficiente, é preciso informação. Tem gente que acaba se envolvendo com droga por curiosidade, só porque dizem que não se deve usar. Não devemos servir de cobaias, nunca se deve fazer experimento algum sem antes saber o motivo de não se poder fazer.

— A senhora está certa. — O médico fez uma anotação, depois disse: — Agora vou fazer algumas perguntas para ver que tipo de tratamento é mais indicado a você, João Alberto.

Foi então que João Alberto iniciou sua recuperação.

CAPÍTULO 15

Prece de uma mãe

Estavam somente no começo de uma grande batalha e a alma não pode se deixar pegar pelo abatimento.

Certamente haveria momentos de cansaço, de angústia, de desespero, de dor.. e vontade de desistir, mas sabiam que se parassem, um dia precisariam recomeçar e ir até o fim.

Vitória sempre se lembrava da frase em *O Evangelho Segundo o Espiritismo*: "Se eu tivesse ou não tivesse feito tal coisa, não estaria nesta situação".

Agora era a hora da escolha. Vitória sabia que, dali por diante, todos os momentos de João Alberto seriam de escolha e o filho precisaria muito dela. E para não ficar em situação mais difícil no futuro, deveria escolher o melhor agora.

A mãe explicou aos filhos que o tratamento de João Alberto dificilmente seria possível em casa. Os danos mentais causados pelas drogas dificultavam sua conscientização, mesmo ele querendo se livrar delas. João Alberto precisaria ficar em uma clínica, isolado de qualquer possibilidade de contato com drogas, sob supervisão, dia e noite, assistência psicológica, trabalhos psicoterápicos, assistência médica e outros cuidados.

O custo financeiro talvez fosse alto, mas Vitória não deixaria que isso dificultasse o tratamento do filho enquanto ela tivesse condições.

Iriam, o quanto antes, providenciar a internação de João Alberto na clínica indicada pelo psiquiatra.

Com os dias, tudo foi feito.

Ao saber que não teria contato com o filho por muito tempo, ela sentiu o coração apertado. Poderia vê-lo através de vidro, mas não seria vista. Ele não saberia que ela estava ali.

Por isso, entristeceu. Mas não desanimou nem se desencorajou. Sabia, precisava fazer o que era certo, o que era melhor para o filho.

Ao retornar para casa com os olhos embaçados, não quis conversar com Natália nem com Antero e se recolheu.

Bem mais tarde, inesperadamente, a nora foi procurá-la com uma surpresa.

— Dona Vitória... É que... Bem... eu acho que eles não sabem o que estamos passando com o João Alberto e vieram aqui.

Movida pela Ambição

— O que foi, Natália? Do que você está falando?

— O senhor Aldo, a Cristina e o senhor Vinícius estão lá em casa. O senhor Vinícius disse que vai voltar para Minas amanhã e veio se despedir de nós e quer conversar com a senhora.

Vitória sentia-se exausta. Não queria falar com ninguém.

Respirou fundo e silenciou por alguns instantes, tentando ganhar tempo.

O que diria?

O que teria para contar que ele não soubesse?

Ela sentiu uma perturbação inquietante ao pensar naquelas perguntas, uma tristeza e uma angústia guardadas por quarenta e sete anos.

Encarou a nora novamente e perguntou:

— Como fazer? Vou até lá ou ele vem aqui?

— Vamos até lá, a senhora cumprimenta o seu Aldo e a Cristina, depois o chama para vir até aqui. Assim terão privacidade. O que acha?

— Ai, Natália... — suspirou ao falar pausadamente.

— Não sei o que acho. Porém... Vamos lá.

Assim foi feito.

Não demorou e, após tantos anos, com tantas perguntas sem respostas, Vinícius e Vitória estavam frente à frente na sala de estar da casa dela.

Ele olhou em volta e reparou muito na ordem, na limpeza e no aconchego da pequena residência.

— Sente-se, por favor — pediu a anfitriã.

— Obrigado — aceitou e acomodou-se com modos reprimidos, tímidos.

— Vou fazer um café e...

— Não. Por favor. Obrigado.

Diante da recusa ela ofereceu meio sorriso. Não sabia como encará-lo nem o que mais dizer.

Acomodando-se em uma poltrona diante dele, forçou-se a olhá-lo.

Surgiram emoções estranhas. Saudade de uma infância e da adolescência distante, de algo perdido que jamais poderiam recuperar.

Vinícius, aos sessenta e seis anos, bem diferente daquele menino travesso, gentil, risonho e ágil, trazia no olhar a dor inquietante da ausência de um amor.

Enquanto ela, a angústia do débito, do sonho acalentado e interrompido pela ambição.

Em todos esses anos, aqueles lábios não haviam mais pronunciado aquele nome e, naquele instante, o longo silêncio foi quebrado pela pergunta feita com a voz trêmula:

— Vitória, me conta o que você fez. Como foi sua vida desde que nos vimos pela última vez?

— Bem... Você era meu amigo. Meu único e sincero amigo. Mas eu... Eu errei. Errei quando traí seu companheirismo, sua amizade e o nosso amor. Fiz isso e me arrependi. Mas não deixei, um dia sequer, de arcar com as responsabilidades e as consequências do meu erro, do meu engano, de tudo o que surgiu em minha vida por causa das minhas escolhas. — Um instante, entreolharam-se firmes, e ela continuou: — Sempre tive um medo muito grande de crescer e continuar naquela vida pobre e miserável. Você sabe disso. Então, quando percebi o interesse do Odilon por mim eu... — Vitória contou exatamente toda a verdade sobre sua vida e Vinícius ouviu-a com toda atenção. No fim, ela afirmou olhando-o nos olhos: — Nunca esqueci você. — Levantando-se, foi até o quarto, pegou a caixinha com aspecto frágil por conta do tempo, abriu-a e mostrou a ele, dizendo: — Por centenas... Talvez milhares de vezes eu peguei esse anel, coloquei no dedo, beijei e li o poema que me escreveu. Li, mesmo sabendo-o de cor, eu queria sentir sua letra no papel amarelado, pois foi a única coisa que me restou de você.

Não espero que me perdoe. — Sorriu com jeito simples e envergonhado, continuando: —, também... Depois de tantos anos, só espero que me entenda. Como amigo, como pessoa que me conhecia tão bem, só espero que compreenda minha fraqueza por causa da ambição. Hoje, depois de tantas experiências, se eu tivesse dezessete anos, certamente minhas decisões e escolhas seriam outras. Pode apostar.

Vinícius respirou fundo, passou a mão no rosto e Vitória perguntou:

— E você? O que aconteceu? Por que deu o nome de Aldo ao seu filho?

Um momento e contou:

— O Aldo, seu irmão, sempre foi meu melhor amigo. Quando eu estava com ele naquele rio e... — sua voz embargou. Deteve-se por instantes, depois prosseguiu: — Não pude fazer nada por ele. Tentei, mas não consegui.

Schellida ~ Eliana Machado Coelho

— Naquela noite em que ficamos eu e o Odilon presos no rio, sonhei com o Aldo me pedindo ajuda — emocionou-se ela.

— Não percebemos que as águas estavam subindo rápido e isso mostrava que chovia forte na cabeceira. Estávamos depois da represa, no canal e... Por muitos anos era como se eu sentisse a mão do Aldo passando e escorregando pela minha quando tentei segurá-lo — olhou para a mão esquerda como se pudesse sentir. — Não consegui segurá-lo. Tudo foi muito rápido. Olhei nos olhos dele, nos fitamos e ele foi levado rápido e sumiu. Tive medo, não consegui encontrar coragem para procurá-lo nem para ir nadando atrás dele e saí da água.

— Você teria morrido se tivesse ficado na água, ali naquele canal. Conheço bem o lugar.

— A cena do Aldo tentando segurar minha mão e indo embora ficou por muitos anos na minha lembrança. Fiquei bastante perturbado. Pensei em você. Em como ia lhe contar tudo aquilo. Quando soube de você e do Odilon... Primeiro acreditei que fosse por causa do meu fracasso para salvar seu irmão. Depois comecei a entender que aquilo que você queria eu não poderia lhe dar. Não naquele momento. Fiquei muitos anos remoendo tudo isso. Até que, em Belo Horizonte, conheci a Íris, que depois se tornou minha esposa. Conversando com ela, desabafava e ela me ouvia. Depois de algum tempo, a Íris começou a me falar sobre Espiritismo, vida após a morte, Lei de Causa e Efeito, amigos eternos, evolução do espírito e muito mais.

Todos esses assuntos me confortaram. Fizeram sentido por ter explicações lógicas. Eu sabia que não era culpado, mas me sentia responsável por não ter conseguido salvar a vida dele, afinal, fui eu quem o chamou para ir lá. A Íris me ensinou a orar por ele. Foi o que fiz, com pedidos de desculpas. É provável até que seu irmão já estivesse farto das minhas preces, lamentações e pedidos de perdão — sorriu sem jeito. — Tempos depois, casei-me com a Íris. Quando ela esperava nosso primeiro filho, perguntou se eu queria pôr o nome do meu amigo, já que gostava tanto dele. Aceitei na hora! — sorriu satisfeito. — Fiquei tão feliz com a ideia! Por isso meu primeiro filho se chama Aldo. Depois veio o Gilson e, por último, o Durval. Quando o Aldo, meu filho, era pequeno — sorriu de modo nostálgico —, ele era extremamente parecido com o seu irmão. Não só fisicamente, mas o jeito, os pensamentos, modo de falar, as ideias... Depois de tudo o que aprendi na Doutrina Espírita, eu gostava de pensar que era ele, que era a reencarnação do meu amigo, pois nos dávamos tão bem antes como agora. Uma coisa me convencia de ser ele: meu filho sempre, sempre teve pavor de água, pavor do rio. Isso desde muito pequeno. Ele tinha um ano e meio quando o levei pela primeira vez ao rio que cruza as terras que eram do senhor Batista. Eu havia comprado tudo aquilo e levei a Íris e o Aldo para conhecerem o lugar. O Aldo agiu de uma forma inesperada. Agarrou-se ao meu pescoço e gritou sem parar. Precisei sair dali para o menino se acalmar. Comprei aquelas terras e outras e... ...em qualquer um dos rios ou riachos o Aldo nunca entrou, mesmo depois de grande. Outra coisa que não sei explicar é a semelhança física. É certo que ele puxou a família da minha esposa, mas é incrivelmente parecido com o seu irmão. — Longo silêncio em que ela acenou com a cabeça concordando. Depois ele contou: — Acho que você não sabe, fui eu quem comprou o sítio de seus pais.

— Você?! — surpreendeu-se.

— Fui eu, sim. Tirei as cercas e juntei tudo.

— Aquelas terras não prestavam para nada.

— Todos estavam enganados. A terra podia ser imprópria para plantação, mas aquelas pedras valem um bom dinheiro. Foi dali que arranjei fundos para comprar outras fazendas.

— Como assim?

— Aquelas pedras são granitos de diferentes tipos e isso tem muito valor no mercado da construção civil.

— Está brincando? — riu. — Quer dizer que meu pai e meus irmãos, que sempre amaldiçoaram aquelas terras, tinham grande negócio nas mãos e não sabiam?

— Nem eu sabia disso quando comprei. O irmão da Íris, que passou uns dias de férias por lá, levantou a suspeita. Então eu fiz uma pesquisa e descobri que era granito puro. Isso gerou um grande negócio.

— Por que comprou o sítio dos meus pais?

— Eles estavam precisando. Além disso, você sabe o quanto sempre gostei daquela região. Por isso adquiri várias propriedades. Foi lá que encontrei uma vida calma.

Vitória sabia o quanto Vinícius estava sendo modesto. Sua neta já havia lhe contado o quanto o pai de seu futuro sogro era bem de vida e, como presente de casamento, iria lhes dar uma fazenda no sul de Minas Gerais. O lugar seria transformado pelo jovem casal, Mônica e Flávio, em um negócio para produção de terra fértil e adubo para venda local e até exportação. A promessa era de algo bem lucrativo, o que os deixou bastante animados, afinal, acabavam de se formar em Agronomia.

— Depois de tanta coisa que aconteceu, nunca imaginei reencontrá-lo através da minha neta.

— Nem eu. Até pensei que você retornaria para visitar seus pais quando estavam doentes, mas... Agora entendo. Nem soube o que eles passaram.

— É... Minha irmã...

— O que pretende fazer da vida agora, Vitória?

— Cuidar do João Alberto. Meu filho vai precisar muito de mim. Os outros sabem se virar. A não ser a Angélica, como eu lhe contei, que é do tipo que quer viver protegida e amparada. Ainda tem muito o que aprender.

— Um momento e quis saber: — E sua esposa? Fale um pouco dela.

— A Íris foi uma mulher muito boa. Excelente mãe, sempre dedicada, não deixava os filhos serem cuidados e educados pelos empregados. Ah! Isso nunca! — enfatizou. — Também foi boa esposa. Embora bem exigente com determinadas coisas — sorriu. — Foi ela, com sua firmeza, que me ajudou. Não me deixou esmorecer. Era toda certinha. Não atrasava compromissos nem deveres. Vivemos muito bem. Ela era jovem ainda, o nosso mais velho estava com quinze anos, quando dirigia e o carro saiu da estrada. Testemunhas dizem que foi um caminhão que a atingiu e, no acidente, a Íris faleceu. Perdi o chão. Foi um grande golpe. Segui a vida sozinho. Eu e meus filhos. O Aldo não gostava muito da vida no interior, veio estudar aqui no Rio e pegou gosto. O Gilson e o Durval amam aquilo tudo. Eles são meus dois braços.

— A vida foi boa para você.

— Sim, de certa forma foi. Se não fosse a Íris ter ido tão cedo, eu não poderia reclamar.

— Agora vai voltar para a sua rotina, não vai? — ela perguntou sorrindo.

— Sim, vou. Amanhã volto para Minas. Já fiquei aqui tempo demais. — Breve pausa e comentou: — Não esperava reencontrá-la depois de tantos anos e, ainda, sendo a avó da futura mulher do meu neto — riu. — Não esperava isso. Fui muito surpreendido ao vê-la lá naquela festa e não sabia o que dizer. Depois pensei e... Não poderia ir embora sem antes vir aqui para conversar com você. Não poderia ir sem as respostas que sempre quis nestes anos todos.

— O que falou para o seu filho e nora quando disse que queria conversar comigo?

— Eu disse a verdade. Contei a minha parte da história. — Levantando-se, disse: — Bem... Agora preciso ir. Obrigado por me receber. Eu queria muito saber a verdade, a sua parte de tudo o que aconteceu.

Levantando-se, ela respondeu:

Movida pela Ambição

— Sou eu quem agradeço por ainda querer me ouvir. Mesmo tendo se passado...

— Quarenta e sete anos — interrompeu-a, completando ao afirmar.

— É muito tempo, Vinícius — sorriu tímida, escondendo o olhar.

— Só mais uma pergunta.

— Pode fazer.

— Por que guardou essa caixinha velha e o anel sem valor por tanto tempo?

Demorou um tempo em que o olhou na alma ao invadir seu olhar e respondeu com voz macia:

— Guardei por causa de tudo o que sinto por você.

— Ainda sente? Ainda sente algo por mim?

— Sim — sussurrou e abaixou o rosto para que não visse as lágrimas que surgiram.

Vinícius respirou fundo, passou a mão pelos cabelos lisos, brancos e teimosos e foi direto:

— Na nossa idade não temos muito tempo a perder e... Quer vir comigo?

— Hein?!

— Largue tudo e venha comigo para Minas.

Vitória sentiu um turbilhão passar por sua mente. Ficou encantada como se aquele fosse o seu primeiro, último e único encantamento inocente na vida. Sentiu-se a mesma menina da infância, da adolescência, de quem ele havia roubado um beijo.

Seu rosto corou e o desejo de largar tudo para segui-lo queimou-lhe o peito repleto de amor.

Seria esse o caminho a seguir?

Seria o destino do qual fugiu e agora ele lhe batia à porta naquela altura da vida?

Um segundo de sonho e alegria foi desfeito pelo peso da responsabilidade. Lembrou-se de ser a responsável por tudo o que havia conquistado na vida e, entre suas conquistas, estava seu filho João Alberto.

— Não posso, Vinícius. Como eu quero... mas não posso.

— Por que, Vitória?! — exclamou ao sussurrar. — Não temos satisfações a dar. Somos livres.

— Tenho o João Alberto. Meu filho. Ele precisa de mim.

— Ele está internado, pelo que me contou. Creio que ficará lá por longo tempo. Poderá retornar para visitá-lo quando quiser.

— Você sabe que não será assim tão fácil. A vida prática, no futuro, será bem diferente dos planos teóricos feitos agora.

Vinícius se aproximou e tocou-lhe carinhosamente a face com as mãos mornas.

Acarinhou-lhe por algum tempo.

Vitória fechou os olhos e ele, curvando-se, beijou seus lábios com todo amor.

Depois, envolvidos em terno abraço, ele a agasalhou no peito como se quisesse guardá-la no calor de seu coração.

— Sempre a quis comigo — murmurou.

Movida pela Ambição

— Sempre quis ficar com você — tornou ela emocionada, abraçando-o ao recostar-se em seu peito.

Foram longos minutos eternos onde se esqueceram do mundo.

Depois, afastando-se com delicadeza, ela pediu:

— Desculpe-me.

— Do quê?

— De tudo o que eu lhe fiz. Nossa vida poderia ter sido bem diferente se eu não tivesse escolhido outro caminho.

— Isso ninguém pode garantir — disse generoso.

— Tínhamos tudo para ficarmos juntos e eu estraguei nossas vidas.

— Não se culpe. Aconteceu exatamente o que tinha de acontecer.

Vinícius segurou seu rosto com carinho, beijou-lhe novamente os lábios, depois a testa e disse:

— Preciso ir.

— Está certo — concordou ela, afastando-se.

— Estarei esperando por você. Quando quiser, a hora que quiser, estarei lá. Sabe onde e como me encontrar.

— Será que, nesta vida, ainda ficaremos juntos? — ela perguntou sorrindo, mesmo se sentindo triste.

— Nesta, eu não sei. Em outra... eu acredito, piamente, que sim. Deus é bom e justo. Lembre-se disso.

Despediram-se e Vinícius se foi.

Como a vida era irônica, se tivesse ficado ao lado do homem que amou, de certo teria a vida que buscou e a estabilidade que esperava.

Vitória sentiu-se escravizada pela vida que procurou. Escrava das circunstâncias surgidas no caminho que escolheu.

Portas fechadas, luzes apagadas, a sombra de pensamentos confusos, doloridos e uma grande luta: a vontade forte de segui-lo contra o dever de ficar. Um misto de amor que não sabia explicar.

Quando escolheu por Odilon, foi pela vida farta que a esperava. Quando escolheu por Isidoro, foi para continuar vivendo com abundância. Embora em ambas as escolhas não conseguisse a felicidade. Agora escolhia por João Alberto, para ter o coração aliviado no dever cumprido, por amor, na tarefa de mãe.

~

Internado, João Alberto experimentava grandes dificuldades para livrar-se da dependência química.

Algum tempo na clínica e as primeiras visitas de contato com a família foram permitidas.

— Tem dia que eu não aguento, mãe — chorava e reclamava, debruçado sobre as pernas da mãe que, amavelmente, acariciava-lhe a face e os cabelos ralos com a ternura de um anjo. — Eu sinto coisas. Entro em desespero. Fico confuso, tenho tremores. Ai, mãe, como é duro.

— Isso tudo vai passar, meu filho. Esse período ruim faz parte do tratamento. Você vai precisar se livrar da dependência química e se curar dessa doença, aqui, hoje ou amanhã em outro lugar. Então é bom começar agora. Quanto mais cedo, melhor, mais fácil.

— Fico apavorado. Tenho um medo que não faz sentido.

— Então ore.

— Eu não sei... Não me lembro mais como se reza. Fui a igreja tão poucas vezes...

— Então me acompanha — pediu carinhosa. Depois orou: — Senhor Pai, lance seu olhar de bondade e de amor sobre meu filho João Alberto, pois seus pensamentos precisam de Sua luz. Ajude-o, Senhor meu Pai, a ter força de vontade, perseverança e bom ânimo nessa luta difícil. Afasta, Pai, toda perturbação, todas as torturas morais trazidas por irmãos espirituais que, porventura, possam tentar influenciá-lo ao oposto do seu próprio bem. Meu filho, João Alberto, estando fortalecido com Suas bênçãos, protegido pelos guardiões endereçados pelo Senhor, com certeza se sentirá mais forte, bem-disposto e não temerá mal algum. Deus, revela Seu amor no coração de meu filho, dando-lhe a coragem nesta luta. Proteja-o com seu amor que, certamente, é maior do que o meu. Que assim seja!

Ao terminar, Vitória sentia-se emocionada e também viu lágrimas escorrerem pelo canto dos olhos do filho, ainda debruçado em seu colo.

— Onde a senhora aprendeu isso?

— Aprendi a orar em um livro, *O Evangelho Segundo o Espiritismo*, que ganhei há muito tempo de uma amiga querida. Nele aprendi preces, aprendi a viver melhor e a fazer escolhas certas.

— Eu escolhi errado, né, mãe? Escolhi errado quando achei que as drogas não faziam mal, não iriam me deixar dependente.

— O importante não é sofrer pelo passado. O importante é fazer o correto agora. Então, meu filho, escolha o melhor, escolha insistir no tratamento. Veja quanta coisa boa está acontecendo. Você reencontrou sua família, graças a Deus, todos estão apoiando seu tratamento, você está persistente nele...

— A verdade é que se eu tiver uma oportunidade, vou fazer coisa errada, vou voltar ao vício.

— É por isso que precisa ficar aqui. Com nosso apoio, com a ajuda de médicos e psicólogos, vai conseguir.

— Mãe... Deus vai me perdoar? Às vezes penso... Fiz tanta coisa errada. Ele vai me perdoar?

— Quando deixou que encontrasse sua família, Ele mostrou o amor que tem por você. Na verdade, Deus não precisa perdoar ninguém. É a pessoa quem necessita se perdoar.

— E como é que a gente se perdoa?

— Quando se arrepende e procura, depois disso, viver em harmonia não errando mais, viver de bem com a vida, de bem com as outras pessoas e procurando ensinar o que é correto, ajudando os outros de alguma forma. É aí que a gente usa a experiência ruim para algo bom. Olha, quer que eu traga *O Evangelho Segundo o Espiritismo*? Esse livro me ajudou muito e pode ajudá-lo também.

Movida pela Ambição

— Se quiser, pode trazer, mas...

— Mas...

— Não consigo me concentrar direito na leitura. As drogas acabaram com meu lado lógico, usei muita porcaria. Nem organizar as ideias eu consigo direito.

— Posso trazer e ler pra você. Quer assim?

— Assim eu quero. — Ele se sentou direito, encarou-a e depois a abraçou forte. Em meio ao choro, pediu emocionado: — Desculpa, mãe. Me perdoa por tudo o que eu já fiz e pelo que ainda faço, pelas preocupações que teve comigo... Me perdoa...

— Não tenho pelo que perdoar você, não, meu filho — chorou. — Sou sua mãe.

Abraçando-o, apertou-o contra o peito, emocionada.

A partir de então, em todas as visitas, Vitória lia trechos de *O Evangelho Segundo o Espiritismo*, explicava-os com carinho e conversava a respeito do assunto.

Ela passou a frequentar assiduamente um Centro Espírita e ingressou em cursos gratuitos para aprender mais sobre a doutrina reencarnacionista, assim poderia falar com mais conhecimento para o filho, que a ouvia como nunca.

Espiritualmente, isso trazia a João Alberto energias salutares que o revigoravam como espírito, fortalecendo seu âmago, mesmo que o corpo estivesse bem debilitado.

CAPÍTULO 16

Revendo o passado

Com muito carinho e alegria, Mônica e Flávio cuidavam de todos os detalhes para o casamento a ser realizado na fazenda do avô do noivo, que os ajudava financeiramente com prazer.

Enquanto isso, em visita ao médico de seu filho, Vitória ouviu:

— É muito comum os dependentes químicos, durante a internação, fazerem reclamações de todos os tipos. Eles dizem ter dores em todos os lugares do corpo e nós, com cautela, sem desespero, vamos investigando tudo direitinho.

— Sim, eu sei. Quando meu filho foi internado fui avisada disso. Disseram que, por chantagem emocional, para que eu ou os irmãos nos convencêssemos de tirá-lo

Schellida ～ Eliana Machado Coelho

da clínica de recuperação, ele inventaria de tudo, qualquer coisa. Diria que foi maltratado, reclamaria de agressões, fome e de todos os tipos de insultos, ataques, ofensas. Isso ele faria para sair da clínica e voltar para o vício, pois dentro da instituição, ele não teria como arrumar droga.

— Isso mesmo. No entanto, com cautela, nós sempre investigamos as queixas. Após dez meses de internação, o João Alberto veio se queixando de dores de cabeça muito fortes. Quando ele foi devidamente medicado, dizia ter melhorado, depois... No entanto, diversas vezes, isso se repetiu. A princípio, pensei no fato de ele querer remédios que provocassem sono.

— Entendo. É como se ele quisesse qualquer tipo de droga. — disse Vitória.

— Exatamente. Porém, após as reclamações, decidi investigar. Por isso solicitei vários exames clínicos, laboratoriais, entre eles, uma tomografia axial do cérebro.

— E então? — perguntou a mãe muito apreensiva.

— O resultado, lamento informar, não foi nada bom. As drogas afetaram o cérebro e encontramos uma lesão associada ao uso delas. É lógico que pedirei outros exames mais específicos, mas...

— O senhor contou pra ele, doutor? — perguntou aflita, com lágrimas no olhar.

— Ainda não, mas não posso esconder os resultados dos pacientes.

— Sim, eu sei.

— Só queria conversar com a família antes. Vejo-os unidos e dedicados. Principalmente a senhora, que é

Movida pela Ambição

muito empenhada no tratamento e na recuperação de seu filho. — Breve pausa e comentou: — Talvez a senhora queira estar junto quando eu for conversar com ele.

Vitória levou a mão ao rosto, não resistiu e chorou.

— Como eu errei com meu filho...

— Não, dona Vitória. Não pense assim.

— É que o senhor não sabe da minha vida, doutor. Eu errei com meus filhos, sim. Não busquei harmonia e equilíbrio para criá-los e educá-los. Sempre lutei para conseguir tudo o que quis, aprendi a falar, sentar, comer, me comportar e ensinei isso a eles. Fiz de tudo para que tivessem dinheiro e, posso dizer que em meus dois casamentos, escolhi meus maridos sempre pensando em nunca faltar nada. Tive fartura. É verdade que perdi minhas mordomias quando meu segundo marido nos abandonou, mas não perdi a coragem e lutei novamente para me estabilizar e estabilizar meus filhos. Mas nunca, nunca ensinei a eles uma oração, uma prece, bons conceitos morais, filosóficos ou religiosos. Pouco os levei à igreja católica... Mesmo depois, quando conheci a Doutrina Espírita, que para mim foi bom, não os incentivei a ter uma filosofia. Tive força para conseguir muita coisa, mas não fui atrás de informações sobre os prejuízos causados pelas drogas para orientar meu filho. Eu disse que fazia mal, que viciava, mas isso, como o senhor mesmo falou, não é o suficiente. A curiosidade sempre vence a falta de informação. Lembro que quando tive um micro-ondas pela primeira vez, e isso já faz muito tempo, li no manual de instrução para nunca cozinhar ovo no micro-ondas. O maldito manual não explicava o porquê. Fiquei curiosa. Por meses pensei: por que será que não se pode cozinhar ovo no micro-ondas? Curiosa, resolvi testar. Peguei uma vasilha apropriada, coloquei água e um ovo de codorna. Afinal, era um ovo pequeno e não haveria problemas. Calculei um tempo aproximado de cozimento e liguei o aparelho. Antes mesmo de sequer a água esquentar, o ovo explodiu. Aquele pequeno ovo de codorna estourou e se espalhou por todo o aparelho, sujando-o todo. Até naquelas gradinhas internas e na luz ele entrou e pintou tudo. Nunca vi um ovo de codorna render tanto. Foi muito, muito difícil limpar o micro-ondas e, mesmo assim, o cheiro de ovo queimado, um cheiro horrível, impregnou tudo. Quase precisei jogar fora o aparelho. Aprendi que dizer que não presta, que não pode, não é o suficiente. É necessário explicar o porquê. Se aquele maldito manual tivesse essa explicação, eu não teria passado tanta raiva e tido tanto trabalho para descobrir o porquê de não poder cozinhar ovo no micro-ondas. E foi esse o problema do meu filho. Eu, sendo seu manual de instrução, não expliquei por que usar drogas era perigoso. Não lhe expliquei porque não fui atrás de informações. Fui incompetente. Errei.

Quando calou o desabafo, o médico disse:

— A senhora errou porque não sabia. Não sei se posso chamar a isso de erro, de incompetência. Caso soubesse dos danos causados pelas drogas, aí sim, poderia se

Movida pela Ambição

culpar. No entanto, ajudou e ajuda seu filho o quanto pode. Não é omissa nem negligente. — Alguns segundos e comentou: — Já observei que seus outros filhos são diferentes do João Alberto. Embora eu não seja espírita, e sim espiritualista, acredito que ele, talvez, tenha se forçado a passar por esse aprendizado com as drogas. Se a senhora fosse uma péssima mãe, como se acusa, seus outros filhos teria seguido caminhos semelhantes ao dele.

— O que pode ser feito agora, doutor?

— Vamos tratá-lo. A lesão causada pelas drogas, nesse caso, é irreversível e ele precisará de cuidados.

Aquela notícia esmagou o coração de Vitória. Em sua compaixão materna, não sabia o que dizer. Estava disposta a fazer tudo por seu filho. Desde então, em todas as visitas, que passaram a ser mais frequentes por permissão do médico, ela falou-lhe sobre a bondade e a grandiosidade de Deus. Que o Pai oferece várias oportunidades para harmonizarmos o que desarmonizamos.

Não demorou e João Alberto começou a apresentar debilidades no controle e na coordenação dos movimentos, nos reflexos, na capacidade de concentração, que piorava visivelmente, na memória totalmente falha, e na fala trôpega.

Mesmo assim, Vitória o visitava diariamente, conversava e lia para ele, mesmo sabendo que o filho chegara a ponto de não entendê-la mais. Entre as várias leituras salutares, positivas, ela incluía trechos de *O Evangelho Segundo o Espiritismo* ou *O Livro dos Espíritos*. Tocava-o com carinho, beijava-lhe com amor.

Ajudava-o no banho, nas trocas das fraldas, na alimentação.

Ausentou-se somente três dias do hospital particular, que decidiu pagar para tratá-lo, por conta do casamento da neta. Retornou o quanto antes.

Abandonando a empresa e deixando-a sob os cuidados dos filhos, Vitória cuidou prestimosa e incansavelmente de João Alberto por muito tempo.

Um dia antes de o filho completar quarenta e oito anos, ele faleceu, com uma hemorragia no cérebro. Mais uma vítima das lesões provocadas pelas drogas.

Aos sessenta e sete anos, Vitória teve a perda mais dolorosa de sua vida.

Abatida, com expressão exausta e sofrida, ela teve a certeza de ter feito o melhor que pôde para ajudá-lo.

No enterro, chorou muito.

Sob os cuidados dos outros filhos e netos, foi amparada no carinho do silencioso e verdadeiro amor.

Ao retornar para casa, sentiu como se não reconhecesse o lugar. Parecia ter feito uma longa viagem onde vagasse indefinidamente sem trazer lembranças agradáveis.

Sua tristeza pareceu entrar em uma noite sem fim e envolvê-la de tal forma que não pudesse ver o amanhecer.

Acreditava que poucos poderiam entendê-la.

Dentro de infindável amargura, não tinha mais o domínio de si, nem sobre nada.

Pálida, às vezes trêmula e bem abatida, confidenciava sua dor, poucas vezes, somente para Natália.

O tempo foi passando e seu sorriso pôde ser notado brevemente em seu rosto.

A filha Ingrid, seu marido e os netos decidiram voltar a viver no Rio de Janeiro, onde Luiz passou a trabalhar e se estabilizou. Isso trouxe nova luz no rosto frágil de Vitória, onde algumas marcas irremovíveis das experiências de vida se cravaram com firmeza.

Outra notícia a alegrou.

A tão querida neta Mônica estava grávida de seu primeiro filho.

— Dona Vitória — dizia a nora animada —, a senhora vai ser bisavó. Penso que seria bom fazer uma viagem. Visitar a Mônica, ou até mesmo seus irmãos e... — calou-se. Dizia aquilo para animá-la e vê-la reagir mais.

Desconfiada, Vitória perguntou:

— Natália... Conheço você muito bem. O que quer dizer? O que pretende?

— Veja... A senhora está bem, seus filhos e netos estão ótimos. Os negócios vão de vento em popa. Está na hora de passear um pouco. Quem sabe... — sorriu com jeito maroto.

— Quem sabe o quê?

— Umas férias na fazenda do senhor Vinícius! — não conseguiu segurar o semblante de riso e riu gostoso.

— Ficou boba, menina?! Vou fazer setenta anos daqui a pouco e...

— E não está morta, mamãe! — interrompeu Ingrid, que com a cunhada Natália, há dias, planejavam animá-la de alguma forma e fazê-la viver mais. Através da cunhada, ela ficou sabendo de toda a história entre sua mãe e Vinícius.

— Sabe, mamãe, acho que a senhora já fez o bastante. Está na hora de aproveitar a vida, se divertir, se alegrar.

— E como é que se faz isso quando não se tem vontade? — perguntou algo amarga.

— É só começar a fazer que a vontade aparece, a diversão e a alegria vêm. A senhora conhece Pernambuco, Porto de Galinhas? São lugares lindos! Ou então... Fernando de Noronha. Nossa! Lá é demais. Esse país é enorme, temos lugares magníficos. Mas se não quiser, pode optar por uma viagem internacional. Quem sabe um pacote...

— Pare com isso, Ingrid. Estou bem aqui fazendo o que faço.

— Dona Vitória, eu e ela só falamos isso para a senhora aproveitar mais a vida e...

— Querem café? — Vitória interrompeu educada.

— Não, obrigada — respondeu a nora.

— Se vocês não querem, eu quero. — riu ao completar. — Só que o pó acabou e preciso sair para comprar — foi esse o jeito que encontrou para não continuar com aquele assunto.

Dizendo isso, Vitória se levantou e deixou ambas sentadas à mesa de sua cozinha.

No entanto, seu coração se apertava ao se lembrar de Vinícius. Mas, com quase setenta anos... Achava que não tinha idade para romance. Seria ridícula. Seria bisavó. O que os outros iriam dizer?

Movida pela Ambição

O viço de Vitória estava ofuscado, gasto pelas dificuldades. Não havia mais tanta alegria em seus olhos, antes ardentes. Sentia-se quase uma senhora frágil e sensível, sem grandes alegrias para externar.

Tinha uma família amável, que se ocupava dela em busca de sua sabedoria e experiência de vida.

Era do tipo que conversava muito com os filhos e netos, quando podia. Aos últimos, gostava de contar como foi difícil a vida do tio João Alberto, por causa de seu envolvimento com drogas. Isso os alertava, esclarecia para que não se inclinassem aos vícios.

Entretanto, em sua rotina, havia dias de um vazio cruel, mesmo com as atividades para a terceira idade na academia como natação, yoga e hidroginástica. Também fazia aulas de pintura em tela que decidiu aprender e achava engraçado, divertia-se muito. Mas, ao voltar para casa, lá estava o vazio à sua espera e as lembranças vinham com ele.

Em seu aniversário de setenta anos, os filhos lhe deram uma festa surpresa.

Porém, foi Vitória que os surpreendeu mais, quando, na manhã seguinte, estava de malas prontas e pediu:

— Preciso que alguém me leve ao aeroporto.

— Por quê? O que a senhora vai fazer? — quis saber Márcio, assustado.

— Viajar! Oras! — sorriu ao falar de um jeito engraçado.

— Para onde, mamãe? — perguntou Ingrid.

— Vou pegar um avião, já estou com as passagens compradas. Vou para Belo Horizonte e, de lá, vejo qual o meio de transporte para melhor se chegar até a casa de minha cunhada, sua tia, Antero.

— Mas... Como assim, mãe? — indagou o filho.

— Gente! Não vou fazer nada demais. Quero ver como está minha cunhada, a Maria de Lourdes e os filhos.

— Mas... e se ela não receber a senhora bem? — tornou Antero.

— Peço desculpas pelo incômodo e tomo outro rumo.

— Eu vou com a senhora.

— Não, Antero. Você fica. Precisam de você aqui.

— A senhora vai sozinha? — perguntou Natália.

— Mas não foi você que ficou enchendo a minha cabeça para eu viajar?! Ora, Natália!

Com atitude firme, Vitória seguiu o roteiro traçado e se foi para Minas Gerais e de lá para a cidade onde sua cunhada morava.

~

Sozinha, Vitória se instalou em um hotel e saiu para dar uma volta.

Tudo estava muito diferente. Quase não reconheceu nada.

Precisou perguntar onde ficava a casa de Maria de Lourdes ou de seu filho para que alguém indicasse. Talvez a cunhada nem estivesse viva. Mesmo assim, queria notícias de Quinzinho, o pequeno Joaquim, que ela pajeou.

Movida pela Ambição

Encontrando a residência, reparou muitas mudanças, e ela fez soar a campainha para se anunciar.

Uma empregada foi atendê-la e retornou para dentro após sua identificação.

Veio ao portão um homem alto, de grande porte, com cerca de cinquenta e cinco anos. Calvo, usava calças largas que pareciam prontas para cair a qualquer momento. Camisa clara, com parte para fora da calça e suado.

Estava muito calor.

Ao encará-la, a olhou por muito tempo e, após abrir o portão, perguntou:

— A senhora é minha tia? A tia Vitória?

— Quem é você?

— Sou o Joaquim, filho da Maria de Lourdes.

— Quinzinho! Sou sua tia Vitória, sim! — sorriu alegre. — Meu Deus! Você...

Abraçaram-se e ela se emocionou. Logo, ele pediu animado:

— Por favor, vamos entrar!

Vitória não esperava ser tão bem recebida.

Joaquim a apresentou para sua esposa, Madalena, que pareceu feliz e surpresa.

— Prazer em conhecê-la! — cumprimentou-a com forte sotaque. — A minha sogra falou da senhora.

— Com certeza não falou coisa boa — disse a visitante com meio sorriso. — Vim aqui para saber dela.

— Minha mãe está na fazenda agora. Ela prefere ficar lá; desde que meu pai faleceu não gosta daqui da cidade, aqui tem muitas lembranças dele.

Schellida ∼ Eliana Machado Coelho

— Ela está bem?

— Sempre com alguns probleminhas, a senhora sabe. Coisa da idade.

— Conte-me de você, Quinzinho. Do seu irmão. Fale um pouco de tudo. Afinal, eu sumi e... Não tenho a menor ideia de como estão todos.

— Meu irmão faleceu, tia. Já faz uns vinte anos.

— Meu Deus! Desculpe-me, não sabia. Quando estive aqui, da última vez, meus filhos eram pequenos e... Eu o vi de longe, perto do hotel onde me hospedei. Bem, estávamos indo embora e minha irmã, a Marta, estava comigo. Quando ele apareceu, ela disse que aquele era o Ademir, meu sobrinho. Acho que ele nem me viu. Não fui cumprimentá-lo, pois... Era um momento complicado para mim. — Breve pausa e lamentou em forma de pergunta: — Então ele faleceu? Do quê?

— Leucemia.

— Lamento, muito. Imagino como sua mãe ficou. Sei o quanto é duro perder um filho. O meu segundo filho, o João Alberto, se foi há três anos e até hoje dói muito. — Um momento e quis saber: — E vocês? Têm filhos?

— Temos três meninas e um menino — sorriu Joaquim ao responder. — Sou avô de três meninos. A minha filha mais velha, a Ana, tem um menino; a minha segunda, a Carmem, tem mais dois meninos; a terceira filha, a Carina não tem filho ainda. Ela casou, foi para São Paulo e, ela e o marido, querem primeiro se estabilizar pra depois terem os berrentos. O meu menino, o caçula, é o Valdir. Imagine a senhora que eu e a Madalena ficamos tentando até vir um menino homem.

— Quantos anos ele tem?

— Dezesseis. É um rapaz muito esperto. Estudava e trabalhava comigo, que continuo com os negócios do meu pai. Só que... — deteve-se e olhou para a esposa.

— O nosso menino está doente, dona Vitória — disse Madalena como um lamento. Com olhos cheios de lágrimas, contou: — Descobrimos há pouco tempo que o nosso menino está muito doente e...

— O que ele tem? — preocupou-se.

— A mesma doença do meu irmão, tia.

— Ele precisa de um tratamento e de um doador de medula — contou Madalena secando as lágrimas com as mãos. — Dizem que é mais fácil encontrar doador na família, mas nenhum de nós é compatível. Até nossos netos, primos distantes... todo mundo já tentou e nada.

— É tia, é triste o que passamos — tornou Joaquim colocando o braço sobre o ombro da esposa, acalentan-do-a. — Agora só nos resta aparecer alguém compatível no banco de medula, mas não é fácil. As pessoas não tem conhecimento de que, em vida, podem salvar outras vidas.

— Se entre parentes é mais fácil encontrar doador, ainda resta o meu filho Antero, seu primo legítimo, filho do seu tio Odilon, irmão de sua mãe. Além dele, tem a minha neta, a Mônica, filha de Antero. Ela está grávida, mas após ter o nenê... Tenho certeza de que eles não vão se negar ao teste ou à doação, se um deles for compatível.

O casal se entreolhou com um brilho indescritível de esperança no olhar.

— Como é que não lembramos da dona Vitória e do seu primo, ô Quinzinho? — perguntou Madalena. — Fizemos uma varredura na família e se esquecêmo do filho do seu tio!

— Ainda está em tempo, gente! Vamos ver o que se pode fazer e o quanto antes. Onde está o Valdir, seu filho?

— Internado em um hospital em Belo Horizonte — respondeu Joaquim.

— Vou voltar para o hotel agora e ligar para o Antero, depois...

— Onde é que a senhora está morando, tia? — interrompeu-a.

— No Rio de Janeiro. Moro nos fundos da casa do Antero.

— Quem veio com a senhora?

— Vim sozinha. E...

— Então nós vamos agora lá pro hotel e é pra pegar as suas coisas. A senhora vai é ficar aqui. Onde já se viu!

— Quinzinho, um momento. Tenho certeza de que o meu filho e minha neta serão solidários e vão se oferecer para os testes e como doadores, se forem compatíveis, mas não sabemos ainda dos resultados e...

— Não é por isso que a gente quer que a senhora fique aqui. Eu quero a senhora aqui porque é a única parenta que eu tenho! Tia, depois da minha mãe, eu não

Movida pela Ambição

tenho mais ninguém. Só vem gente depois de mim, que são minhas filhas, meu filho e minha mulher. Depois que perdi meu irmão, senti um vazio... Fiquei sem parente. Agora a senhora apareceu e eu tenho tia, primos!...

— A minha família é grande. Digo, a nossa! — sorriu ela.

— Então a tia vai tomar um café e depois a gente vai pro hotel pegar as coisas dela. Depois a tia liga pro meu primo Antero e fala com ele.

Assim foi feito.

Ao ligar para o filho, ele se prontificou de imediato para fazer os exames de compatibilidade como doador de medula óssea. Ele ficou de telefonar para sua filha e falar a respeito do assunto. Embora Mônica estivesse grávida, após o período de gestação e lactação, se Antero não fosse compatível, ela poderia se prestar aos exames.

Em três dias, combinaram de encontrar Antero em Belo Horizonte.

Antes, entretanto, Vitória quis ir até a fazenda visitar Maria de Lourdes.

Ao descer do carro do sobrinho, cautelosa, Vitória aproximou-se vagarosamente da varanda, onde uma cadeira de balanço rangia a tábua do assoalho parecendo proposital. Ela deduziu que a mulher ali sentada fosse sua cunhada.

O som do calcar dos sapatos nas escadas de madeira não despertou a curiosidade de quem continuava a balançar.

— Maria de Lourdes — chamou baixinho. Ela se virou e demorou para reconhecer. Foi quando a outra se apresentou: — Sou eu, Vitória, sua cunhada. Lembra-se de mim?

O embalar da cadeira cessou de imediato.

Maria de Lourdes franziu o cenho, espremeu os olhos e murmurou:

— Você?!... Vitória?!

Maria de Lourdes era uma senhora bastante envelhecida.

Amarga, transpirava a aspereza de um vinagre em cada expressão de seu olhar.

Mulher que foi, por toda vida, improdutiva e dependente, só sabia exigir e reclamar.

Certamente não lhe restava outro destino se não o da solidão rancorosa e doída. Continuava improdutiva e estagnada por falta de boa vontade.

— Sim, sou eu — respondeu a cunhada com humildade, pois imaginava o que a outra pensava dela depois de tudo o que ocorreu no passado.

— E o que é que você está fazendo aqui?! Por acaso quer a outra parte da herança?! Saiba que já recebeu tudo!

— Não. Não é nada disso.

— Mamãe, não fale assim. A tia veio nos visitar.

— E você acredita nisso?! — falou indignada.

— Mamãe... — tentou argumentar, mas foi interrompido.

— Deixa, Quinzinho. Ela está dentro da razão dela.

Aproveitando-se da pausa, Maria de Lourdes atacou:

— Você acabou com a vida do meu irmão. Como se não bastasse, se apoderou de tudo o que meu pai deixou pra ele! Ordinária! Sem-vergonha!

Na primeira oportunidade, Vitória falou em tom tranquilo:

— Eu vim aqui justamente por conta dos meus erros. Não vai adiantar eu dizer que era jovem, inexperiente... Não. Na verdade eu era uma criatura imprudente, sem princípios morais e espirituais, imperfeita, repleta de ambições. Essas qualidades inferiores me fizeram agir sem escrúpulo, mas não pense que, com os meus objetivos alcançados, eu me realizei e fui feliz. Não. Longe disso. Precisei de tempo, de sofrimento e de muita dor na alma para ter princípios morais e espirituais. Ainda sou imperfeita e meu maior desejo é me elevar, evoluir. Mas não evoluir na riqueza ou em bens materiais. Isso não. Foi quando eu perdi tudo o que tive que descobri ter qualidades positivas, perseverança e força de vontade. Decidi ir à luta usando somente essas duas armas que Deus me deu: perseverança e força de vontade. Foi quando perdi tudo que descobri que só no caminho da dignidade eu poderia encontrar descanso para minha alma cansada.

— Cansada do quê?! Da vida boa que teve à custa de tudo o que herdou do Odilon? Meu pai morreu indignado com tudo o que fez. Ele nunca perdoou você e seu filho bastardo!

— Oh, mamãe... Não fale assim, não.

— Falo, sim! Seu avô morreu por culpa dela! Desgraçada! Infeliz!

— Ooooh, tia!... Vamos embora daqui. Minha mãe é sempre assim. Essa conversa não vai terminar bem — pediu Joaquim com jeito humilde.

— Eu mereço o que ela está dizendo. Está doendo. Estou arrependida. Muito arrependida. Mas, infelizmente, não posso mudar o que já fiz. Posso somente pedir que me desculpem. Hoje eu sei o quanto errei.

Maria de Lourdes não falou mais nada, além de seu olhar rancoroso que dizia o quanto odiava Vitória.

Em tom humilde e triste, a cunhada se despediu e, em companhia de Joaquim, retornou para a cidade.

CAPÍTULO 17

A verdadeira força do amor

Joaquim ficou extremamente satisfeito e agradecido ao ver o primo Antero Neto no hospital em Belo Horizonte, onde seu filho Valdir estava internado.

Não tinha palavras para agradecê-lo nem sabia o que fazer para tratá-lo cada vez melhor.

Em visita a Valdir, um rapazinho sorridente, embora tímido, Vitória conversou bastante e o animou com assuntos saudáveis e positivos.

Antero dispôs-se à pequena coleta de sangue para testes que determinariam se as características genéticas eram compatíveis para a doação de medula ao primo de segundo grau.

Aos cinquenta e três anos, ele ainda estava dentro da faixa etária de doador, que vai até cinquenta e cinco.

O sangue coletado foi para o laboratório e o resultado sairia em alguns dias.

Nesse período, Antero e sua mãe foram para a casa de Joaquim, na qual as filhas, genros e netos que moravam em Minas Gerais se reuniram para esse encontro tão especial.

Vitória, mais uma vez, não esperava por tamanha recepção calorosa e gentil.

Todos estavam bastante esperançosos por um resultado positivo, que auxiliaria o jovem Valdir. Algum tempo depois e ansioso, Joaquim e os demais procuraram o médico em busca dos resultados.

— Parabéns! — disse o doutor. — O senhor Antero é tão compatível com o nosso Valdir quanto um irmão gêmeo univitelino.

— O que é isso, doutor? — perguntou Madalena, mãe esperançosa.

— Gêmeos idênticos. Geneticamente falando, o senhor Antero e o Valdir têm compatibilidade perfeita. O procedimento será um sucesso! Posso garantir!

Joaquim abraçou o primo e começou a chorar.

Finalmente a luta do jovem Valdir ganhava um forte aliado que, provavelmente, o livraria de grande sofrimento. Se tudo desse certo, ele receberia o maior dos presentes, a maior das recompensas que alguém, com sua aflição, poderia receber: qualidade de vida.

Logo depois, a sós com sua mãe, Antero dizia:

— Fiquei tão feliz por ser útil, por poder ajudar.

— É que seu coração é bondoso, filho.

— Não é isso não, mãe. Sinto algo como... ...uma felicidade que não sei explicar. Na hora que eu soube da compatibilidade, meu coração ficou agitado no peito e senti como se... Nem sei explicar. Como se ele fosse um filho meu encontrando cura e alívio.

— Talvez seja o meio de você lhe pagar alguma dívida do passado.

— É mesmo. Pensei nisso, só não quis falar. Talvez eu tenha tirado do Valdir algo que o deixou frágil, abalado, e agora é a chance de lhe devolver a paz, a saúde.

— Só que... — calou-se por instantes. Diante da expectativa de Antero que a aguardava completar, falou: — se você tirou algo do Valdir no passado e agora precisa devolver, essa dívida só existe por parte dele. Repare que ele é quem está doente e precisa de você.

— Como assim, mãe?

— Estou falando de perdão, filho. Você está doando amor, vida. Isso não tem preço e vai gerar o perdão do que quer que seja. Vai gerar uma gratidão enorme por parte dele e uma satisfação de sua parte. Por isso é importante perdoar, compreender e também pedir perdão.

— Sabe, sempre achei importante doarmos algo de nós, principalmente em vida, que não seja só dinheiro e bens materiais. Penso que quando doamos sangue, medula óssea, ou sei lá o que, doamos algo que dinheiro nenhum compra. Por isso, sempre que pude, doei sangue, apesar de nunca ter pensado em me cadastrar para doar medula.

Vitória sorriu satisfeita por ter um filho tão generoso.

Sem qualquer vaidade, ela sabia que, de alguma forma, havia colaborado para que ele pensasse assim, sem egoísmo.

Com o passar dos dias, tudo foi providenciado para o transplante de medula óssea.

Apesar de Valdir precisar ficar isolado por bastante tempo, sem sequer escovar os dentes para não ter sangramento nem na boca, além de não ter contato direto com seus pais e outras pessoas, o procedimento foi um sucesso.

Enquanto o rapazinho se recuperava, Antero precisou retornar para o Rio de Janeiro a fim de assumir suas atividades normais.

Através do filho Joaquim, Maria de Lourdes ficou sabendo sobre a compatibilidade genética entre Antero e Valdir e também sobre o sucesso do transplante.

— É mamãe, e a senhora sempre amaldiçoou o filho da tia Vitória. Até duvidou dele ser ou não filho do tio Odilon. — Ela nada disse e Joaquim, em tom bondoso, continuou: — Seu neto se recupera de uma forma impressionante. Tem que ver como ele está bem, animado como nunca. Não tinha visto o Valdir tão alegre, sorridente e cheio de planos para quando sair do hospital. Sabe mamãe, nós devemos tirar os pensamentos ruins da nossa cabeça. Não devemos julgar nem criticar ninguém. Devo admitir que sempre tive certa raiva da tia Vitória, de quem nem me lembrava, do primo Antero, que nunca tinha visto, só porque a senhora vivia dizendo que os outros bens do meu avô ficaram para eles, que não deveriam ter direito a nada. Mas quando eu vi a tia Vitória parada no portão da minha casa... Eu não tinha lembrado dela e do primo para pedir ajuda para o meu filho e... Quando eu a vi parada no portão, meu coração ficou alegre e com uma gota de esperança. Pensei, então: Deus! Faça o primo Antero, que é nosso parente, ser generoso e querer fazer o teste de compatibilidade e que os resultados deem certo e que, ainda, ele queira ser doador. Quando contei para a tia sobre o caso do Valdir, nem precisei pedir, ela se prontificou em falar com o primo. Sabe, mamãe, se o preço para o meu filho ter saúde e qualidade de vida foi a herança que meu avô deixou para eles, saiba que foi pouco, pois eu teria pago muito, muito mais.

Maria de Lourdes, em total silêncio, ruminava os pensamentos e não queria admitir estar errada nem reconhecer a generosidade de Vitória e Antero Neto. Continuou em sua cadeira, balançando lentamente, com o mesmo movimento que fazia ranger, propositadamente, a tábua daquele assoalho de forma irritante.

— Bem, mamãe, preciso ir. Hoje vou para Belo Horizonte, amanhã o Valdir recebe alta.

Joaquim a beijou na testa e se foi.

~

Vitória já estava no Rio de Janeiro com os filhos e a neta, que estava prestes a dar à luz.

No primeiro dia de primavera, Mônica deu luz a Bruno, um lindo menino.

Nunca se viu uma bisavó tão coruja e animada.

Cuidou da neta e do bisneto com primor e alegria, orientando a jovem mãe em tudo.

O que Vitória não esperava era a visita do bisavô, Vinícius, que surpreendeu a todos ao chegar sem avisar.

Na primeira oportunidade, Vinícius a procurou.

— Soube que esteve em Minas, visitou a Maria de Lourdes e o filho.

— É verdade.

— Por que não esticou mais um pouquinho e foi me ver?

— Para dizer a verdade... Minha intenção era procurá-lo. Mas não deu. Houve imprevistos e logo depois a Mônica veio para o Rio para ter o nenê.

— Eu soube de tudo. Inclusive de toda sua dedicação ao João Alberto. Meu filho Aldo me contou.

— O Aldo e a Cristina sempre estão presentes em minha vida desde que os conheci.

— E então?

— O quê?

— Você disse que foi para Minas e tinha a intenção de me procurar. E então?

Vitória sorriu sem jeito e, por fim, falou:

— Queria tirar umas férias de toda essa agitação do Rio de Janeiro. Fiquei muito deprimida após a morte do meu filho e... Queria ver você.

— Pensou na proposta que lhe fiz, Vitória?

Movida pela Ambição

— Proposta?...

— Sim. A de ir comigo para Minas e morar lá na fazenda comigo.

— Ora, Vinícius...

Sem que ela esperasse, ele perguntou:

— Quer se casar comigo?

— Casar?

— Sim. Casar. Quer se casar comigo? Assim ninguém terá nada o que dizer.

— Não somos jovens! Olha a nossa idade!

— E daí, Vitória?! Tenho setenta e três anos no corpo e não na mente. Ainda sou um jovem esperançoso. Esperei a vida inteira por você — sorriu.

— Mas eu...

Antes que ela pudesse argumentar, Vinícius a tomou cuidadosamente nos braços, beijou-a com todo amor e foi correspondido.

Os anos, o tempo, a distância e os imprevistos da jornada jamais interferiram na verdadeira força daquele amor.

Um pouco sem jeito, Vitória se afastou e fugiu ao olhar.

Vinícius afagou-lhe o rosto com carinho e ao olhar aquela face moldada pelos anos, ainda via o rosto de menina, da jovem amada por quem se apaixonou.

Não seriam os vincos feitos pelo tempo que tirariam a força de sua beleza cravada em seu âmago e o vigor de sua alma repleta de vida.

Num murmúrio, ele pediu novamente:

— Casa comigo. Vamos embora daqui. Não há nada que possa nos separar mais.

Olhando-o nos olhos, ela sorriu e, lúcida, tomou a maior decisão de sua vida:

— Caso sim. Amo você, sempre amei.

— Também amo você.

Beijaram-se longamente como sempre desejaram, sem a repressão da juventude e sim com o amor verdadeiro que sempre uniu suas almas.

O mais difícil estava por vir: contar aos filhos sobre aquela decisão.

Aproveitando um almoço de família, oferecido por Natália e Antero, em que Aldo e Cristina também compareceram, Vinícius surpreendeu a todos com a notícia:

— Eu queria um minuto da atenção de todos. — O silêncio reinou enquanto os rostos desavisados brilhavam sorridentes no aguardo: — Quero aproveitar a reunião e comunicar que eu e a Vitória vamos nos casar.

Alguns sorrisos se contraíram, enquanto outros se alargaram.

— Mãe!... Casar? — perguntou Márcio, confuso.

— Mas mãe! A senhora já tem setenta e um anos! — alarmou-se Angélica.

— Eu dou o maior apoio e minha bênção! — disse Ingrid sorridente, na sua vez.

— Eu também! — concordou Natália. — A dona Vitória merece ser feliz.

Movida pela Ambição

— Quem disse que eu não vou ao casamento da minha avó? — falou Mônica alegre.

— E nosso filho no casamento da bisa e do biso! — exclamou Flávio contente.

Vitória interrompeu o murmurinho e, como sempre firme em suas decisões, pediu:

— Um momento, por favor. — Diante do silêncio e da atenção recebida, prosseguiu: — Eu sei que, para alguns de vocês, nossa decisão pode parecer absurda. No entanto, eu e o Vinícius temos uma história que já conhecem. Também temos juízo, não somos crianças nem aventureiros e sim maduros o suficiente para percebermos que queremos ficar juntos nessa etapa de nossas vidas. — Breve pausa e perguntou: — Que graça terão nossas vidas se não quisermos a companhia um do outro e preferirmos a solidão?

Ninguém disse nada e Vinícius argumentou:

— Pelo menos vamos cuidar um do outro sem perturbar tanto os nossos filhos. É duro lembrar da hora dos remédios!... — riu.

— Ora, pai! O senhor nunca nos perturbou — disse Aldo.

— Um brinde aos noivos! — gritou Antero que foi seguido pelos demais.

Apesar de Márcio e Angélica não serem tão favoráveis, também não se opuseram tanto, não atrapalhando a felicidade do casal.

〜

Em pouco tempo o casamento de Vitória e Vinícius foi realizado na fazenda, na presença dos filhos, netos, bisnetos e alguns parentes e amigos.

Joaquim e a família compareceram.

Por insistência da filha Ingrid e da nora Natália, um belo vestido de noiva foi feito e Vitória nunca esteve tão bonita, apesar de se sentir um tanto constrangida.

No altar improvisado ao ar livre, muitas flores davam vida, alegria e encanto à ocasião.

Cadeiras bem postas ao lado de longo tapete vermelho foram agraciadas por pétalas de rosas brancas, jogadas pelas duas netas de Vinícius, antes da entrada da noiva, que foi conduzida ao altar lindamente pelo filho Antero, que não conseguiu segurar algumas lágrimas de emoção assim como Vitória.

O padre, que veio da cidade especialmente para realizar a cerimônia, fez um casamento bem diferenciado, com nobres ensinamentos e palavras sobre o amor verdadeiro entre duas almas queridas que Deus nunca separou.

No fim, a troca das alianças sob uma linda música e um beijo discreto selaram as juras de amor.

Uma festa muito agradável na fazenda comemorou a união.

Na manhã seguinte, Vitória e Vinícius viajaram em lua de mel num cruzeiro marítimo, algo que ambos, secretamente, sempre sonharam.

Ao retornarem, instalaram-se na fazenda.

Ela, logicamente, estranhou um pouco a rotina.

Não estava mais acostumada à vida no campo. Afinal, muito tempo havia se passado desde que se mudou para o Rio de Janeiro.

No entanto, adaptou-se rapidamente.

Pela manhã cuidava de suas coisas, dava ordens às empregadas da casa e fazia questão de orientar e acompanhar pessoalmente o preparo do almoço.

Toda manhã, ela e o marido criaram o hábito de fazer longa caminhada pelo pomar, até chegarem ao rio. Depois, sentavam em um tronco, lá tombado havia muitos anos, e esperavam as carícias das brisas do amanhecer.

Conversavam muito, contavam suas histórias, às vezes repetidas, relembravam fatos, riam... Tratavam-se com carinho, como dois namorados, jovens amantes.

Eram eternos apaixonados.

Certa vez, Vitória, curiosa, perguntou:

— Como você foi capaz de me perdoar? Depois de tudo o que fiz... Eu o abandonei e... — calou-se.

— É importante para você falar sobre isso?

— É sim. Sempre me pego pensando a respeito.

Algum tempo e o marido respondeu:

— No início foi difícil. Senti raiva, mágoa... Depois, com o tempo, com o correr dos anos, comecei a entender que sempre a amei. Compreendi que foram suas dificuldades na infância que a levaram a ter ambições e a fazer escolhas em favor de uma vida melhor. Acreditei que, certamente, você não era feliz. Nunca foi e... — Breve pausa.

— Quando me tornei mais maduro, entendi que sob determinadas circunstâncias, todos nós somos capazes de fazer tudo. Não poderia julgá-la. Não sei o que faria no seu lugar, com as mesmas necessidades. — Um instante, olhou-a nos olhos e falou: — Acreditei que, se fosse para ficar comigo, um dia, isso acabaria acontecendo. — Sorriu. — Sabe, Vitória, todos os movimentos da vida são em função de colocar tudo em seu devido lugar. Por isso não devemos perder nosso tempo julgando, classificando e comparando as pessoas. Isso só nos traz dores e contrariedades. Nós nos magoamos e adoecemos com isso. Chegou uma hora, em minha vida, que aprendi a não julgar mais ninguém. Aí eu aprendi a amar de verdade. Quando julgamos, criticamos... quando queremos controlar alguém ou uma situação... quando fazemos comentários desairosos, querendo tirar o brilho ou o valor de alguém ou do que alguém fez e apontamos os erros, mesmo que estejamos certos, erramos, mostramos a nossa inferioridade, a nossa pequenez. Certamente nós faríamos algo bem pior do que aquela pessoa, se estivéssemos no lugar dela. — Breve pausa e prosseguiu: — Por isso deixei de julgar. — Sorriu e se lembrou: — Certa vez, ouvi uma frase muito sábia. Nem sei quem é o autor. Ela é mais ou menos assim: "Nunca devemos julgar a pessoa que amamos. O amor que não é cego, não é amor". Aqueles que erram, reconhecem que erraram e se corrigem, devem ser perdoados sem que lhes façamos cobranças.

Vitória sorriu e disse:

— É verdade. Nem mesmo Jesus julgou ou criticou. Até para a mulher adúltera Ele disse para seguir e não errar mais.

— Quando Ele disse para ela não errar mais, Ele já disse que o que ela fez era errado. Isso já foi o suficiente. Quer exemplo maior de amor e sabedoria? — A esposa não respondeu e ele prosseguiu: — Mesmo que, a princípio, nós não consigamos entender ou aceitar, o melhor é silenciar e aguardar. O sábio tempo vai se encarregar de nos mostrar a necessidade, a utilidade de determinadas situações.

— É difícil, diante de algo que nos contrarie, aceitar que tudo serve para o nosso aprendizado.

— A aceitação, a paciência é o que nos diferencia, é o que nos torna muito mais sábios e elevados. A paciência e a aceitação são práticas que precisam ser treinadas até que fluam ou aconteçam naturalmente em nossas atitudes diárias. Quando aprendemos, nos tornamos criaturas mais alegres, felizes sem o terrorismo da ansiedade que nos traz a angústia, as dores da alma. Por isso, Vitória — falou sorrindo —, todos os dias ao acordar e ao me deitar eu elevo meus pensamentos, silencio a boca e agradeço, confio, aceito e só peço forças e sabedoria para lidar com todas as situações, pois sei que tudo, exatamente tudo o que acontece é prova para o meu crescimento e eu quero ficar alerta para não perder nenhuma oportunidade, pois em tudo, em todas as dinâmicas da vida, estão as experiências para a minha evolução. E evoluindo eu encontro a paz profunda capaz de me trazer a felicidade.

Alguns instantes de reflexão e ela comentou:

— Penso que é mais fácil perdoar alguém que se ama, do que se perdoar, quando se erra, em matéria de amor. Durante anos, foi muito difícil eu me perdoar pelo que fiz a você. Acho que ainda não me perdoei.

— Deveria se perdoar.

— Como faço isso?

— Me amando, se dedicando a mim... Me enchendo de beijos, abraços... Me tratando com muito, mas muito carinho, messssmo! — brincou dizendo a verdade, sorrindo de um jeito adorável ao falar amorosamente.

Pegando sua mão, beijou-a e puxou-a para que se recostasse nele.

Abraçou-a com carinho e beijou-lhe os lábios.

O silêncio entre ambos não calou os pássaros que cantavam no início daquela manhã bela e gloriosa, como presente abençoado.

Enquanto o sol, de magnífica beleza, subia, deixando dourado tudo o que tocava, ficaram os dois ali, admirando a natureza, agradecendo a Deus por estarem juntos.

~

Um amor calmo, verdadeiramente feliz, entrelaçava-os a cada dia, fortalecendo a abençoada união.

Por sete anos foi assim.

Nenhuma briga, nenhum desentendimento, nenhuma contrariedade.

A idade trouxe a Vitória e Vinícius aprendizados e com eles a sabedoria e a receita de uma vida calma, equilibrada e feliz.

Certo dia, Vitória estava entretida com as empregadas na cozinha, falando sobre os preparativos para uma reunião de família, que aconteceria em dois dias.

Seus filhos e alguns netos, junto com os filhos e netos do marido, se reuniriam ali para comemorarem o oitavo ano de união entre eles.

Foi quando Vitória, subitamente, levou a mão ao peito, deu um suspiro forte e ficou paralisada.

— O que foi, dona Vitória?! — perguntou uma das mulheres que trabalhava na casa.

Pálida, a dona da casa cambaleou e procurou se apoiar na mesa.

A outra empregada correu e disse:

— Segura ela! — Ao se aproximar, com a ajuda da colega, levaram-na para se sentar na sala, onde havia maior conforto.

Deram-lhe um copo de água com açúcar, ela tomou poucos goles.

— Dona Vitória, o que aconteceu?

— Não sei... — murmurou. — Senti uma coisa tão ruim... Tão estranha... — Um minuto e falou baixinho: — Meu Deus!... O Vinícius...

Tentou levantar, mas as empregadas não deixavam.

— Não, senhora! A senhora não vai sair daqui, não. Olha como tá branca! Tá feito cera!

— Meu marido... — tornou Vitória. — Quero ver meu marido.

— Vou mandar chamar. Mas a senhora fica sentadinha aqui.

Uma das mulheres ficou ali, fazendo-lhe companhia, enquanto a outra pediu a um dos rapazes que trabalhavam na fazenda que fosse à procura de Vinícius.

Antes mesmo de o encontrarem, chegou ali na casa Gilson, o filho do meio de Vinícius.

Ao vê-lo chegar às pressas e assustado, não conseguiram segurar Vitória, que correu em sua direção.

— Onde está seu pai?! — ela quis saber.

— Dona Vitória... — gaguejou.

— Fala logo! Cadê o Vinícius?!

— Ele caiu... Caiu do cavalo. Vim pegar a chave da caminhonete. Ele precisa ser socorrido. Bateu a cabeça e está desacordado.

Arrancando forças do fundo da alma, Vitória foi a direção do claviculário, pegou as chaves do veículo e entregou a Gilson.

Seguindo com ele, foi até onde o marido estava deitado sobre uma tábua, improvisada para servir de maca, para socorrê-lo com mais segurança.

Durval, o filho caçula, disse de modo desesperado:

— Ele abriu os olhos! Tentou falar alguma coisa, mas não conseguiu e... — sua voz embargou.

Com a ajuda dos funcionários, os filhos colocaram o pai no veículo.

Vitória colocou-se ao lado do marido e segurou-lhe a mão.

— Dona Vitória, não seria melhor a senhora ficar? Vai ser incômodo ir até o hospital aí sentada desse jeito.

Erguendo o olhar lentamente, como só ela sabia fazer, respondeu com aquele silêncio frio, não necessitando de palavras para fazer prevalecer a sua vontade.

— Vamos! Vamos, Gilson! Não podemos perder tempo — ordenou Durval preocupado. — Se conheço a dona Vitória, não vamos fazer com que ela mude de ideia.

CAPÍTULO 18

A passagem

Vitória segurava a mão do marido entre as suas. Vez ou outra ele abria levemente os olhos e logo tornava a fechar, sem parecer que a tinha visto.

Isso oferecia uma angústia e um desassossego infindável.

A estrada de terra, até que chegassem ao asfalto, era esburacada e, além de incômoda, parecia deixar o socorro mais distante.

Em um hospital de pobres condições, ele foi levado, inconsciente, enquanto Vitória e os filhos aguardavam inquietos.

Recolhendo-se, mal acomodada em uma cadeira no canto da sala de espera, a esposa fechou os olhos, uniu as mãos diante do rosto e orou fervorosamente.

Muito tempo depois, Durval aproximou-se e afagou-lhe as costas generosamente. Ao vê-la olhar, perguntou:

— A senhora está cansada. Quer voltar para casa? Eu a levo.

— Não, obrigada. Prefiro ficar.

Nesse instante, um médico de pouca idade, parecendo inexperiente, chegou à sala, aproximou-se deles e disse:

— O senhor Vinícius sofreu um traumatismo craniano e aqui neste hospital não temos equipamento nem condições necessárias para tratá-lo.

— E se providenciarmos uma ambulância UTI para levá-lo a um hospital mais adequado ou para a capital? — perguntou Gilson.

— Talvez... — titubeou o médico.

Mas antes de ele tentar argumentar, Durval propôs.

— Existem helicópteros UTI!

— Sim, mas... o preço é altíssimo — tornou o médico.

— Se isso ajudar nosso pai!... Não tem problema — falou Durval.

— Que seja feito — concordou Gilson de imediato.

— Entrem em contato com o plano de saúde e...

O médico orientou-os como fazer para que o pai fosse socorrido da melhor maneira possível.

Calada, Vitória trazia no semblante uma expressão aflita e no coração a impressão dolorosa de que aquilo não terminaria bem. Embora quisesse o marido recuperado, saudável, levava em consideração sua fragilidade devido a idade.

Transferido para um considerável hospital em Belo Horizonte, Vinícius passou cinco dias internado no CTI com todos os cuidados, mas não resistiu.

Dor intensa, indescritível, assolou Vitória que, em silêncio, abafou o choro triste pela separação.

Sentia-se só. Pela primeira vez em sua vida, experimentava uma solidão angustiante e dolorosa. Estava frágil, desamparada e sem qualquer perspectiva.

O que esperar na sua idade agora?

Com o que sonhar?

Queria ter sido ela a ter fechado os olhos para o plano físico.

Se uma parte dela havia sido arrancada quando seu filho João Alberto faleceu, a metade que ficou tinha ido embora agora, com Vinícius.

Então, o que sobrou de si mesma parecia bem pouco para continuar.

Um vazio, foi tudo o que lhe restou.

~

Nos dias que se seguiram, a filha Ingrid e o filho Antero fizeram questão de levá-la para o Rio de Janeiro, apesar de Gilson, Durval e suas esposas pedirem para que Vitória ficasse em Minas Gerais. Mas os filhos venceram com argumentos diversos e não deixaram a mãe, que não sabia o que decidir.

De volta ao Rio de Janeiro, Vitória preferiu retornar para a casa de Antero e morar nos fundos, onde estava acostumada.

Era tudo o que conhecia e não queria que fosse diferente.

A nora Natália, como sempre fiel amiga, começou a propôr para a sogra que retomasse as atividades que antes gostava muito como yoga, hidroginástica, pintura em tela. E, para não dizer que estava se entregando ao tédio deprimente, Vitória aceitou.

Toda manhã ao acordar, erguia-se devagar da cama morna e sob o efeito de uma angústia terrível e incompreensível, obrigava-se a levantar.

Era uma tristeza absoluta e completa, fundada no luto de sua alma, que vivia, agora, sem prazer.

Ao olhar para o criado-mudo, via a foto em que ela e Vinícius sorriam de rosto colado, juntos, abraçados e felizes.

Tinha a certeza de que aqueles quase oito anos de união tinham sido os únicos mais felizes de toda a sua vida.

Arrependia-se por ter sido tão tola e ambiciosa.

Forçou o destino em busca de riqueza e do bem-estar. Queria viver na cidade, acreditando que isso lhe traria felicidade, mas a verdadeira felicidade não encontrou no dinheiro nem na metrópole, mas sim na vida simples do campo.

Lamentou não ter vivido mais tempo ao lado do único homem que amou, que a tratou com dignidade e carinho.

Movida pela Ambição

Era quando estava sozinha, no silêncio da noite ou do amanhecer, relendo pela milionésima vez o poema naquele velho papel amarelado e já rasgado nas dobras, tateando aquele anel sem valor que, sozinha, chorava pela saudade tão dolorosa.

Por mais que tivesse adquirido algum conhecimento sobre a vida espiritual, ficava imaginando como teria sido o momento exato em que Vinícius fechou os olhos para esse plano. Que sentimento, que sensação teria experimentado? O que existia de fato do outro lado? Vinícius já a teria visitado após ter ido para o plano espiritual?

Não sabia.

Vitória fazia-se forte para não se entregar à depressão, mas era difícil.

Havia momento em que sua alma entristecia e, por isso, chorava.

Queixava-se de nunca ter sonhado com ele. Aliás, não havia sonhado nem mesmo com seus dois primeiros maridos, com sua irmã ou mesmo com seu filho, pessoas que já haviam partido para o plano espiritual.

Natália e Ingrid se empenhavam em animar Vitória.

Contudo, o tempo passava rápido e, uma fragilidade natural tomava conta daquele corpo, antes repleto de vigor e energia.

Chegaram os momentos de alguns esquecimentos, teimosias, fraldas geriátricas até que, um dia, Vitória ficou acamada por causa de uma forte gripe que, com os dias, evoluiu para uma pneumonia.

Internada por alguns dias, teve a companhia constante de Natália e Ingrid, que não saíam de seu lado.

— Filha — chamou com a voz fraca.

— Oi, mãe. Estou aqui — respondeu prontamente, pegando em sua mão.

— Manda buscar café pro seu irmão. Faz horas que ele está aqui.

Ingrid trocou olhares com a cunhada e sorriu. Pensou ser um delírio de sua mãe, muito debilitada.

Natália, por sua vez, pensou que, pelo fato de Márcio ter acabado de sair, a sogra se referisse a ele, pois não percebeu o filho ter ido embora.

Para contentá-la, a filha respondeu:

— O Márcio já foi, dona Vitória. Não se preocupe.

— Eu sei que o Márcio já foi. Estou falando do João Alberto — e fechou os olhos para descansar.

— Nossa! Isso me deu um arrepio — Natália comentou baixinho, esfregando os braços.

Ingrid nada respondeu.

Não demorou e ambas observaram Vitória com ar sereno. De olhos fechados, deu um sorriso suave, um sorriso que havia tempos não se via.

Ao vê-la balbuciar algo que não se pôde entender, a nora, afavelmente, perguntou:

— O que foi, dona Vitória?

— O Vinícius — murmurou.

— O que tem ele? — tornou a nora.

— Ele chegou.

Movida pela Ambição

Antero entrou no quarto naquele momento e ambas contaram o que estava acontecendo.

— Ontem ela falou da dona Dulce. Hoje do João Alberto e do seu Vinícius — disse Natália.

— Talvez eles a estejam visitando. Não deve ser diferente daqui, de nós... — respondeu ele, afagando o rosto da mãe.

Nos últimos tempos, ela pareceu definhar rapidamente. Não era mais dona da mesma energia nem do mesmo vigor.

Vitória sentia grande dificuldade para respirar, o corpo todo dolorido, cabeça pesada e os efeitos dos medicamentos a maltratavam.

Havia dias estava assim.

Podia ver os filhos, noras, genro, netos e amigos que a visitavam. Ouvia-os e se esforçava para ficar de olhos abertos, mas nem sempre conseguia. Sentia-se cansada, raramente conversava com lucidez e ocorriam aqueles momentos considerados de delírios.

Algumas outras vezes, como se despertasse do plano físico, era capaz de ver outros visitantes queridos do plano espiritual.

Na sensibilidade em que se encontrava, entre o sono e a realidade, balbuciava e contava aos encarnados sobre o que percebia do plano espiritual.

— O Vinícius me trouxe flores. A Dulce está me agradecendo por ter cuidado tão bem do João Alberto. Que era filho dela...

— Mas do que ela está falando? — perguntou Ingrid intrigada.

Antero lembrou-lhe que Dulce, amiga de sua mãe e tia de seu pai Isidoro, teve um filho hemofílico chamado João Alberto, falecido antes de Vitória e Isidoro se casarem.

— Talvez seja mesmo — supôs o irmão.

— Será? — quase duvidou a irmã.

— Tem coisas que não conseguimos explicar, Ingrid. Se o João Alberto se sentiu prejudicado, insatisfeito ou contrariado pelo fato do primo, Isidoro, ter ficado com toda a riqueza de seu pai, o senhor Bonifácio, o jeito encontrado para ele ter o que acreditava lhe pertencer foi reencarnar como filho de Isidoro e usufruir de tudo o que era seu, de direito — disse Natália.

— E usufruiu mesmo. Até acabar com tudo o que tínhamos. Até com a herança do Antero.

— Não fale assim, Ingrid.

Sem que esperasse, Vitória balbuciou:

— O João Alberto diz que está arrependido por tudo o que fez. Ele sofreu muito por ser tão ambicioso.

Os três se entreolharam e nada disseram.

~

Naquela manhã, Antero decidiu que ficaria com a mãe para que sua mulher e irmã descansassem.

Após elas irem, ele ficou com a televisão ligada em volume bem baixo e começou a caminhar vagarosamente pelo quarto.

Não demorou e foi para o lado da mãe, pegou em sua mão e decidiu dizer-lhe algumas coisas:

— Obrigado, mãe. A senhora nos ensinou a ser fortes, honestos. Ensinou-nos a ter dignidade e, mesmo quando tudo estava contra nós, teve a capacidade de vencer, de fazer algo melhor. Apesar de um mundo conturbado e com os exemplos de corrupção que temos nesse país, aprendemos com a senhora a ser pessoas íntegras, decentes ao devolver a borracha para o colega na escola, a não colar porque... colar na prova era desonesto, era enganar a nós mesmos. Aprendemos a respeitar as pessoas, a não ter preconceito, a não fazer discriminação, a ter educação. A senhora não fez de nós milionários, mas nos fez ricos, elevados em espírito. Sua força de vontade é exemplo que jamais esquecerei.

Vitória abriu levemente os olhos e, dos cantos, viu-se escorrer lágrimas mornas.

— Não chora, não, mãe — pediu com um nó na garganta e muito emocionado. — Vamos então falar de coisas alegres. Pense em um lugar bonito. Um lugar calmo... tranquilo, do qual a senhora gostava muito. Pense nesse lugar de paz — falava lentamente e, de forma calma, conduzindo-a a pensar em algo bom, não a queria triste.

Imediatamente Vitória se lembrou da caminhada que, toda manhã, fazia de mãos dadas com Vinícius. Andavam pelo pomar e... De repente, ela se viu caminhando pelo pomar.

Era capaz de sentir a brisa do amanhecer, o cheiro gostoso da relva úmida pelo sereno da noite, o aroma das flores da campina... Tocou nas pontas das árvores frutíferas como se as acariciasse. Aproximou-se da laranjeira em flor e sentiu seu perfume. Admirou-se ao ver o belo *flamboyant* florido. Sorriu. Era primavera, época em que a árvore ficava muito linda.

Nesse momento sentia-se bem-disposta e, ao longe, era capaz de ouvir a voz macia de Antero que orava. Isso lhe trazia mais paz e um ânimo manso.

Seguiu.

Continuou caminhando lentamente até a voz sumir e não se importou mais.

Caminhou por vasto gramado até chegar ao rio e ouvir o murmurinho das águas batendo nas pedras.

Olhou e viu o grande tronco, lá tombado havia muitos anos. O mesmo tronco em que ela e o marido costumavam se sentar.

Por entre uma névoa translúcida, o sol aparecia ainda mais radioso do que o de costume.

Que paz era aquela?

Era a paz da consciência tranquila.

O cansaço havia acabado. A dor e a indisposição haviam acabado.

A cabeça estava leve, seus pés estavam leves...

— Vitória, querida.

Reconheceu a voz de Vinícius.

Ao olhar, viu-o se aproximar.

Ela ficou sem ter o que dizer e se emocionou.

Sentiu a alma aliviada e foi ao seu encontro, ao encontro de seu amor.

Abraçou-o. Depois, afastando-se cuidadosa, tocou-lhe a face e contornou-lhe o rosto com as pontas dos dedos.

— É você... — murmurou, sentindo imensa felicidade.

— Sim. Sou eu — sorriu ele.

— Onde estamos? — ela quis saber ao olhar em volta.

— Ora, não reconhece? Estamos naquela que foi nossa fazenda. Vínhamos aqui, neste lugar, todas as manhãs. Não lembra?

— Sim, mas... Como assim? Como vim parar aqui?

Vinícius sobrepôs o braço em seu ombro e suavemente a conduziu para que se sentasse no tronco.

— Quando Antero começou a conversar com você, trouxe-lhe a consciência tranquila pelo dever cumprido. Depois a conduziu a se lembrar de um lugar onde se sentia bem, em paz e orou. Ele doou energias salutares e você, com pensamentos elevados, veio até aqui, nesse lugar que gostava tanto.

— Então vim parar aqui em pensamento?

— Nosso pensamento tem mais poder do que imaginamos.

— Então estou pensando, sonhando?...

— Não. Está aqui em espírito. Não precisa mais voltar.

— Eu morri, Vinícius?! — perguntou surpresa, quase rindo.

— Não — riu. — ainda está viva, só que em espírito. Apenas deixou aquele corpo definitivamente.

Ela parou. Ficou estática.

Surpresa, perguntou transbordando admiração:

— Isso é morrer?! Não senti nada... e... é... É como se eu tivesse dormido e acordado em outro lugar. Ou melhor... Nem dormi.

— Para pessoas que desempenharam suas tarefas corretamente, tiveram força e se mantiveram firmes nos desafios que apareceram, foram fortes contra as tentações, normalmente a passagem do plano dos encarnados para o plano dos desencarnados é simples assim. Dorme-se lá e acorda-se aqui — riu. — Alguns chegam a ficar num estado semelhante ao do sono por algum tempo, meses ou anos. Outros têm noção do plano espiritual mais rapidamente.

Uma névoa de tristeza tentou invadir as ideias de Vitória, quando Vinícius alertou:

— Não deixe que pensamentos desse tipo tomem conta da sua mente.

— Estou lembrando dos meus filhos, netos... Vou ficar longe deles.

— Não por muito tempo. Vamos vê-los sempre.

— Mas não será como antes.

— Logo vai se acostumar. Venha.

— Vamos ao hospital onde eu estava?

— Não. Creio que não vai gostar do hospital, nesse momento. Não precisa mais de lá. — Sorriu e perguntou:

— Por acaso está se sentindo mal? Está doente?

Movida pela Ambição

— Não sinto nada — sorriu.

— Então não precisa de hospital. Vamos. Temos direito a uma vida em lugar mais elevado do que a crosta.

Vinícius conduziu sua amada pelo pomar por onde ela havia passado e a paisagem parecia mudar significativamente.

De repente, Vitória viu sorrindo, andando em sua direção, Dulce, que se encontrava em meio a um grupo pequeno e harmonioso de espíritos luzentes.

— Dulce! — disse em tom de doce saudade.

— Oi, minha amiga! — a outra a abraçou forte, apertando-a contra o peito. Afastando-se, comentou: — Faço questão de acompanhá-la nesta nova etapa de sua vida. Daqui, do plano espiritual, é possível para alguns admirar a imensurável justiça e bondade do Pai da Vida. Quando encarnados, normalmente ficamos cegos e ambiciosos. Aqueles que desencarnam ainda presos nesses males, sofrem muito. Agora vamos.

Vitória, de braços dados com a amiga, acompanhou-a sem titubear, tendo Vinícius ao lado.

Logo alcançaram o grupo que parecia esperá-los.

Profunda introspecção convertida em prece dispersou fluidos mais pesarosos, antes de seguirem para lugar mais propício.

— Onde estamos? — questionou Vitória diante de portões que se abriram à chegada de todos.

— Este é um posto de socorro que nos abriga. Aqui socorre-se, na maioria das vezes, alguns recém-desencarnados.

— Já li, em alguns livros, comentários a esse respeito. Mas... Nossa! É muito real! — sorriu. — Não sei por quê, mas sempre acreditei que no plano espiritual as coisas fossem mais transparentes.

— Ao contrário. São mais reais do que na crosta — tornou a outra.

Vitória sentiu agradável sensação de paz ao cruzar os limites do posto.

Encaminharam-se para uma espécie de alojamento. Lá, Vinícius comentou:

— Você ficará na ala feminina. Em poucos instantes a Alice, encarregada desse setor, virá recebê-la.

— Não ficaremos juntos? Não temos uma casa? Um lugar nosso?

— Aqui, neste posto, não. É um lugar considerado pequeno, se comparado a colônias. Normalmente é um lugar, como o nome já diz, de socorro e para descanso de tarefeiros específicos. Você precisa se recompôr para, em breve, seguirmos para a colônia.

Nesse instante, chegou a gentil Alice, sorridente e simpática.

— Olá! Seja bem-vinda na Luz de Jesus! Como vai? — cumprimentou.

— Bem... — respondeu Vitória intimidada.

— Tudo bem com o senhor, irmão Vinícius?

— Com a graça do Pai, sim.

— Então... É essa a nossa querida Vitória? Recém-chegada da crosta?

Movida pela Ambição

— Sim, é ela.

— Então o senhor pode deixá-la aqui. Ficará em boas mãos.

— Tenho certeza disso. — Virando-se para Vitória, comentou: — Amanhã nos vemos. — Segurando seu rosto carinhosamente com ambas as mãos, beijou-lhe a testa e se foi.

— Venha comigo, querida Vitória. Precisa de higiene e descanso. Quando estiver bem recomposta, terá muito o que apreciar.

Nessa altura dos acontecimentos, Vitória sentia certo cansaço, como se estivesse sem dormir por muito tempo.

Após se higienizar, receber passes reparadores e reconfortantes, recolheu-se em dormitório simples e aconchegante.

~

O dia clareava e um sol radiante iluminava esplendorosamente todo o quarto.

Surpresa com a intensidade daquela luz, Vitória despertou e sentiu-se bem alerta. Experimentava uma sensação nova, vigorosa, como se tivesse pouca idade.

Levantou-se.

Tudo estava muito silencioso, não percebia a movimentação de ninguém.

Saiu do dormitório, percorreu largo e comprido corredor, chegando ao grande salão.

Já havia passado por ali, mas agora podia percebê-lo melhor.

Havia quatro colunas, muito altas, estilo grego, que sustentavam o teto de delicado vitral.

Trepadeiras graciosas e floridas abraçavam delicadamente as pilastras deixando algumas pontas pendentes charmosamente caídas.

O piso era semelhante a mármore, bem claro, com suaves rajados que o embelezavam.

De repente, a voz suave do espírito Alice a chamou:

— Vitória, querida! É por aqui — sorriu. Ela estava perto de largas portas altas e pouco abertas.

— Ah... Estou um pouco confusa — disse indo em direção da outra.

— Venha. Vamos para o refeitório.

Acomodada em uma mesa, Vitória apreciou um caldo reconfortante e um copo com água.

— Acho que dormi demais.

— Só se passaram dez dias desde a sua chegada — disse Alice.

— Dez dias?! Como assim?

— Até que foi pouco — sorriu. — A irmã precisava se recompor. Sente-se melhor?

— Muito, muito melhor. Só me explique uma coisa: como foi que se passaram dez dias sem eu perceber?

— Descansou exatamente o que precisava. Assim que desencarnamos, estamos repletos de energias pesarosas, principalmente os que desencarnam com extrema

Movida pela Ambição

debilidade física. Mas nada que alguns dias de recomposição e passes fluídicos salutares não resolvam, para alguns, é claro.

— Onde estão Vinícius e minha amiga Dulce?

— Estavam trabalhando nas câmaras de passes, mas já devem ter terminado por lá. Sempre que vão à crosta e passam por aqui, esses amigos nos auxiliam muito com os recém-chegados, principalmente.

— Quando eu estava no hospital, lembro-me de ter visto meu filho, o João Alberto. Ele também está por aqui?

— Não. João Alberto a visitou por ter recebido um bônus por bom comportamento da colônia de reabilitação onde reside. Essa colônia é específica para desencarnados que se reabilitavam pelo uso de drogas, quando encarnados.

— Então ele não está com o Vinícius e a Dulce?

— Não. Poderá vê-lo depois. Agora vou acompanhá-la para junto dos demais.

Saíram do refeitório e seguiram por belo jardim, onde encontrou Vinícius e Dulce.

Depois de amorosos cumprimentos, Vitória comentou:

— Nem acredito ter dormido dez dias — riu.

— Aqui é assim mesmo quando se chega — disse Vinícius.

— O que será de mim agora? O que eu faço? — tornou ela.

— Seguiremos para a colônia onde moramos. O que acha? — propôs ele.

— Antes, eu queria ver meu filho. Se também puder, gostaria de notícias dos meus pais, minha irmã...

Dulce e Vinícius trocaram olhares e ela respondeu:

Seus pais estão reencarnados. O João Alberto ainda está em tratamento devido aos danos que causou em seu perispírito, embora já esteja muito bem. Ele poderia estar em condições bem piores caso você não tivesse cuidado dele. Sua irmã, Marta, estuda e vive em uma colônia próxima daqui. Isidoro, infelizmente, tateia no lodo da crosta por tanto comprometimento e abuso na área do sexo.

— Pobre Isidoro. Está assim por causa da Aids?

— Não. Seu estado consciencial é por culpa dos erros e abusos cometidos. A energia sexual é séria, comprometedora, quando mal utilizada. E foi o que ele fez: usou-a mal.

— Antes de seguirmos, eu gostaria de ver meu filho e minha irmã.

— Agora... Melhor não. Com o tempo, quando estiver mais recomposta, poderá ter notícias e até vê-los. Pode ser assim? — propôs Vinícius.

Vitória ofereceu meio sorriso e aceitou.

Seguiram para a colônia.

Ela, dedicada, empenhou-se em aprender e trabalhar.

Não demorou e sentia-se cada vez mais saudável e jovial.

Movida pela Ambição

Suas energias pareciam mais fortes e a própria aparência se modificava para melhor, mais jovem a cada dia e, com Vinícius, não era diferente.

Os dois viviam juntos, estudavam e trabalhavam. Eram almas afins e dispostas à evolução.

CAPÍTULO 19

A vida é muito mais

O tempo, professor eterno, seguia seu curso e todos aprendiam com as experiências.

Certo dia, Vitória sentiu-se imensamente feliz ao saber que chegara o momento de visitar João Alberto e aqueles que desejasse.

Em companhia de Vinícius, chegou à colônia. Dulce foi recebê-los. Ela havia sido requisitada para esse trabalho naquela esfera já havia algum tempo. Precisavam de espíritos bem qualificados e amorosos para a difícil tarefa com os irmãos bastante necessitados que chegavam ali.

— Quanto tempo, minha irmã!

— Sinto sua falta, Vitória. Não há um dia em que não me lembre de você e de tudo o que fez pelo nosso João Alberto.

— Estou tão ansiosa para vê-lo. Como ele está?

— Bem melhor. Vai gostar de vê-lo.

Alçando seu braço ao da amiga, levou-a até gracioso jardim onde, em um banco, via-se João Alberto a distância.

— Não será melhor a Vitória ir sozinha? — perguntou Vinícius.

— Eu ia propôr isso. — Olhando para a amiga, disse: — Vai. Ele vai gostar de ver você.

Largando de seu braço, Vitória caminhou lentamente até sentir que poderia ser vista por ele.

Percebendo-a, João Alberto se virou e murmurou emocionado:

— Mãe!...

Lágrimas brotaram em seus olhos. Ele se levantou e deu dois passos em sua direção, abraçando-a fortemente.

Longos minutos onde riram e choraram, afagando-se o rosto.

— Mãe... Como a senhora está bonita! Está mais jovem, linda!

— Você também está bem melhor, meu filho.

— Estou melhor agora. Foi bem difícil. Só não foi pior porque a senhora me orientou, me ensinou... Tive sorte por ter seu amor.

— Ora... — falou tímida.

Sentaram-se lado a lado.

— É verdade! Todo seu afeto, carinho e orientação me ajudaram muito. Cheguei ao plano espiritual com a consciência mais lúcida. Suas preces, suas orações me

Movida pela Ambição

fizeram bem. As preces chegavam a mim como um bálsamo aliviando minhas dores, as sensações de incômodo e desespero. As drogas não só destruíram meu corpo físico, como também meu corpo espiritual. A depressão, a síndrome do pânico e todos aqueles sintomas psicossomáticos que resultavam em sintomas no corpo de carne, me acompanharam após o desencarne. Só que eu tive o privilégio de ser assistido e bem socorrido por sua causa. Com muitos outros não é assim. Desorientados, sofrem na crosta terrestre e, após a passagem para o plano espiritual, sofrem mais ainda pela falta de orientação. Vivem insanos, completamente enlouquecidos por causa da necessidade das drogas. O vício não termina com a morte. Temos de nos livrar dele encarnado ou desencarnado. É desesperador.

— Oh... Meu filho... — abraçou-o. — Você está melhor?

— Sim. Estou. Não tenho mais aqueles sintomas horríveis pela falta das drogas. Os tratamentos terapêuticos aqui na colônia me ajudaram a elevar o ânimo, sair da depressão e parar com as crises de pânico. Hoje estou bem mais recomposto. Já presto serviço em algumas câmaras de recuperação para os recém-chegados.

— Essa é uma colônia específica para o tratamento de desencarnados viciados em drogas. Você deve estar muito bem, pois não é qualquer um que está preparado para prestar serviço aqui. A própria Dulce demorou muito tempo para ser chamada desde a época em que ela requisitou esse trabalho.

Schellida ~ Eliana Machado Coelho

— Não pode imaginar como me sinto vitorioso por isso. Depois de tantos anos...

— Estou orgulhosa de você, filho.

João Alberto a abraçou com carinho e murmurou:

— Obrigado por tudo. Muito obrigado. Seria muito difícil eu conseguir sem a senhora.

Afastando-se, com lágrimas de alegria a brotar nos olhos, Vitória o contemplou e disse:

— Você está recomposto. Vejo que tem duas pernas — riu e ele riu junto. — Estou feliz! Você é a primeira visita que faço desde que desencarnei. Agora vou ver minha irmã Marta e depois vou à crosta visitar os outros.

— Vou com a senhora.

— Será que pode?! Ficarei tão feliz!

— Posso sim. Hoje posso. E, se conseguirmos, quero ver meu pai.

— Soube que ele ainda está preso na crosta.

— É verdade.

— Dulce me contou. Ela tem ido visitá-lo, mas não obteve muito sucesso. Pobre Isidoro — ela lamentou.

— Então vamos vê-lo. Quem sabe com a nossa vibração...

Levantaram-se.

João Alberto, sem palavras, a abraçou novamente, beijou-lhe o rosto, cobriu seu ombro com o braço e caminharam em direção à Dulce e Vinícius.

~

Movida pela Ambição

Conforme pretendia, Vitória visitou sua irmã Marta que, recomposta, ainda estava arrependida e envergonhada pela vida que levou. A consciência lhe cobrava.

Em conversa com a irmã, contava:

— Eu me tornei uma mulher muito liberal. Concordava com tudo o que o Isidoro propunha, principalmente no que dizia respeito à vida sexual. Acreditei que deveríamos viver todos os prazeres. Não me importava com a traição. Com o tempo ele me convencia... Eu passei a aceitar os encontros íntimos nos quais admitíamos outros parceiros, grupos. Com isso a mente gerava energias de atração e ligação com espíritos ignorantes, de extrema inferioridade. A sintonia com esses espíritos infelizes fez com que eu baixasse minhas vibrações. Foi uma conduta desequilibrada e doentia que, até hoje, me faz sofrer imensamente. Aqui, na vida real, no mundo real, não se consegue esquecer ou apagar os atos errados. Por isso, desejo imensamente a oportunidade de reencarnar, para que, com a bênção do esquecimento, eu me livre de tudo o que a consciência me cobra e assim, equilibre o que desequilibrei. — Breve pausa e continuou: — O sexo, o ato sexual, é gerador de energias incríveis. Praticado de forma promíscua, com o envolvimento da prostituição e variação de parceiros principalmente, gera desequilíbrios imensuráveis na consciência. O sexo grupal é pior ainda. Aqui, nesta colônia, pude ver a chegada de espíritos femininos que, encarnados, viviam grandes transtornos psicológicos e problemas de ordem física, como doenças corriqueiras e inesperadas, por culpa do desregramento do companheiro que se envolvia sexualmente com outras e levava, para o leito conjugal, energias destrutivas que desequilibravam mental e fisicamente aquela escolhida para ser sua parceira de fato. O contrário, ou seja, mulheres que traíam seus maridos e geravam a mesma espécie de energias inferiores, também existem. Os encarnados deveriam saber o tamanho da importância da fidelidade e do equilíbrio, em matéria de sexo. Esse desequilíbrio pode demorar muitos e muitos anos para ser ajustado.

Marta não disse mais nada e a irmã comentou:

— Sinto muito por você, minha irmã.

— Até que eu estou bem. O Isidoro, ainda preso à crosta, assombra-se com delírios graves, consciência autopunitiva, terríveis desesperos por conflitos íntimos, fixações mórbidas e tantos outros tormentos de obsessão e da auto-obsessão, por aceitação da vulgaridade.

Marta deteve os pensamentos. Sabia o quanto era imenso o sofrimento do antigo companheiro.

— Estou indo para a crosta, quero visitar meus filhos e, se possível, saber do Isidoro.

— Teve notícias do Odilon?

— Está encarnado desde quando cheguei ao plano espiritual. Ele queria tanto, ambicionou tanto as terras que foram de seu pai que hoje está reencarnado como filho de um trabalhador muito humilde de uma das fazendas do senhor Antero. Devemos tomar cuidado com o que desejamos. — Um momento e contou: — Lembra-se do senhor Antero Magalhães, pai do Odilon, não lembra?

Movida pela Ambição

— Sim, claro.

— Em vida, odiou tanto a mim e ao meu filho Antero Neto. Desencarnou com o ácido do rancor a correr por seu corpo. Encarnou como filho do próprio neto.

— Como assim?

— Ele reencarnou como filho do Joaquim, chamado de Quinzinho.

— Sim. Lembro do Quinzinho.

— Hoje ele é o Valdir, filho caçula do Quinzinho. E, por ter experimentado tanto ódio, tanto rancor do neto Antero, meu filho, ele envenenou-se pela falta de compreensão e perdão. Sua consciência pedia ajuste. E o jeito que ele encontrou para se harmonizar foi reencarnar, sofrer por conta da leucemia e precisar de um doador de medula óssea. Não encontrava ninguém compatível, até eu — sorriu —, por acaso, aparecer para visitar a Maria de Lourdes lá em Minas e saber de seu problema tão grave. Lembrei ao Joaquim que meu filho, o Antero Neto, era filho do Odilon, primo legítimo do Valdir. Nos exames de compatibilidade, não deu outra. Acabou que o Antero foi o doador perfeito para o Valdir. Isso salvou sua vida jovem. Hoje ele está muito satisfeito e não para de agradecer ao meu filho.

— Foi esse o jeito que a consciência do Valdir encontrou para se livrar do ódio e do rancor.

— Sabe, minha irmã, precisamos ser mais tolerantes, menos egoístas, mais prudentes. Isso é muito importante para a paz interior e, consequentemente, para a nossa evolução.

— Obrigada por te me apoiado tanto, por ter orado tanto por mim. Não imagina o quanto me ajudou.

— Ora... Sempre procuramos fazer o melhor por aqueles que amamos.

Abraçaram-se e Vitória se despediu.

~

Seguindo para a crosta terrena em companhia de Vinícius, João Alberto, Dulce e dois outros companheiros espirituais que trabalhavam na função de socorristas, Vitória aproximava-se de região escura e, sem dúvida, deplorável.

O estado de muitos ali era tenebroso.

Tratava-se de espíritos que, durante a vida terrena, não respeitaram as soberanas leis da vida, a respeito do equilíbrio sexual.

Traziam no perispírito aspectos horríveis, deformados, monstruosos e animalescos, principalmente na região do sexo.

Na mente, a imantação psíquica do que viveram no corpo carnal, energias pesarosas e sinistras, sempre vinculadas à dolorosa compulsão ou desejo: o do sexo desequilibrado.

Esses espíritos buscavam encarnados invigilantes, ignorantes, principalmente de ambiguidade no comportamento sexual, cônjuges infiéis e os que se compraziam com sexo casual, sem compromisso. Próximos de encarnados com essas práticas, durante o ato, esses espíritos

Movida pela Ambição

misturavam-se como que em orgias, a fim de sugar-lhes as energias e, no envolvimento, gerar outras energias desarmoniosas, desequilibradas, tristes que, com o tempo, tornavam-se fontes de grandes transtornos.

Tais energias funestas instalam-se nos fluidos sensíveis do perispírito, causando necessidades e tormentos semelhantes aos que sofrem os transtornos do alcoolismo e das drogas.

— Existem colônias com amplos e diversos blocos para ajudar esses irmãos saturados de grosseiras energias sexuais adquiridas pelo sexo casual, promíscuo, incluindo as traições de todos os tipos. Grandes equipes espirituais de psiquiatras e psicólogos, que obedecem a critérios cuidadosos, tratam dessas desafiadoras patologias na área do sexo, que causa tamanhos desalinhos e sofrimentos conscienciais — disse um dos socorristas que os acompanhavam. — Como podem ver, raramente temos alguém em condições de ser socorrido. Aqui mesmo, não tem nenhum espírito em tal estado propício.

— Diga-me uma coisa, Aurélio — pediu Vinícius ao socorrista —, entendi que depende muito do encarnado para se ter essa ligação com espíritos desajustados sexualmente. Por exemplo: mesmo quando se está na prática do ato sexual com a própria esposa a quem nunca traiu, se o encarnado pensar ou se imaginar com outra ou outras mulheres como garotas de programa que viu em revistas, imagens de computador ou filmes, é possível atrair espíritos como esses?

Schellida ～ Eliana Machado Coelho

— Sem sombra de dúvida. Pode-se não ter traído fisicamente, mas a traição mental tem a mesma energia, o mesmo poder da traição física. Sua mente, através de seus desejos, criam vínculos psíquicos imediatos com irmãos de nível tão inferior quanto o que você imaginou. Sabendo que a velocidade do espírito é a velocidade do pensamento, em segundos você terá como companhia, no leito sagrado de seu lar, criaturas que, quando encarnadas, praticavam atos sexuais desregrados, promíscuos, carregados de energias inferiores, miasmas. Ao terminar, em sua cama terá a companhia desses espíritos infelizes que ali poderão passar a noite com você e sua esposa, e que poderão, em outras vezes, ficar ali à espera de mais ligação psíquica, incentivando-o mais e mais o uso da imaginação. E é através desse intercâmbio mental que, com o tempo, haverá certamente a necessidade de se procurar a prática sexual fora do casamento. — Uma breve pausa e orientou: — Todos aqueles que traem seus cônjuges, seja a traição física ou mental, atraem para seus leitos e seus lares os miasmas pesarosos de espíritos inferiores, e é muito comum que a parceira ou o parceiro traído sofra intensamente com transtornos psíquicos, depressivos, ansiosos, além de doenças que se plasmam no corpo físico por conta desse contato, dessa ligação que nem imaginam ser de responsabilidade do outro, do traidor.

— Aurélio foi grandioso tarefeiro, como psicólogo, quando encarnado — explicou Dulce. — Espírita, desde há muito tempo, reconhece e sabe muito sobre os trans-

Movida pela Ambição

tornos psicológicos causados pelo desequilíbrio na área sexual. Lucas — referiu-se ao outro trabalhador —, também psicólogo desde a última reencarnação, especializou-se em tratar dependentes químicos. Hoje, ambos, aqui no plano espiritual, são especialistas em socorro e assistência a esses irmãos.

— É que o uso de drogas — explicou Lucas —geralmente faz com que a pessoa se entregue ao sexo promíscuo e o contrário também acontece, pois a necessidade de mais e mais satisfação os leva a apelos inomináveis. Ou seja, a criatura sempre tem a necessidade de obter um prazer maior. Então, aquilo que ela faz, na área do sexo, ou aquilo que ela usa, com relação a entorpecentes, acaba não dando o mesmo prazer que a última vez. Daí que a combinação entre sexo e drogas é uma das coisas mais funestas, mais terríveis para o espírito humano. Prostitutas, por exemplo, são quase incapazes de não se envolver com drogas. Elas normalmente fazem uso de entorpecentes para suportar suas práticas, pois a consciência fica pesada. — Um momento e continuou: — Encarnados com práticas sexuais desequilibradas, traidores, promíscuos sexuais, são levados a sutil e perversa obsessão, e, a médio ou longo prazos, surgem transtornos horríveis, sensações e sentimentos dos mais terríveis. Encarnados, eles se recusam ao tratamento, à ajuda. Somente uma minoria admite ter problemas e procura socorro em nível psicológico e espiritual, quando ainda lúcida. É uma enfermidade de origem moral que necessita de tratamento específico e ajuda de profissionais da área de saúde mental que, se possível, sendo espiritualistas ou espíritas, vão ajudar muito mais, pois esse tipo de profissional vai saber que não é somente o corpo a ser desintoxicado, mas também o espírito. Se isso não for feito quando ainda encarnada, a criatura leva consigo para o plano espiritual essa psicopatologia e se torna lamentável sofredor, passando a viver como parasita fixado em encarnados com práticas semelhantes para sugar-lhes as energias através das fixações mentais. Muitos desses espíritos, com o tempo, passam a assumir o comando das funções psíquicas desses encarnados, passando a manipulá-los como bem quer.

— Hoje, em excursões de socorro nessas zonas inferiores — disse Aurélio na sua vez —, buscamos ver acesa a necessidade, a vontade, o desejo de sair de tão lamentável condição. As palavras de Jesus, o conhecimento das lições de vida desse Mestre e a sua postura-modelo fazem muita falta a esses irmãos. Aqueles espíritos, mesmo que tiveram o mínimo de conhecimento de Seu evangelho, conseguem sair mais rápido dessa condição. Geralmente aqui só vemos e ouvimos os gemidos de dores, lamentações e pedidos de socorro, enquanto raros são os desejos verdadeiros de mudar no balbuciar de uma prece.

— É como se eles quisessem ser socorridos para deixar de sofrer esses transtornos, esse desespero mental, mas quisessem continuar a sentir os ilusórios prazeres que vêm do sexo vulgar ou das drogas? — perguntou Vinícius.

— Isso mesmo — respondeu Aurélio. — Agora vamos. Não estamos longe de Isidoro.

Não demorou e o encontraram.

Isidoro se encontrava com o corpo espiritual deformado, quase irreconhecível, principalmente na região onde se situa o órgão sexual. Tudo o que ele imaginou ser ou ter, quando na prática do ato sexual, seu perispírito havia se transformado. Seus órgãos eram animalescos, pernas frágeis, abdome extremamente avolumado, braços esqueléticos, olhos arregalados, pele asquerosa com feridas purulentas por toda parte. O cheiro fétido era insuportável. Fugia a toda e qualquer aparência humana normal.

Em meio aos gemidos, Isidoro balbuciava uma prece. Uma prece sem palavras bonitas, sem organização de ideias, mas uma prece sentida, verdadeiramente vinda de seu coração, repleta de arrependimento sincero.

Ao reconhecê-lo, Vitória se surpreendeu.

Abraçou-se a Vinícius e o segurou firme.

— Depois de tantos anos, hoje podemos socorrê-lo — disse Lucas.

Os socorristas delicadamente o pegaram e, como que o descolasse de uma substância gosmenta, o colocaram sobre uma espécie de maca.

Oraram todos.

Não demorou e outros socorristas apareceram para auxiliar.

— Precisamos ir rápido ou grupos perversos que não admitem o socorro podem aparecer para nos tentar impedir a tarefa.

Isidoro foi levado para um posto de socorro.

Ele não era capaz de reconhecer Vitória ou o filho João Alberto que permaneceram ao seu lado o tempo todo e só o deixaram quando internado em câmara apropriada.

— Esse tratamento é longo. Pode demorar meses ou anos, de acordo com cada um — explicou Aurélio. — Será levado para colônia apropriada em breve, pois precisará de terapêuticas específicas para recuperar a razão.

— Vamos orar por ele — disse Vitória.

— Façam isso. A prece é um bálsamo que alivia as dores do espírito.

Alguns instantes e Dulce propôs:

— Agora vamos.

— Sim. Podemos ir — tornou Vitória.

Seguiram para a crosta terrena.

Primeiro visitaram um garotinho recém-nascido de nome Nicolas.

Dulce se encantou e se emocionou chegando às lágrimas.

Tratava-se de seu ex-marido, doutor Bonifácio, quando da última reencarnação.

— Oh, meu amor... Daqui há cinco ou seis anos eu vou encontrá-lo. Planejamos isso, não foi? — sorriu. — Pois eu vou me empenhar muito para que possamos executar tarefa bendita e promissora, onde ajudaremos o João Alberto, que receberemos como filho, e vai se dedicar a tarefa nobre de auxiliar muitos irmãos.

— Você irá como filho dos dois novamente? — perguntou Vitória a João Alberto.

Movida pela Ambição

— Sim. Esse é o plano. E para harmonizar o que desarmonizei, pretendo trabalhar na área de saúde mental como psiquiatra. Tenho muitos planos e desejo intensamente ajudar irmãos encarnados a se libertarem e se desintoxicarem dos vícios químicos. Quero orientar, ensinar, explicar o quanto é perigoso e destrutivo o vício de qualquer natureza. Tenho tantos planos...

— Deus o abençoe, filho — disse Vitória abraçando-o forte.

Vinícius, emocionado, o abraçou também.

Ficaram um pouco mais.

De lá, seguiram para a casa de Antero, filho de Vitória.

— Como estão... — riu Vitória. — Velhos...

— Faz tanto tempo que não os vemos. Olha o meu filho Aldo como está — riu Vinícius. — Ele ficou careca e engordou.

— Enquanto vocês dois remoçaram — brincou Dulce. — O tempo passou para eles.

As famílias estavam reunidas para o aniversário do filho de Mônica e Flávio.

— Como meu bisneto cresceu! Olha só! Já é um homenzinho — emocionou-se Vitória. — Quando encarnados, às vezes, deixamos a ambição, o orgulho e a vaidade atrapalhar tudo. Seguimos por caminhos desnecessários porque somos egoístas. Só quando desencarnamos é que descobrimos o que deveríamos ter levado para o plano espiritual. Só podemos colocar na bagagem o que

393

trabalhamos em nossa moral. Pena eu ter me desviado dos meus planos, quando encarnada.

— Mas não foi de todo ruim — disse Vinícius. — Você não se perdeu dos princípios a que veio. Superou situações difíceis, foi forte em momentos turbulentos, educou e moralizou os filhos que Deus confiou aos seus cuidados.

— Hoje vejo que a vida é muito mais do que podemos perceber. Gostaria de ter tido essa consciência antes — tornou ela.

— Sabe que podemos ter quantas oportunidades precisarmos para sermos melhores, não é? — sorriu ele, sobrepondo o braço em seu ombro e puxando-a com carinho.

— Isso é uma indireta para reencarnarmos e tentarmos novamente? — perguntou Vitória sorrindo desconfiada.

— Por que não? Mônica bem que poderá, de repente, ter aquele filho inesperado e... — ele riu, quase gargalhou.

— Você?! Você iria como filho dela e do Flávio?

— Por que não? Tenho certeza de que vão me aceitar.

— E eu? — perguntou Vitória se sentindo insegura.

Dulce sorriu ao sugerir:

— Lembra-se do Valdir? Filho do Quinzinho a quem você ajudou quando ele enfrentou o desafio com a leucemia?

— Sim. O que tem ele?

Movida pela Ambição

— Vai se casar — informou a amiga. — Ele já foi seu sogro. Por que não poderia ser seu pai?

— Mas eu e o Vinícius seríamos primos.

— Não exatamente. Seriam primos muito, muito distantes. Acha mesmo que isso seria relevante?

— Não. Quando se ama de verdade... — comentou Vinícius. — Poderíamos voltar a nos encontrar em Minas... Onde tudo começou entre nós. Afinal, Mônica também mora lá e... O Valdir, mora lá e tem as fazendas e... De repente, fica tudo muito fácil para nos encontrarmos.

Vitória se animou de imediato. Sorriu e concordou:

— Então temos muito o que planejar! Vamos fazer isso. A vida sempre nos surpreende. A vida é muito mais!

Fim.

Schellida

Leia os romances de Schellida!
Emoção e ensinamento em cada página!
Psicografia de Eliana Machado Coelho

CORAÇÕES SEM DESTINO – Amor ou ilusão? Rubens, Humberto e Lívia tiveram que descobrir a resposta por intermédio de resgates sofridos, mas felizes ao final.

O BRILHO DA VERDADE – Samara viveu meio século no Umbral passando por experiências terríveis. Esgotada, consegue elevar o pensamento a Deus e ser recolhida por abnegados benfeitores, começando uma fase de novos aprendizados na espiritualidade. Depois de muito estudo, com planos de trabalho abençoado na caridade e em obras assistenciais, Samara acredita-se preparada para reencarnar.

UM DIÁRIO NO TEMPO – A ditadura militar não manchou apenas a História do Brasil. Ela interferiu no destino de corações apaixonados.

DESPERTAR PARA A VIDA – Um acidente acontece e Márcia, uma moça bonita, inteligente e decidida, passa a ser envolvida pelo espírito Jonas, um desafeto que inicia um processo de obsessão contra ela.

O DIREITO DE SER FELIZ – Fernando e Regina apaixonam-se. Ele, de família rica, bem posicionada. Ela, de classe média, jovem sensível e espírita. Mas o destino começa a pregar suas peças...

SEM REGRAS PARA AMAR – Gilda é uma mulher rica, casada com o empresário Adalberto. Arrogante, prepotente e orgulhosa, sempre consegue o que quer graças ao poder de sua posição social. Mas a vida dá muitas voltas.

UM MOTIVO PARA VIVER – O drama de Raquel começa aos nove anos, quando então passou a sofrer os assédios de Ladislau, um homem sem escrúpulos, mas dissimulado e gozando de boa reputação na cidade.

O RETORNO – Uma história de amor começa em 1888, na Inglaterra. Mas é no Brasil atual que esse sentimento puro irá se concretizar para a harmonização de todos aqueles que necessitam resgatar suas dívidas.

FORÇA PARA RECOMEÇAR – Sérgio e Débora se conhecem e nasce um grande amor entre eles. Mas encarnados e obsessores desaprovam essa união.

LIÇÕES QUE A VIDA OFERECE – Rafael é um jovem engenheiro e possui dois irmãos: Caio e Jorge. Filhos do milionário Paulo, dono de uma grande construtora, e de dona Augusta, os três sofrem de um mesmo mal: a indiferença e o descaso dos pais, apesar da riqueza e da vida abastada.

PONTE DAS LEMBRANÇAS – Ricos, felizes e desfrutando de alta posição social, duas grandes amigas, Belinda e Maria Cândida, reencontram-se e revigoram a amizade que parecia perdida no tempo.

MAIS FORTE DO QUE NUNCA – A vida ensina uma família a ser mais tolerante com a diversidade

Romances imperdíveis!
Psicografia de Maurício de Castro

Nada é para Sempre

Clotilde morava em uma favela. Sua vida pelas ruas a esmolar trocados e comida para alimentar o pequeno Daniel a enchia de revolta e desespero. O desprezo da sociedade causava-lhe ódio. Mas, apesar de sua condição miserável, sua beleza chamou a atenção de madame Aurélia, dona da Mansão de Higienópolis, uma casa de luxo em São Paulo que recebia clientes selecionados com todo o sigilo. Clotilde torna-se Isabela e começa então sua longa trilha em busca de dinheiro e ascensão social.

Ninguém Lucra com o Mal

Ernesto era um bom homem: classe média, trabalhador, esposa e duas filhas. Espírita convicto, excelente médium, trabalhava devotadamente em um centro de São Paulo. De repente, a vida de Ernesto se transforma: em uma viagem de volta do interior com a família, um acidente automobilístico arrebata sua mulher e as duas meninas. Ernesto sobrevive... Mas agora está só, sem o bem mais precioso de sua vida: a família.

Herdeiros de Nós Mesmos

Herdeiros de Nós Mesmos
A fazenda Boa Esperança era uma verdadeira mina de ouro. Durante anos, vinha sustentando a família Caldeiras com luxo e muito dinheiro. Mas o velho Mariano, dono de todo aquele império, agora estava doente e à beira da morte. Uma emocionante obra que nos mostra as consequências do apego aos bens materiais, sobretudo quando ele contamina o amor entre as pessoas, gerando discórdia e desarmonia.

O Preço de uma Escolha

Neste emocionante romance, uma trama repleta de momentos de suspense, com ensinamentos espirituais que vão nos ajudar no decorrer de nossa vida a fazermos sempre as escolhas certas sem prejuízo ao semelhante.

Sem Medo de Amar

Até quando o nosso medo de amar vai impedir que sejamos felizes? Hortência, Douglas e Amanda venceram esse desafio.

Ninguém Domina o Coração

Luciana e Fabiano têm uma relação apaixonada, mas a vida separa o casal. Luciana não vai desistir e quer se vingar. Um enredo cheio de suspense, vingança e paixão, no qual descobrimos que ninguém escolhe a quem amar, mas que o caminho do verdadeiro amor deve sempre ser preenchido pelo perdão incondicional, não importando as mágoas de um doloroso passado.

Leia estes envolventes romances do espírito Margarida da Cunha
Psicografia de Sulamita Santos

DOCE ENTARDECER

Paulo e Renato eram como irmãos. O primeiro, pobre, um matuto trabalhador em seu pequeno sítio. O segundo, filho do coronel Donato, rico, era um doutor formado na capital que, mais tarde, assumiria os negócios do pai na fazenda. Amigos sinceros e verdadeiros, desde jovens trocavam muitas confidências. Foi Renato o responsável por levar Paulo a seu primeiro baile, na casa do doutor Silveira. Lá, o matuto iria conhecer Elvira, bela jovem que pertencia à alta sociedade da época. A moça corresponderia aos sentimentos de Paulo, dando início a um romance quase impossível, não fosse a ajuda do arguto amigo, Renato.

À PROCURA DE UM CULPADO

Uma mansão, uma festa à beira da piscina, convidados, glamour e, de madrugada, um tiro. O empresário João Albuquerque de Lima estava morto. Quem o teria matado? Os espíritos vão ajudar a desvendar o mistério.

DESEJO DE VINGANÇA

Numa pacata cidade perto de Sorocaba, no interior de São Paulo, o jovem Manoel apaixonou-se por Isabel, uma das meninas mais bonitas do município. Completamente cego de amor, Manoel, depois de muito insistir, consegue seu objetivo: casar-se com Isabel mesmo sabendo que ela não o amava. O que Manoel não sabia é que Isabel era uma mulher ardilosa, interesseira e orgulhosa. Ela já havia tentado destruir o segundo casamento do próprio pai com Naná, uma bondosa mulher, e, mais tarde, iria se envolver em um terrível caso de traição conjugal com desdobramentos inimagináveis para Manoel e os dois filhos, João Felipe e Janaína.

LAÇOS QUE NÃO SE ROMPEM

Em idos de 1800, Jacob herda a fazenda de seu pai. Já casado com Eleonora, sonha em ter um herdeiro que possa dar continuidade a seus negócios e aos seus ideais. Margarida nasce e, já adolescente, conhece Rosalina, filha de escravos, e ambas passam a nutrir grande amizade, sem saber que são almas irmanadas pelo espírito. O amor fraternal que sentem, e que nem a morte é capaz de separar, é visível por todos. Um dia, a moça se apaixona por José, um escravo. E aí, começam suas maiores aflições.

OS CAMINHOS DE UMA MULHER

Lucinda, uma moça simples, conhece Alberto, jovem rico e solteiro. Eles se apaixonam, mas para serem felizes terão de enfrentar Jacira, a mãe do rapaz. Conseguirão exercitar o perdão para o bem de todos? Um romance envolvente e cheio de emoções, que mostra que a vida ensina que perdoar é uma das melhores atitudes que podemos tomar para a nossa própria evolução.